浙江省普通高校"十三五"第二批新形态教材

人力资源管理

（精华版）

诸葛剑平 主编

浙江工商大学出版社
ZHEJIANG GONGSHANG UNIVERSITY PRESS
·杭州·

图书在版编目(CIP)数据

人力资源管理：精华版 / 诸葛剑平主编. — 杭州：
浙江工商大学出版社，2020.6
ISBN 978-7-5178-3779-4

Ⅰ. ①人… Ⅱ. ①诸… Ⅲ. ①人力资源管理－高等学
校－教材 Ⅳ. ①F243

中国版本图书馆 CIP 数据核字(2020)第 041483 号

人力资源管理(精华版)
RENLI ZIYUAN GUANLI（JINGHUA BAN）
诸葛剑平 主编

责任编辑	吴岳婷
封面设计	林朦朦
责任印制	包建辉
出版发行	浙江工商大学出版社
	（杭州市教工路 198 号　邮政编码 310012）
	（E-mail:zjgsupress@163.com）
	（网址:http://www.zjgsupress.com）
	电话:0571-88904980,88831806(传真)
排　　版	杭州朝曦图文设计有限公司
印　　刷	广东虎彩云印刷有限公司绍兴分公司
开　　本	787mm×1092mm　1/16
印　　张	14.75
字　　数	378 千
版 印 次	2020 年 6 月第 1 版　2020 年 6 月第 1 次印刷
书　　号	ISBN 978-7-5178-3779-4
定　　价	48.00 元

前　言

在经济全球化的 21 世纪,人才作为知识的创造者与载体成为企业重要的战略性资源,企业的管理者开始意识到只有拥有具有竞争力的人才,才能在竞争中占据优势,人才将会给企业带来巨大的财富。戴尔·卡耐基就曾说:"假如我的企业被烧掉了,但把人留住,我 20 年后还是钢铁大王。"随着全球经济一体化和市场竞争的日益激烈,很难有哪个企业可以拥有长久不变的技术和产品竞争优势,新技术、新产品经过一段时间就可能被竞争对手所模仿,从而失去优势,而优秀的人力资源所形成的竞争优势却很难被其他企业所模仿。企业如果能保持这种竞争优势,那它就有可持续发展的能量。因此,许多优秀的企业都把企业的人力资源管理提高到企业战略的高度。

随着社会对人力资源管理人才的需求量逐年攀升,国内本科院校经济管理类专业及相关专业纷纷开设了人力资源管理课程。为满足本科院校人力资源管理课程的教学需要和企业人力资源管理者学习的需要,在借鉴同类教材的基础上,按照新形态教材的要求,编者结合自身在人力资源管理课程教学中积累的经验,特编写了本教材。

作为本科培养应用型人才的教材,本书有如下特点:

(1)基础性。本科教育是高等教育的基础,必须让学生了解和掌握基本概念、基本原理和基本方法。本教材正是从"三基"出发,突出了本科教育的特点,从整体章节的安排到具体内容的写作,都强调和保持了把基本概念和基本原理讲准确、讲透彻,把基本方法讲清楚、讲明白的特点,以此来帮助学生建立起相对完整而清晰的人力资源管理知识的基础。

(2)系统性。本教材站在战略性人力资源管理的高度,以战略为主线,围绕人力资源管理的各项职能展开,从人力资源管理理论基础、岗位分析、人力资源规划、人力资源招聘与配置、培训与开发、绩效管理、薪酬设计与管理、职业生涯管理与发展、劳动关系管理等方面对现代人力资源管理的知识体系进行了全面系统地讲解,为读者建立起了一个完整的知识体系和相应的操作方法框架。

(3)实用性。本教材吸收了人力资源管理领域国内外理论和实践的新内容以及编者在本领域的研究成果,比较多地引用国内外现实生活中的典型案例展开讨论和分析,在阐述基本管理理论和方法的同时,注重培养学生发现问题、分析问题和解决问题的实际能力。

本教材是浙江省"十三五"第二批新形态教材,教材在体例上注意形式的丰富性与多样性,教材内容兼顾了课堂讲授、课内作业、课程实训和课外自学等全部教学环节的需要,可适应按不同的学时组织教学和进一步扩展知识的需要。为了便于教学和阅读,每章章首均有本章学习重点和要点、导入案例,文中还有知识链接、案例分析与开放式讨论案例,有助教师组织课堂讨论,章末附有与章节内容匹配的复习思考题和扫码可见的测试题,以便于学生检测学习成果、提高理论和实践能力。

本教材由诸葛剑平担任主编,最终确定编写大纲,并负责统稿和定稿,魏钢焰和王秀秀担任副主编。具体撰写分工如下:第五章由王秀秀编写,第十章由魏钢焰编写,余下的八个章节由诸葛剑平编写。

本教材在编写过程中参考和引用了许多相关著作和资料,我们在此向这些作者表示由衷的感谢和深深的敬意。

由于时间仓促,加之编者水平所限,教材中的不足之处在所难免,敬请读者批评指正。

编著者

2019 年 12 月

目　　录

第一章　人力资源管理概述

学习目标

学完本章之后,你应该能够:

1.了解人力资源的概念与特征,人力资源与人力资本的区别与联系;

2.掌握人力资源管理的概念、目标和任务;

3.了解人力资源管理的演变过程;

4.掌握人力资源管理与传统人事管理的区别;

5.了解人力资源管理的基本原理;

6.掌握人力资源管理的发展趋势。

〔导入案例〕

员工是酒店最重要的资产

香格里拉,一个耳熟能详的名字。从 1971 年新加坡第一间香格里拉酒店营业开始,香格里拉集团不断向国际迈进。以香港为大本营,今天的香格里拉已成为亚洲地区最大的豪华酒店集团。深圳香格里拉大酒店总经理王德贤,出生于 1960 年,新加坡国籍,在香格里拉工作21 年,曾就职于全球多处香格里拉酒店,从礼宾部服务员到前厅部经理到房务总监直到总经理,担任过多种职务。以下是总经理王德贤接受《深圳商报》记者的采访节选。

问:香格里拉始终提倡要创造一个既有利于员工事业发展,又有助于实现他们个人生活目标的环境,您是如何帮助员工发展的?

答:酒店业是一门有关人的生意,我们要充分照顾的是我们的客人、员工和经营伙伴。以人为本,以客为先,公平、公正和透明的管理是我的原则。在香格里拉,大家都是领导者。即使不领导别人,也在领导自己。

我们深知员工是酒店最重要的资产、是我们的内部客人,因为只有享有快乐的员工才能有满意的客人。集团建立员工发展机制并开展各种活动,争取成为备受拥戴的雇主,如执行人才本地化、内部招聘、员工进行跨部门或跨酒店培训、建立员工授权体系、建立有效的工作表现评估系统及接班人计划等,将酒店的事业与员工个人的发展更紧密地联系在一起。

我们还不断培养本地员工,一则我们确信本地人才的能力,再则我们重视与日俱增的国内客人,并希望通过本土化的服务吸引更多的本地客人。我们对于国内市场开展的紧锣密鼓的拓展工作更充分地说明了我们对国内这一巨大市场的重视。

由此可见:

1.人力资源被当作企业的一项资产来进行管理,而不仅仅是流动的工具。

2．人力资源作为企业保持长久竞争优势的一种战略性资源，能够比其他的竞争手段更为有效，因为它的管理实践是难以看见和难以模仿的。

3．除了和企业明确的战略保持一致以外，人力资源部门还应该特别关注企业文化对员工的影响，隐含的文化网络和系统对员工往往有着更深层次的影响。

在企业不断提高竞争力和努力完成各种使命的过程中，人力资源管理起着至关重要的作用。以上案例是典型的服务行业人力资源管理案例。它说明：香格里拉酒店的人力资源管理理念是视"员工是酒店最重要的资产"，承认提供让顾客满意的服务来自于"快乐的员工"。酒店本身不会带来财富，只有通过酒店的灵魂也是最宝贵的资产"员工"提供人性化的服务才能实现价值。只有让员工始终快乐，酒店的高附加值才源源不断地创造出来。其实，人性化的人力资源管理才是香格里拉集团在经营中的竞争优势。

第一节　人力资源管理的产生与发展

一、人力资源的概念与特征

(一)什么是人力资源

人力资源这一概念最早在康芒斯的著作中被提到过，但真正接近我们现在所使用的人力资源概念的，是彼得·德鲁克于1954年在其著作《管理的实践》中首先正式提出并加以明确界定的。德鲁克之所以提出这一概念，是想表达传统人事管理所不能表达的意思，他认为，与其他资源相比，人力资源是一种特殊的资源，它必须通过有效的激励机制才能被开发利用。

人力资源是资源的一种，是以人为载体的资源，是存在于人体中以体能、知识、技能、能力、个性行为特征倾向等为具体表现的经济资源。目前对于人力资源概念的理解中有两种倾向，一是倾向于能力或素质，认为人力资源是存在于人体中的生产能力或身心素质；另一种理解倾向于人口，认为对于国家、社会或企业，人力资源是推动其发展的具有体力和智力劳动能力的人口的总称。这两种理解有其共同的一面，即都强调了人力资源与人体的不可分割，还有人力资源的价值在于能力或素质，因此我们更倾向于第一种理解。

人力资源是指能够推动社会和经济发展的，能为社会创造物质财富和精神财富的体力劳动者和脑力劳动者的能力，即处在劳动年龄的已直接投入建设和尚未投入建设的人口的能力总和。

人力资源是活的资源，这里定义的人力资源排除了不能推动社会发展，不能为社会创造财富的那一部分人。人力资源的丰富与否不能等同于人口资源和劳动力资源的丰富与否。

人力资源有量和质两个方面的内容。人力资源的数量可从微观和宏观两个角度来定义。微观的数量是指企业现在员工(包括雇用的适龄员工和年老员工，但不包括即将离开的员工)以及潜在员工(欲从企业外部招聘的员工)两部分。宏观的数量是指一个国家或地区现实的人力资源数量和潜在的人力资源数量，前者包括适龄就业人口、未成年就业人口、老年就业人口，后者包括失业人口、暂时不能参加社会劳动的人口和其他人口。

具体的人力资源构成如图1-1所示。

人力资源的质量是指人力资源所具有的体力、智力、知识和技能水平以及劳动者的劳动态度。它受先天遗传、营养、环境教育和训练等因素的影响，通常可以用健康卫生指标、教育和训

b.就未业成人年口	a.适龄就业人口			c.业人口老年就
	d.就业人口			
	e.就学人口	f.家务劳动人口	g.服役人口	h.其他人口
	病残人口			

0岁　少年人口　　　　16岁　　劳动适龄人口　　　　55~60岁　老年人口

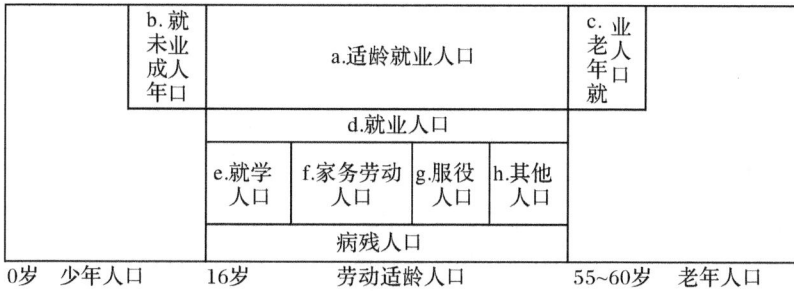

图 1-1　人力资源构成图

练状况、劳动者的技能等级指标和劳动态度指标来衡量。人力资源的质量是由劳动者的素质决定的,劳动者的素质包括体能素质和智能素质,如图 1-2 所示。

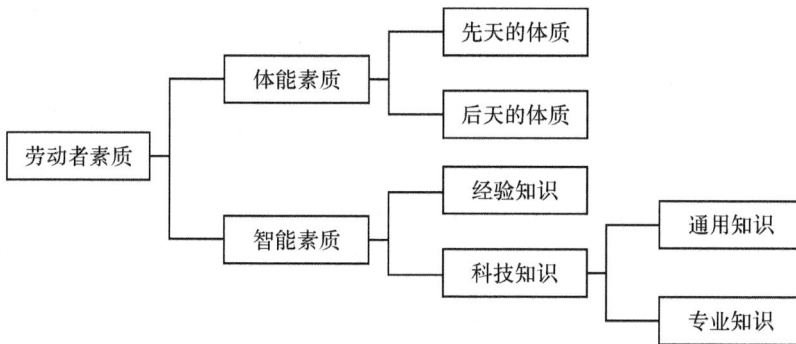

图 1-2　劳动者素质

(二)相关概念

与人力资源相关的概念有人口资源、劳动力资源、人才资源、天才资源、人力资本等,这些词汇经常出现在人力资源管理实践与理论研究中,正确理解并区分这些概念有助于规范人力资源的管理。

1.人口资源。一个国家或地区具有的人口数量的总称。人口资源主要表明数量,它是一个最基本的底数,犹如一个高大建筑的底层,一切人才皆产生于这个最基本的资源中。

2.劳动力资源。一个国家或地区具有的劳动力人口的总称。劳动力资源包含于人口资源中,是人口资源中拥有劳动能力的那一部分人,通常是 18 岁左右至 60 岁左右的人口群体,这一人口群体必须具备从事体力劳动或脑力劳动的能力,它偏重的是数量概念。

3.人才资源。"人才"这一概念并不是一个在理论上十分规范的范畴,目前有很多不同的解释。通俗地说,有一技之长的人都可以做人才,其核心含义是:一个国家或地区具有较强战略能力、管理能力、研究能力、创造能力和专门技术能力的人们的总称,他们应能组织、影响、帮助他人共同创造物质财富和精神财富,应能在其所组织的团队和所研究的工作中产生辐射效应。人才具有七个方面的特征:(1)在企业中属于少数,一般可用"二八定律"划定;(2)具有高度创造能力和工作能力;(3)善于运用能力、高标准地完成组织分配的工作任务;(4)是组织和人力资源管理者所期望、寻求的人;(5)可以激励他人工作热情、创造力的人,可以为公司带来大量稳定、长期业务的人;(6)有突出贡献(为企业创造更多的财富与价值)、组织和管理者不愿意失去的人;(7)对组织目标实现负有最重要责任的人。

从人才资源的概念与特征看,人才资源是人力资源的一部分,是最重要、最核心的一部分,两者是包含与被包含的关系。它必须是人力资源中较杰出、较优秀的那一部分,它能影响和帮助其他人群共同创造财富,它表明的是一个国家或地区所拥有的人才质量,应能较客观地反映一个民族的素质和这一民族所可能拥有的前途。这一部分人是各民族最重视的一部分人,也是世界各国所瞩目的。

4.天才资源。天才资源指在某一个领域具有异于他人的特殊的开拓能力、发明创造能力或能攀登某一领域高峰的特殊的人群。天才资源通常不指某一些通才,而是指在某一领域具有特殊才华的人,他们在自己的这一领域具有十分独特的创造发明力,通常能在这一领域起领先作用,并具有攀登顶峰的能力。如果他们有崇高的目标指引,会为人类作划时代的贡献。天才资源不可多得,但必须具备健康的心理和崇高的目标,否则,也可能产生对人类生存和发展不利的影响,甚至给人类生存带来毁灭性的打击。

5.人力资本。人力资本这一提法更多地出现在经济学的研究领域中,而人力资源则更多地出现在管理学的研究领域之中。人力资本理论是20世纪50年代末60年代初由美国经济学家舒尔茨和贝克尔等创立的,他们凭借这一理论获得了诺贝尔经济学奖。人力资本是指存在于人体之中,后天获得的具有经济价值的知识、技术、能力和健康等质量因素。可以从三个方面来理解这一概念:首先,人力资本是附着在人这种载体上的各种综合因素的集合,而不是载体本身,它是靠后天的投入获得的,可以带来经济价值;其次,人力资本与物质资本具有共性,表现为人力资本的形成和维持需要花费成本,投入生产领域可以带来财富的增长,并且也具有稀缺性;第三,人力资本又具有自己的特点,如人力资本与其载体的不可分离性、人力资本在使用过程中的增值性、人力资本的异质性等。

董克用等人认为人力资源与人力资本有三个区别:一是与社会价值的关系不同,人力资本和社会价值是因果关系,而人力资源和社会价值是由果溯因的关系;二是两者研究问题的角度和关注的重点不同,人力资本关注的重点是收益问题,人力资源关注的问题是产出问题;三是两者的计量形式不同,人力资源是一个存量概念,人力资本是一个兼有存量和流量的概念。编者认为人力资本和人力资源在价值创造过程中所起的作用是相同的,不同是因为出现在不同的领域中,人力资本常出现在经济学中,而人力资源则常出现在管理学中。

人口资源、劳动力资源、人力资源、人才资源、天才资源五者的包含关系可以用下图(图1-3)表示。

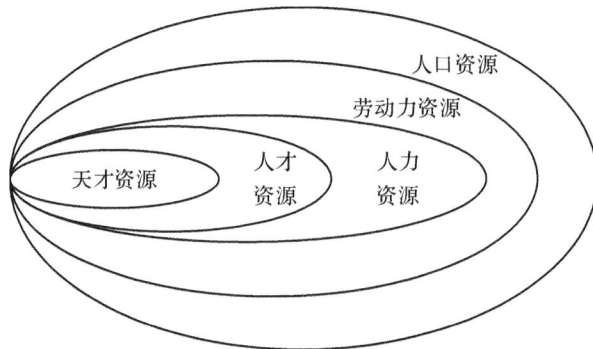

图1-3 人口资源、劳动力资源、人力资源、人才资源和天才资源之间的关系图

（三）人力资源的特征

人力资源作为经济资源的一种，具有与一般经济资源共同的特征，主要有：第一，物质性，一定的人力资源必然表现为一定数量的人口；第二，可用性，通过人力资源的使用可带来价值的增值；第三，有限性，人力资源在一定的条件下形成，其载体具有生物的有限性。但人力资源作为一种特殊的经济资源，有着不同于其他经济资源的特征。

1.附着性。从人力资源的概念知道，人力资源是凝结于人体之中的质量因素的总和，必须依附于一定数量的人口之上，虽然人力资源不等同于人口本身，但却不可脱离人这一载体。这就决定了人力资源所有权天然私有的特性，使得人力资源管理成为一门独特的管理学科，人力资源的开发与使用必须通过对人的激励与控制才能实现。

2.能动性。人力资源的能动性是指人在生产过程中居于主导地位，在生产关系中人是最活跃的因素，具有主观能动性，同时具有不断被开发的潜力。人力资源的能动性包括以下几个方面：（1）人具有意识，知道活动的目的，因此人可以有效地对自身活动做出选择，调整自身与外界环境的关系；（2）人在生产活动中处于主体地位，是支配其他资源的主导因素；（3）人力资源具有自我开发性，在生产过程中，人一方面损耗自身，而更重要的一方面是通过合理的行为得到补偿、更新和发展，非人力资源不具有这种特性；（4）人力资源在活动过程中是可以被激励的，即通过激发人的工作能力和工作动机提高工作效率；（5）选择职业，人作为人力资源的载体可以自主择业，选择职业是人力资源主动与物质资源结合的过程。

3.双重性。人力资源既具有生产性，又有消费性。人力资源的生产性是指人力资源是物质财富的创造者，而且人力资源的利用需要一定条件，必须与自然资源相结合，有相应的活动条件和足够的空间、时间，才能加以利用。人力资源的消费性是指人力资源的保持与维持需要消耗一定的物质财富。生产性和消费性是相辅相成的，生产性能够创造物质财富，为人类或组织的生存和发展提供条件；消费性则能够维持人力资源和保障人力资源的发展。同时消费性也是人力资源本身生产和再生产的条件。消费性能够维持人的生计、满足需要、提供教育与培训。相比而言，生产性必须大于消费性，这样组织和社会才能获益。

4.时效性。人力资源的时效性来自内、外两个方面。内因是指人力资源的载体人的生命所具有的周期性，只有当人处于成年时期并投入社会生产活动中，才能对其开发利用，发挥人力资源的作用，当人未成年或年老，或因其他原因退出劳动领域时，就不能称其为人力资源了。外因是指人力资源所表现出来的知识、技能等要素相对于环境和时间来讲是有时效性的，如果不及时更新就难以满足外部条件变化的要求；另外，人力资源如果长期不用，就会荒废和退化。人的知识技能如果得不到使用和发挥，就可能会过时，或者导致人的积极性消退，造成心理压力。

5.社会性。人力资源不同于其他经济资源的一个显著特征就是其社会性，具体表现在未来收益目标的多样性和外部效应的社会性两方面。对于其他资源来讲，其具有纯粹的自然属性并不需要精神激励的手段，而人是社会的人，人力资源效能的发挥受其载体的个人偏好影响，除了追求经济利益之外，还要追求包括社会地位、声誉、精神享受以及自我价值实现等多重目标，在追求这些目标的过程中，其效能的发挥不仅会带来生产力的提高和社会经济的发展，而且会产生许多社会性的外部效应，如人的素质的提高会提高社会文明程度、保护并改善自然环境等。

二、人力资源管理的概念与特征

人力资源管理有宏观层面的管理和微观层面的管理之分,宏观层面的人力资源管理是从社会经济的范围来定义的,微观层面的人力资源管理是从具体经济组织的角度来定义的,本书中的人力资源管理是指后者。

(一)什么是人力资源管理

管理是在特定的环境下,对组织所拥有的各种资源进行计划、组织、领导和控制,保证以有效的方式实现组织既定目标的过程。人力资源管理是组织各项管理中的一种,因此也服从于这个概念,所以简单地说,人力资源管理就是组织在特定的环境中对组织的人力资源进行计划、组织、领导和控制,以有效的方式保证从人力资源的角度实现组织既定目标的过程。更具体地来表达,人力资源管理是现代人事管理,是对人力资源的取得、开发、保持和利用等方面所进行的计划、组织、指挥和控制的活动。它是研究组织中人与人关系的调整、人与事的配合,以充分开发人力资源,挖掘人的潜力,调动人的积极性,提高工作效率,实现组织目标的理论、方法、工具和技术。

(二)人力资源管理的特征

1. 现代人力资源管理与传统人事管理。人力资源管理是从传统的人事管理中演变进化而来的,因而两者有一定的联系,主要表现在三个方面:(1)人力资源管理继承了传统人事管理中的部分内容,构成现代人力资源管理的战术性部分,例如人员的甄选与调配、人事信息的记录、薪酬管理等;(2)在组织中,人力资源管理部门与传统人事管理部门都是负责与人事信息相关的管理工作的职能部门;(3)传统人事管理中基于生产企业的生产现场管理是现代人力资源管理理论产生的基础。在我国现阶段,不应完全照搬跨国企业的先进人力资源管理模式,而应结合国情注意运用传统人事管理中较为基础的成果。

我国的各种经济组织在 20 世纪末纷纷把人事部门改名叫做人力资源管理部门,但其管理职能的实质变化绝不是简单地改名所能实现的,传统的人事管理与现代人力资源管理有着本质的区别。董克用等认为两者有九个方面的区别,参见表 1-1。

表 1-1 人力资源管理与传统人事管理的区别

比较项目	人力资源管理	传统人事管理
管理视角	视员工为第一资源、资产	视员工为负担、成本
管理目的	组织和员工利益的共同实现	组织短期目标的实现
管理活动	重视培训开发	重使用、轻开发
管理内容	非常丰富	简单的事务管理
管理地位	战略层	执行层
部门性质	生产效益部门	单纯的成本中心
管理模式	以人为中心	以事为中心
管理方式	强调民主、参与	命令式、控制式
管理性质	战略性、整体性	战术性、分散性

表格来源:董克用、叶向峰:《人力资源管理概论》,中国人民大学出版社 2014 年版,第 28—29 页。

总体来说,现代人力资源管理与传统人事管理有以下的区别:

(1)现代人力资源管理与传统人事管理产生的时代背景不同。传统人事管理是随着社会工业化的出现与发展应运而生的。在 20 世纪初,人事管理部门开始出现,并经历了由简单到复杂的发展过程。在社会工业化发展的初期,有关对人的管理实质上与对物质资源的管理并无差别。在相当长一个时期里,虽然社会经济不断发展、科学技术不断进步,人事管理的基本功能和作用并没有太大的变化,只是在分工上比原来更为精细,组织、实施更为严密而已。而人力资源管理是在社会工业化迅猛发展、科学技术高度发展、人文精神日益高涨、竞争与合作加强,特别是社会经济有了质的飞跃的历史条件下产生和发展起来的。一般认为,人力资源管理是在 20 世纪 70 年代以后开始出现的。由传统人事管理转变为现代人力资源管理,这一变化在对人与物质资源认识方面的表现是:人不再是物质资源的附属物,或者说,人被认为是不同于物质的一种特殊资源,在人力资本理论中有些学者主张人力资本所有者要凭借其产权获得企业的剩余利润的分享,也正是基于人力资源的特殊性而言的,这是因为人力资源具有主观能动性。总之,社会、经济、科学技术发展的不同状况决定了传统人事管理和现代人力资源管理的重要区别。

(2)现代人力资源管理与传统人事管理对人的认识是不同的。人事管理将人的劳动看作是一种在组织生产过程中的消耗或成本。也就是说,生产的成本包括物质成本,还包括人的成本。这种认识看似很合理,但是这种认识是把人简单等同于物质资源,即在观念上认为人与物质资源没有区别。因此,传统人事管理主要关注如何降低人力成本,正确地选拔人,提高人员的使用效率和生产率,避免人力成本的增加。现代人力资源管理把人看作“人力资本”,这种资本通过有效的管理和开发可以创造更高的价值,能够为组织带来长期的利益,即人力资本是能够增值的资本。这种认识与传统人事管理对人的认识的根本区别在于:传统人事管理将人视为被动地适应生产的一种因素,现代人力资源管理则将人视为主动地改造物质世界,推动生产发展,创造物质财富、精神财富和价值的活性资本,它是可以增值的。

(3)现代人力资源管理与传统人事管理的基本职能有所不同。传统人事管理的职能基本上是具体的事务性工作,如招聘、选拔、考核、人员流动、薪酬、福利待遇、人事档案等方面的管理,人事规章制度的贯彻执行等。总体来说,传统人事管理职能是具体的、技术性的事务管理职能。现代人力资源管理的职能则有相当的不同,它是一项比较复杂的社会系统工程。现代人力资源管理既有战略性的管理职能,如规划、控制、预测、长期开发、绩效管理、培训策略等;又有技术性的管理职能,如选拔、考核评价、薪酬管理、人员流动管理,等等。总的来说,现代人力资源管理的职能具有较强的系统性、战略性和时间的远程性,其管理的视野比传统人事管理要广阔得多。

(4)现代人力资源管理与传统人事管理在组织中的地位有本质的区别。传统人事管理由于其内容的事务性和战术性所限,在组织中很难涉及全局性的、战略性的问题,因而经常会被视作不需要特定的专业技术特长、纯粹的服务性的工作,前七喜公司的总裁就曾说过,人事经理常被人看作笑容可掬的、脾气和善的人,其工作是为大家组织一些活动和谋一些福利。而现代人力资源管理更具有战略性、系统性和未来性,它从行政的事务性的员工控制工作转变为以组织战略为导向、围绕人力资源展开的一系列包括规划、开发、激励和考评等流程化的管理过程,目的是提高组织的竞争力。现代人力资源管理从单纯的业务管理、技术性管理活动的框架中脱离出来,根据组织的战略目标而相应地制订人力资源的规划与战略,成为组织战略与策略管理中具有决定意义的内容。这种转变的主要特征是:人力资源部门的主管出现在组织的高层领导中,并有人出任组织的最高领导。

2.现代人力资源管理的特征。正是由于现代人力资源管理不同于传统的人事管理,才使得现代人力资源管理在组织中发挥着越来越大的作用,其特征可以归结如下:

(1)人本特征。人力资源管理采取人本取向,始终贯彻员工是组织的宝贵财富的主题,强调对人的关心、爱护,把人真正作为资源加以保护、利用和开发。

(2)专业性与实践性。人力资源管理是组织最重要的管理职能之一,具有较高的专业性,从小公司的多面手到大公司的人力资源专家及高层人力资源领导,都有着很细的专业分工和深入的专业知识。人力资源管理是组织管理的基本实践活动,是旨在实现组织目标的主要活动,表现其高度的应用性。

(3)双赢性与互惠性。人力资源管理采取互惠取向,强调管理应该是获取组织绩效和员工满意感与成长的双重结果;强调组织和员工之间的“共同利益”,并重视发掘员工更大的主动性和责任感。

(4)战略性与全面性。人力资源管理聚焦于组织管理中为组织创造财富、创造竞争优势的人员的管理,即以员工为基础,以知识型员工为中心和导向,是在组织最高层进行的一种决策性、战略性管理。人力资源管理是对于全部人员的全面活动包括招聘、任用、培训、发展的全过程的管理。只要有人参与的活动,就要进行人力资源管理。

(5)理论基础的学科交叉性。人力资源管理采取科学取向,重视跨学科的理论基础和指导,包括管理学、心理学、经济学、法学、社会学等多个学科,因此现代人力资源管理对其专业人员的专业素质提出了更高的要求。

(6)系统性和整体性。人力资源管理采取系统取向,强调整体地对待人和组织,兼顾组织的技术系统和社会心理系统;强调运作的整体性,一方面是人力资源管理各项职能之间具有一致性,另一方面是与组织中其他战略相配合,支持整个组织的战略和管理。

三、人力资源管理的重要性

随着所谓的“知识经济”时代的到来,人力资源管理因其与人的因素存在内在的密切联系而重要性日显突出。应该看到,企业管理已经从强调对物的管理转向强调对人的管理,这是竞争加剧的结果。一方面,这是管理领域的扩大;另一方面,这也是管理环节的提前,因为物是劳动的产物。人力资源管理的重要性可以体现在以下几个方面。

(一)人力资源管理对组织中所有的管理人员都是重要的

这是因为人力资源管理能够帮助组织中的管理人员达到以下目的:用人得当,即事得其人;降低员工的流动率;使员工努力工作;进行有效率的面试以节省时间;使员工认为自己的薪酬公平合理;对员工进行充足的训练,以提高各个部门的效能;使组织不会因为就业机会等方面的歧视行为受到控告;保障工作环境的安全,遵守国家的法律;使组织内部的员工都得到平等的待遇,避免员工的抱怨;等等。这些都是组织中各个部门所有经理人员普遍的愿望。其实无论是正在学习财务管理、市场营销管理或者生产管理的同学,还是学习人力资源管理的同学,将来有很多人会在自己的专业领域内承担管理责任,届时他们需要制订关于员工招聘、薪酬政策、绩效考核、员工晋升和人员调配等人力资源管理方面的决策,其实这一点也适用于那些非经济管理类的同学。即使是那些将来不承担管理责任的员工,纯粹作为组织中人力资源管理活动的调整对象,也需要学习人力资源管理方面的知识,因为只有这样,他们才有能力对组织的人力资源管理政策做出自己的评价,并在此基础上提出有利于自己事业发展和待遇提高的建议。

（二）组织的经理人员要通过别人来实现自己的工作目标

这就使人力资源管理同其他类别的管理相比显得特别重要。我们经常发现许多企业在规划、组织和控制等方面做得都很好，但是，就是因为用人失当或者无法激励员工，最终没有获得理想的成绩。相反，虽然有些企业的经理人员在规划、组织和控制等方面做得一般，但是，就是因为他们用人得当，并且经常激励、评估和培养这些人才，最终使企业获得成功。

（三）人力资源管理能够提高员工的工作绩效

应用人力资源管理的观念与技术改善员工的行为，是提高员工绩效的重要途径。在20世纪80年代，资本主义主要工业七国的生产力排序是：日本、法国、加拿大、联邦德国、意大利、美国和英国。美国劳动生产力低的重要原因之一就是工人的高缺勤率、高流动率、怠工、罢工和产品质量低下等。盖洛·普民意调查结果表明，50%的工薪阶层认为他们可以再努力一些，提高工作绩效。有30%的工薪阶层认为他们可以把生产力提高20%以上。1977年，位于美国田纳西州的摩托罗拉工厂生产的彩色电视机，平均每100台中有150到180个缺陷。后来，日本一家公司接收了这个工厂，到1980年，每100台彩色电视机的缺陷下降到4个。发生这一变化的原因不在工人，因为80%的工人还是原来的工厂留下来的；而在于管理方式发生了变化，包括工人参与决策，质量控制人员承担更大的责任，工人与管理人员之间的沟通加强，这些是产品质量提高的根本原因。劳动力宏观配置的目标是劳动力数量上的充分利用，微观配置的目标是事得其人，而人力资源管理的目标是人尽其才。所以可以认为，人力资源管理是劳动力资源配置合理化和优化的第三个层次。

（四）人力资源管理是现代社会经济生活的迫切需要

现在，员工的素质越来越高，大大超过了实际的需要。在美国，只有20%的工作需要高中以上的学历，但是，大学毕业生却占总人口的25%以上。所以，越来越多的员工感到自己大材小用。在这种情况下，如何激励这些自感屈才的员工就变得特别重要。而且，人们的价值观念已经发生了明显的变化，传统的"职业道德"教育的作用已经微乎其微。随着财富的增加和生活水平的提高，越来越多的人要求把职业质量和生活质量进一步统一起来，员工需要的不仅是工作本身以及工作带来的收入，还有各种心理满足，而且，随着经济的发展，这种非货币的需要会越来越强烈。因此，企业的经理人员必须借助于人力资源管理的观念和技术寻求激励员工的新途径。另外，保护员工利益的立法也将使越来越多的企业经理人员稍不小心就会被诉诸法律。所以，经理人员面临的决策约束越来越严格，这也需要企业经理人员重视人力资源管理。

（五）人是组织生存发展并始终保持竞争力的特殊资源

人力资源的特点表明，人力资源是组织拥有的特殊资源，也是组织获取和保持竞争力的重要资源。随着组织对人力资源的利用和开发，组织管理层的决策越来越多地受到人力资源管理的约束，人力资源管理正在逐渐被纳入组织的战备规划之中，成为组织竞争力至关重要的因素。心理学第一定律认为，每个人都是不同的，每个人总是在生理或心理上存在着与其他人有所不同的地方，这是人力资源区别于其他形式经济资源的重要特点。在企业等各种组织中，只有清楚地识别每个员工与众不同之处，并在此基础上合理地任用，才可能使每位员工充分发挥潜能，组织也才可能因此而获得最大的效益。

脑洞大开

【工作情境】

《三国演义》就是一部指导企业进行人力资源管理的教科书。诸葛亮一生对刘备父子殚精竭虑、鞠躬尽瘁,其才华举世无双。观其用兵、用人,英明绝伦,但也有一时糊涂,对现代人力资源管理具有深远的启示。

【任务要求】

1. 从人力资源管理的角度思考蜀国由盛转衰的原因。

2. 举例说明诸葛亮在用人方面的战略失误。

四、人力资源管理的发展阶段

有关人力资源管理的发展阶段在国外已有多种说法,如以华盛顿大学的弗伦奇为代表,从管理的历史背景出发提出的六阶段论;以罗兰和费里斯为代表,从管理的发展历史出发提出的五阶段论;以科罗拉多大学的韦恩·F.卡肖为代表,从功能的角度提出的四阶段论;以福姆布龙等为代表,从人力资源管理所扮演的角色角度提出的三阶段论;等等。但正如董克用所指出的,对人力资源管理的发展阶段进行划分,其目的并不在于这些阶段本身,而是要借助这些阶段来把握人力资源管理的整个发展脉络,从而可以更加深入地理解它。对于在校大学生来讲,还可以联系基础专业课的知识,从中总结人力资源管理的进步性与特点,因此,我们也对人力资源管理的发展阶段进行了五个阶段的划分。

(一)经验管理阶段

这一阶段是指19世纪中叶以前,这一时期生产的形式主要以手工作坊为主,并开始向机器化大工业转化。为了保证具有合格技能的工人能充足供给,对工人技能的培训是以有组织的方式进行的。师傅与徒弟的生活和工作关系,非常适合家庭工业生产的要求。由于管理主要是经验式的管理,各种管理理论只是处于初步摸索之中,还未形成体系,因此这一阶段的特点主要有:(1)组织的所有权与经营权合一,企业主既是所有者又是经营者;(2)并未建立健全统一的有理论依据的规章制度,而且存在的所谓制度也极不稳定,经常出现一换领导就换制度的现象;(3)在组织内容的人际关系处理中是典型的"人治",没有法制,所以对于规律性的事情常会出现随管理者主观而变化的处理结果,很难使被管理者形成稳定的预期;(4)在决策上缺乏科学的决策程序,一般依靠主观判断来进行决策,决策风险很大;(5)没有形成科学而合理的分工,执行的是面对面的管理,主观随意性很强;(6)从管理效果上看,存在两个特点:一是管理的效率低下,二是组织的团队士气不高。

(二)科学管理阶段

这一阶段几乎是所有学者公认的一个发展阶段,指19世纪末到20世纪早期,这一时期生产的形式是机器化大工业。随着农业人口涌入城市,雇佣劳动大规模开展,雇佣劳动部门也随之产生,工业革命导致劳动专业化水平的提高和生产效率提高,与之相应的技术进步也促使人事管理方式发生变化。最出名的代表人物是被称为"科学管理之父"的泰勒,另外还有提出行政管理理论的韦伯和提出管理要素与管理职能的法约尔,他们的理论也统一被称为古典管理理论。其中最有代表性的是泰勒于1911年出版的《科学管理原理》一书中提出的思想,可以概括为六个方面。

1.最佳动作原理。具体方法是选择合适而熟练的工人，把他们的每一个动作、每一道工序的时间记录下来，并把这些时间加起来，再加上必要的休息时间和其他延误时间，就得出完成该项工作需要的总时间，据此来定出一个工人的"合理的日工作量"。用这一合理的日工作量来要求不同岗位上的工人，确定他的工作定额。泰勒认为，人的生产力的巨大增长这一事实，是文明国家和不文明国家的区别，标志着我们在一两百年内的巨大进步，科学管理的根本就在于此。因为科学管理同节省劳动的机器一样，其目的正在于提高每一单位劳动力的产量。

2.第一流工人制。即根据不同的体质和禀赋来挑选和培训工人，如身强力壮的就应该分配他干重活，而不应分配去干精细的活。这样挑选和培训出来的工人就是第一流的。

3.刺激性付酬制度。即根据工人是否完成工作定额而采取"差别计件工资制"，超额完成生产任务的，单件的工资额高，收入就越多。

4.职能管理原理或职能工长制。即将管理工作细致地予以分割，每个管理者只承担一两种管理职能，这样，管理的职责比较单一明确，培养管理者所花的时间和费用也比较少。但是，由此也带来一些问题，即一个工人要从几个职能不同的上级那里接受命令。

5.例外原理。即企业的高级管理人员，应把一般的日常事务授权给下级管理人员去处理，而自己只保留对例外事项（重要事项）的决策权和监督权。

6."精神革命论"。即对工人进行思想压制的理论。在泰勒进行试验的工厂里，不许4个以上的工人在一起工作。他认为，当工人结帮成伙时，会把许多时间用在对雇主的批评、怀疑甚至公开斗争上面，从而降低效率。如果把工人隔开，工人就会专心致志地按规范操作，从而可提高工效和增长工资。泰勒认为，工人的工资一旦提高，"精神革命"也就会随着发生，即工人和雇主"双方都不把盈余的分配看成是头等大事，而把注意力转到增加盈余量上来，直到盈余大到这样的程度，以致不必为如何分配而争吵"。

从这些学者的观点中可以总结出这一时期的特点有：（1）组织所有权与经营权开始分离，组织出现了专门从事职能管理的人员，这是对管理作为重要生产要素的一种肯定；（2）采用"经济人"的人性假设，管理工作的重点在于提高生产率、完成生产任务，不去考虑人的感情；（3）组织中制定了严格的规章制度，依法治人，不留情面；（4）在对人的控制上选择外部控制的手段，依靠外部监督，实行重奖重罚的措施；（5）管理手段上讲究科学化，决策程序与机制的建立使得决策科学性大大提高，定量分析工作的方法大大提高了生产率；（6）从管理效率上看，生产效率大为提高，这也是资本主义发展史上的黄金时期，但由于漠视人的主观感受、不讲感情，使得组织的士气大受影响，员工的对抗情绪较为强烈，有时甚至可以影响生产效率。

（三）人际关系阶段

这一时期指的是20世纪20年代至第二次世界大战结束。由于泰勒等人创立的"科学管理"理论，仅把人看作是一种"经济人"，工人追求高工资，企业家追求高利润，并且过分强调用科学方法和规章制度实施管理；不论是前期泰勒等人提出的科学管理方法，还是后期韦伯等人提出的行政组织理论，其共同点都是强调科学性、精密性和纪律性，而把人的情感因素放到次要地位，把工人看作是机器的延长——机器的附属品，因而在很多企业激起工人的强烈不满和反抗。在这种情况下，一些管理学家也开始意识到，社会化大生产的发展需要有一种能与之相适应的新管理理论，于是人际关系学派便应运而生了。推动人际关系学派产生的一个重要事件就是在美国西方电器公司进行的"霍桑实验"，其中最著名的代表人物是乔治·埃尔顿·梅奥。

1926年梅奥进入哈佛大学从事工业研究，不久参加了著名的霍桑工厂实验。当时，一些管理人员和管理学家认为,工作环境的物质条件同工人的健康、劳动生产率之间存在着明显的因果关系,在理想的工作条件之下,职工能发挥出最大的工作效率。但是,经过对两组女工——控制组和对照组的比较实验中发现,这一理论是不能成立的。参加实验的两组女工在工作环境、工作时间和报酬等因素发生各种变化时,产量始终保持上升趋势,其生产率并不和工作环境及工资报酬好坏、多少呈正比。而梅奥则从另外的角度来考察前一阶段试验的结果,他认为,参加试验的工人产量增长的原因主要是工人的精神方面发生了巨大变化,由于参加试验的工人成为一个社会单位,受到人们越来越多的注意,并形成一种参与实验计划的感觉,因而情绪高昂、精神振奋。梅奥发现了工业生产过程中的社会环境问题,率先提出了"社会人"这一概念。梅奥指出,工人是从社会的角度被激励和控制的,效率的增进和士气的提高主要是由于工人的社会条件和人与人之间关系的改善,而不是由于物质条件或物质环境的改善。因而企业管理者必须既要考虑到工人的物质技术方面,又要考虑到其他社会心理因素等方面。梅奥等人以霍桑试验中的材料和结果,提出以下假说:

1. 企业职工是"社会人",而不仅仅是"经济人"。企业中的工人不是单纯追求金钱收入的,他们还有社会方面、心理方面的需求,这就是追求人与人之间的友情、安全感、归属感和受人尊重等。因此,不能单纯从技术和物质条件着眼,还必须首先从社会心理方面来鼓励工人提高生产率。

2. 企业中存在着"非正式组织"。企业中除了"正式组织"之外,还存在着"非正式组织"。这种"非正式组织"是指在厂部、车间、班组以及各职能部门之外的一种关系,从而形成各种非正式的集团、团体。这种非正式组织有自己的价值观、行为规范、信念和办事规则。它与正式组织互为补充,对鼓舞工人士气,提高劳动生产率、企业凝聚力都可起到很大作用。

3. 作为一种新型的企业领导,其能力体现在提高职工的满足程度,以提高职工的士气,从而提高劳动生产率上。金钱式经济刺激对促进工人劳动生产率的提高只起第二位的作用,起最大作用的是职工的满足程度,而这个满足程度在很大程度上是由职工的社会地位决定的。职工的安全感和归属感依存于两个因素:一是工人的个人情况,即工人由于个人历史、家庭生活和社会生活所形成的个人态度和情绪;二是工作场所的情况,即工人相互之间或上下级之间的人际关系。

总结人际关系阶段,有如下特点:(1)组织所有权与经营权分离成为不可逆转的趋势;(2)采用"社会人"的人性假设,由理性管理变为感性化的管理;(3)在管理手段方面,由制度管理变为思想管理,强调尊重人的个性;(4)在控制方法上,由外部控制变为自我控制,弱化制度的作用;(5)管理重点由直接管理人的行为变为管理人的思想,强调人际关系的协调与正向的激励;(6)从管理效果来看,人际关系学派在实践上鼓舞了组织的士气,因而也取得了不错的生产效率,但由于在某种程度上忽略了制度在防范不良绩效上的作用,易导致生产效率的不稳定。

(四)行为管理阶段

20世纪50年代后期至80年代末,针对人际关系学派的不足,许多管理学者加以总结和补充,发展出了行为管理学派。行为科学是在人际关系学说的基础上形成的,它重视对个体心理和行为、群体心理和行为的研究和应用,侧重于对人的需要和动机的研究,探讨了对人的激励研究,分析了与企业有关的"人性"问题,其代表人物是马斯洛和麦格雷戈。这一阶段在理论上已经从过去只重视对具体工作和组织的研究,转向重视人的因素的研究,这是从重视"物"转向重视"人"的一种观念和理论上的飞跃。这一阶段的理论创新,都与人力资源管理有直接关系,从而也为人力资源管理奠定了理论基础,在20世纪60年代中叶,又发展为组织行为学。

组织行为学奠定了人力资源管理的理论依据和学科基础。

1.麦格雷戈的X－Y理论。美国管理学家麦格雷戈于1957年提出了X－Y理论。麦格雷戈把传统管理学说称为"X理论",他自己的管理学说称为"Y理论"。X理论认为:多数人天生懒惰,尽一切可能逃避工作;多数人没有抱负,宁愿被领导,怕负责任,视个人安全高于一切;对多数人必须采取强迫命令、软(金钱刺激)硬(惩罚和解雇)兼施的管理措施。Y理论的看法则相反,它认为:一般人并不天生厌恶工作;多数人愿意对工作负责,并有相当程度的想象力和创造才能;控制和惩罚不是使人实现企业目标的唯一办法,还可以通过满足职工爱的需要、尊重的需要和自我实现的需要,使个人和组织目标融合一致,达到提高生产率的目的。

麦格雷戈认为,人的行为表现并非由其固有的天性决定的,而是企业中的管理实践造成的。剥夺人的生理需要,会使人生病。同样,剥夺人的较高级的需要,如感情上的需要、地位的需要、自我实现的需要,也会使人产生病态的行为。人们之所以会产生那种消极的、敌对的和拒绝承担责任的态度,正是由于他们被剥夺了社会需要和自我实现的需要而产生"疾病"的症状,因而迫切需要一种新的、建立在对人的特性和人的行为动机更为恰当的认识基础上的新理论。麦格雷戈强调指出,必须充分肯定作为企业生产主体的人,即企业职工的积极性是处于主导地位的,他们乐于工作、勇于承担责任,并且多数人都具有解决问题的想象力、独创性和创造力,关键在于管理层方面如何将职工的这种潜能和积极性充分发挥出来。

2.马斯洛需要层次理论。美国最具盛名的心理学家亚伯拉罕·哈罗德·马斯洛创立了人本主义心理学,在以弗洛伊德为代表的精神分析学派和以华生为代表的行为主义之后,形成了心理学上的"第三思潮"。他在《人类动机的理论》等著作中,提出了著名的"人类需要层次论",他把人的需求按其重要性和发生的先后分为五个层次,人们一般按照先后次序来追求各自的需求与满足。等级越低者越容易获得满足,等级越高者则获得满足的比例越小。

(1)生理上的需要,包括维持生活和繁衍后代所必需的各种物质上的需要:衣、食、住、医、行等。这些是人们最基本、最强烈、最明显的一种需要。在这一层需要没有得到满足之前,其他需求不会发挥作用。

(2)安全上的需要,如生活保障、生老病死有依靠等。一旦生理需要得到了充分满足,就会出现安全上的需要——想获得一种安全感。

(3)感情和归属上的需要,包括同家属、朋友、同事、上司等保持良好的关系,给予别人并从别人那里得到友爱和帮助,谋求使自己成为某一团体公认的成员以得到一种归属感等。

(4)地位和受人尊重的需要,人们对尊重的需要可分为自尊和来自他人的尊重两类。自尊包括对获得信心、能力、本领、成熟、独立和自由等的愿望;而来自他人的尊重包括这样一些概念:威望、承认、接受、关心、地位、名誉和赏识。

(5)自我实现的需要,这是最高一级的需要,它是指一个人需要做对他来说适合的工作,发挥自己最大的潜在能力,表现个人的情感、思想、愿望、兴趣、能力,实现自己的理想,并能不断地创造和发展。

总结行为管理阶段,具有这样一些特点:(1)行为管理学者的主要思想是建立在人际关系学派的基础上的,因此有相当一部分观点是相同的;(2)行为管理学派在一定程度上超越了前人对于具体组织和工作的研究,更加注意对人的因素的研究;(3)行为管理学派已经不拘泥于某一固定的人性假设,开始具备了权变的思想;(4)需求层次论指出了从物质到精神、从生理到心理这样一个先后不同的层次,因而促使人们在企业管理理论上进一步深化,去思考在企业的生产过程中,如何更好地从文化心理上去满足企业职工的高层次需要,从文化上对职工加以调控和引导,帮助他们实现各自的愿望,使他们能够生活在这样一个氛围中,即不仅感到自己是一个被管理者,同时也能够在感情归属、获得安全感和尊敬,以及最后的自我实现方面,都有很大的发展余地,这也孕育着企业文化理论。

（五）企业文化阶段

企业文化的真正兴起是在20世纪80年代,作为在管理理论基础上发展起来的企业文化理论,是对原有管理理论的总结、创新,它从一个全新的视角来思考和分析企业这个经济组织的运行,把企业管理和文化之间的联系作为企业发展的生命线。企业管理从技术、经济上升到文化层面,是管理思想发展史上的一场革命,它给企业管理带来了勃勃生机和活力。企业文化的核心是组织成员的共同信念与价值观,也可称为企业精神,它可以归纳为很简练的一句口号或几个易懂好记的词组,但在西方,它常以使命说明书的形式逐条表述出它的要点,更具体的可以用若干条政策来体现。而人力资源管理理念恰恰是企业文化理念的核心部分,一个组织对其员工的看法才是最根本的企业文化价值观。

1.麦肯锡的7S模型。企业文化理论诞生的一个重要诱因是美日企业管理经验的比较研究,其中最有代表性的人物是麦肯锡公司的专家汤·彼德斯和罗·沃特曼。他们先设置了可列为"管理最佳公司"的标准,再精选出数十家这类最佳公司,对它们进行较长时间的深入研究,发现它们管理有效性的共同之处,都在于全面关注和抓好七个管理因素,即结构(Structure)、战略(Strategy)、技能(Skill)、人员(Staff)、作风(Style)、制度(Systems)和共有价值观(Shared Values)。这些因素相互关联,构成一个完整的系统。它们中有的较"硬"、较理性、较直观、较易测控,如战略、结构等因素;有的则较"软",不够理性,较难捉摸,要靠些直觉来感知,这类因素恰是人们忽略的,却又是最重要的。其中共有价值观这一因素是整个系统的核心、基础和关键,它就是企业的精华或叫做"企业精神"。如图1-4所示,它表明,管理软硬兼备、虚实并蓄,是一个复杂完整的系统,而其核心则是最软而虚的"企业文化"或精神。

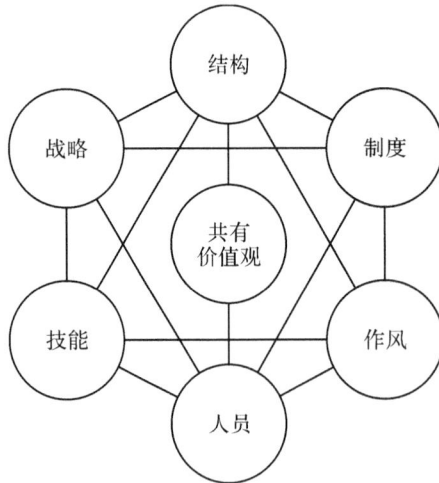

图1-4 麦肯锡的7S模型

2.学习型组织的出现。有人认为,人力资源管理发展到企业文化阶段的一个重要表现是学习型组织概念的提出和在实践中的运用。学习型组织是指在发展中形成的具有持续的适应和变革能力的组织。在一个学习型组织中,人们都可以抛开原有的思考方式,能彼此开诚布公地去理解组织真正的运作方式,去构造一个大家能一致同意的愿景,然后齐心协力地实现这个目标。"以人为本"的管理理念在此得到了进一步发展,具体表现为:组织领导者既要掌握管理的理论和理念,更要注重管理的方法、操作和技能等实践;重视企业文化和团队精神的作用,培育和发掘人力资源的创造力和企业的凝聚力;注重多文化时代多元化的管理模式;企业投资、经营和竞争的多元化,要求人力资源管理活动不断创新。

总之,企业文化阶段的特点可以归结为:(1)处理"人事关系"成为总经理最重要的事宜之一;(2)重视员工作为有尊严个体的存在价值;(3)重视用工作目标引发员工的积极性;(4)重视工作表现和挑战性工作,注重在工作中培养员工的成就感;(5)注重团队精神的培养和沟通技巧的培训使用;(6)注意团体气氛是否融洽,营造"学习型"组织。

相关链接

如何建设创新文化

150多年来,西门子不断创新,改变着行业,改变着世界。西门子认为,对一家公司来说,在市场上取得优势地位的必经之路包括整合产品组合、优化流程、减少产品的复杂性,以及根据成本设计,对现有业务进行扩展等,这种连续性更新叫做"渐进式创新"。还有一种创新方式则显得不那么稳定,那就是"革命式创新",这种创新会给企业带来巨大的突破,但时间长、风险大,企业必须要有耐心,要有直觉,要有全面的视角。

西门子把创新文化诠释为以下四大要素。

首先,必须具有客户导向。

其次,管理层要关注创新,要设计具有挑战性的创新目标,要有一个适当的系统控制创新人员,要设立合理的激励机制,一旦创新成功要给予到位的奖励。

第三,要创造一个敢于冒险的氛围,鼓励员工用挑战精神迎接困难,同时,赋予创新者充分的信任。

最后,要追求卓越,要设立一系列的创新标杆,这些标杆来自于行业内的最佳企业,同时要试图使自己的公司成为行业的标杆。

之所以要关注"创新文化",就是要为技术创新、体制创新、观念创新创造一个营养丰富而又易于"操作"的环境,在这样的环境中,创新这棵幼苗才能茁壮成长、蓬勃发展,从而真正提高企业的创新能力,为建设创新型国家铺平道路。

五、人力资源管理的基本原理

(一)系统优化原理

1.一个小故事的启示。罗丹花了几年的时间雕塑了自己所崇拜的作家巴尔扎克的雕像。一天,罗丹带着他的学生来看自己做的雕塑,当罗丹掀开覆盖雕塑的红绸布时,学生们都称赞巴尔扎克的手雕塑得很美,罗丹听完学生的评论,断然地砍去了这只美丽的手,因为局部的美影响了整体的美。精神和灵魂的美,才是罗丹雕塑巴尔扎克的目的。

局部的美影响了整体美的重点,局部要服从整体。

2.系统优化原理的描述。系统优化原理是指人力资源系统经过组织、协调、运行、控制,使其整体功能获得最优绩效的过程。

系统优化原理包含下述几个方面的内容:

(1)系统的整体功能不等于部分功能的代数和。

(2)系统的整体功能必须大于部分功能的代数和。

系统论的创造者、美籍学者贝塔朗斯菲最早提出的系统观点,其核心就是整体大于部分之和。人力资源系统通常可能遇到的情况有下述三种:

①1+1>2;

②1+1=2;

③1+1<2。

第一种情况符合系统优化原理,整体功能大于部分功能之和。第二种情况属于整体功能与部分功能之和相等的情况。第三种情况是人才的内耗、摩擦,使彼此的能力相互抵消,严重的还会出现小于零的负效应,即企业亏损、公司倒闭,或企业内人员矛盾重重、互相拆台。所以系统优化原理要求系统内各部分相互协调,使整体功能大于部分功能之和。

(3)系统的整体功能必须在大于部分功能之和的各值中取最优。

(4)系统的内部消耗必须达到最小。

(5)系统内的人员必须身心健康、奋发向上,关系和谐。

(6)系统的竞争能力、转向能力最强。

系统优化原理就是指人的群体功效达到最优,它是人力资源管理理论中最重要的原理。人力资源系统面对的要素是人,管理者也是人,人具有复杂性、可变性和社会性。因此,要达到人的群体功效最优,必须提倡理解,反对内耗。

(二)激励强化原理

1.一个小故事的启示。

一个朋友的孩子来到约翰的家里,不小心打破了约翰的花瓶,孩子吓得哭了。约翰因为他是好朋友的儿子,怕他受了惊吓,给了这个孩子10美元,让他上街去买东西吃,这孩子回到家里,把家里的花瓶也砸了,孩子的父亲见了,问孩子这是为什么,孩子告诉父亲,因为砸花瓶可以得到10美元的奖励。

本故事提示了激励强化原理依据的法则:人们的行为总是向受鼓励、受激励的方向发展。

2.激励强化原理的描述。激励强化原理是指企业的高层管理者根据企业的发展目标,确定企业人员的行为准则,并对遵守这些行为准则和对企业作出贡献的人们给予奖励和激励,使他们能保持旺盛的精力,继续遵守企业的行为准则,努力为企业作出更大的贡献。

另一方面,企业根据人们需求的变化,激励逐步往个性化方向发展。企业根据不同层次、不同性格员工的不同需求,采用多样化、个性化的激励方式,以达到激励员工完成组织目标的目的。

人们的需求包含以下几个方面:一份能够胜任的工作,合理的薪酬,职业的安全,有品牌的企业的一员,有发展空间,获得信任和认可,公正而有能力的领导,融洽的同事关系,等等。

(三)弹性冗余原理

1.弹性冗余原理的描述。弹性冗余原理是指人力资源部门在聘任、使用、解雇、辞退、晋升等过程中要留有充分的余地,使人力资源部门在整体运行过程中有弹性,当某一决策发生偏差时,留有纠偏和重新决策的可能。

2.弹性冗余原理包含的内容。

(1)确定人员编制时,应留有一定的余地,虚位以待贤才,使企业有吸纳贤才的空间和能力。

(2)人才使用要适度有弹性。这里包括劳动强度、劳动时间、工作定额等都要适度,使员工能保持旺盛的精力为企业工作。

（3）企业目标的确定要有弹性，经过努力无法达到目标就会使员工丧失信心。

（4）解雇或辞退员工时，一定要事先做好充分的调查，要核实所有的细节，留有充分的余地，使被辞退的员工心服口服，对其余的员工又能起到教育和警示的作用。

（5）员工晋升要有弹性，不成熟的人才可以暂缓晋升。晋升应坚持公开、公平、公正的原则，最好将岗位竞聘、全面考核、留有余地的方式作为晋升的策略。

弹性冗余原理既包括大系统的弹性——全局弹性，小系统的弹性——局部弹性，也包括个人、家庭的弹性，以及个人对业余时间的安排要有弹性，家庭对成员的约束要有弹性等。

"弹性"一词借用于弹簧的"弹性"。"弹性"通常有一个"弹性度"，超过这个"度"，弹簧的弹性就要丧失。弹簧就成了一根"钢丝"，再也弹不回去了。

3. 积极弹性和消极弹性。所谓积极弹性，是指在一定弹性冗余度内，使职工保持身心健康，对工作愉快胜任，留有余地，以利再战。所谓消极弹性，是指无所作为、消极怠工，或怕苦怕累、贪图安逸、无所成就的消极保命哲学。

积极弹性和消极弹性的区别有下述四点：

（1）积极弹性主张生命要有一定的紧张感，主张人生的真谛在于工作和奉献。消极弹性主张人生要安逸，追求无所事事和厌倦工作。

（2）积极弹性主张一定的冗余度是为了更健康、更有效率地工作。休息是为了工作，弹性是为了人生的节奏和多彩的生活。消极弹性则主张逃避劳动，好逸恶劳，没有工作目标。

（3）积极弹性主张人与人的理解，愿意在必要时加倍努力工作，帮助团体和他人渡过难关。消极弹性则忽视他人的需要，本质上是利己主义。

（4）积极弹性主张"张弛"的合理性和科学性，主张在群体的弹性之外，积极地安排个人的生活，使之张弛有致。消极弹性则无论在群体和个体的行为里，都缺少合理性和科学性，有意或无意地损害了群体和家庭的合理行为。

（四）互补增值原理

1. 互补增值原理的描述：互补增值原理是指通过团队成员的气质、性格、知识、专业、能力、性别、年龄等各因素之间的长处相互补充，从而扬长避短，使整个团队的战斗力更强，达到互补增值效应。互补增值原理要求我们组建任何一支团队时均要注意成员的能力、知识、专业等各方面的结构和配置。

2. 互补增值原理必须注意的几个问题：互补增值原理与其他原理不同，如选择不准，不但不能达到互补，反而会引起能力、精力的内耗，使整体工作受到很大的影响。概括起来，有这么几点必须引起注意：

（1）选择互补的一组人必须有共同的理想、事业和追求。中国古语说，道不同不相为谋。如果彼此的追求背道而驰，那任何的互补都无济于事。

（2）在注意知识、能力、气质、技能等互补时，尤其要注意合作者的道德品质，注意其品行和修养。性格、气质可以各异且互补，但如果道德品质不好，耍阴谋、放暗箭，互补原理就无法成立。

（3）互补增值原理最重要的是"增值"，因此要求合作者诚意待人，对周围的合作者必须能理解、多友爱，彼此的心互相沟通、劲往一处使。否则，消极怠工、冷眼旁观、等着看别人的笑话，则无法达到增值效果。

（4）互补增值原理要追求动态的平衡，要允许人才的流动、人才的相互选择和人才的重新组合,允许人才的更新和人才彼此职位的变换。因为互补是一种理想组合的追求,是在动态中去求平衡,去求完美。

如果一组人才组合永远固定不变,则达不到理想的互补增值效果。

(五)利益相容原理

1.利益冲突的定义。利益冲突通常在一个系统内由两个群体或若干个个体间所产生。当系统中一方(群体或个体)的利益影响另一方(群体或个体)的利益时,双方就产生了利益冲突。利益冲突通常有如下几种情况:系统中一方的利益影响了对方的物质利益,系统中一方的利益影响了另一方的安全和健康,系统中一方的利益影响了另一方的发展,系统中一方的利益影响了另一方的权利。

2.利益相容原理的描述。利益相容原理是指当双方利益发生冲突时,寻求一种方案,该方案在原来的基础上,经过适当的修改、让步、补充或者提出另一个方案,使双方均能接受,从而获得相容,称为利益相容原理。

利益相容原理揭示了矛盾统一规律的内容:某种方案可能导致人们之间的互相冲突,彼此对立,但经过若干修改和让步后,又能彼此理解,相容于一个统一体中。

3.利益相容原理包含以下几点内容。

(1)利益冲突的各方,可能因处理不好而导致对抗性矛盾难以调和,也可能因处理得当而获得相容。

(2)利益相容必须有一方或多方的让步、谅解和宽容。

(3)利益相容必须是矛盾的各方都到场进行协商以求得解决。如在一方未到场的情况下其余各方获得妥协,那么,由于未到场一方的意见就可能重新导致冲突。

(4)利益相容原理要求原则性和灵活性的统一。如果没有原则性,则相容就毫无意义。如果没有灵活性,原则性就难以获得坚持。

第二节　人力资源管理在组织中的实现

人力资源管理是现代组织管理的重要组成部分,其各项功能的实现也必须依托于一定形式的组织,而且其日常工作更多地体现在组织中人力资源管理部门或人力资源管理人员的工作中。

一、人力资源管理的目标与功能

人力资源管理的目标是其各项功能的导向,而其功能又是对人力资源管理目标的具体分解,但这一目标从根本上要服从于组织的总体目标和战略。

(一)人力资源管理的目标

关于人力资源管理的目标有多种说法,例如美国学者认为人力资源管理的目标有四:第一,建立员工招聘和选择系统,以便于雇用到最符合组织需要的员工;第二,最大化每个员工的潜质,既服务于组织的目标,也确保员工的事业发展和个人尊严;第三,保留那些通过自己的工作绩效帮助组织实现组织目标的员工,同时排除那些无法对组织提供帮助的员工;第四,确保组织遵守政府关于人力资源管理方面的法令和政策。从彼得·德鲁克关于人力资源管理对组织效益的贡献的论述出发,人力资源管理的目标有九个方面:(1)帮助组织实现目标;(2)有效地利用劳动者的技能;(3)提供训练有素和良好动机的员工;(4)提高员工的满意度和自我实现;(5)提升职业生涯的质量;(6)与所有的员工交流人力资源管理的政策;(7)坚持符合伦理规范和社会责任的行为;(8)管理变革,即在不损害组织生存的前提下有效地发现和使用新的、灵活的方法;(9)提高应急管理能力和加快循环时间。

两种说法有着共同之处,都强调人力资源管理要帮助实现组织的目标,而手段在于对员工的管理,后者还提高了组织的社会责任感,这也是组织内部管理的外部效应。总的来说,人力资源管理是帮助组织向社会提供它所需要的产品与服务,并使组织在市场竞争中得以生存和发展,把组织所需要的人力资源吸引到组织中来,将他们保留在组织之内,调动他们的积极性、开发他们的潜能,为本组织服务。

（二）人力资源管理的功能

关于人力资源管理的功能,国内学者的认识是比较统一的,大都围绕对人力资源的吸引、使用和开发提出,目前有两种代表性说法。一是张一弛提出的"五职责说"。(1)吸引。这是指确认组织中的工作要求,决定这些工作需要的人数与技术,对有资格的工作申请人提供均等的雇用机会。吸引环节涉及如何进行工作分析,即确定各个工作岗位任务的特点,从而确定企业中各个工作岗位的性质和要求;如何对企业的人力需求进行预测,为开展招聘工作准备依据。(2)录用。录用是根据工作需要确定最合适人选的过程,确保企业能够从工作申请人中间选拔出符合企业需要的员工。(3)保持。保持员工工作的积极性,保持安全健康的工作环境。这包括决定如何管理员工的工资和薪金,做到按照员工的贡献等因素进行收入分配,做到奖惩分明,同时通过奖赏、福利等措施激励员工。(4)发展。这是指提高雇员的知识水平和技能水平等,保持和增强员工的工作能力。其中包括对新到本企业的员工进行工作引导和业务培训,训练和培养各级经理人员,以及为了使员工保持理想的技能水平而进行的一系列活动。(5)评价。这是指对工作结果、工作表现和对人事政策的服从情况做出观察和鉴定。其中包括决定如何评价员工的工作业绩,如何通过面谈、辅导和训话等方式与员工进行面对面的交流。

另一种更加被广泛接受的说法是余凯成提出的"五功能说"。(1)获取。包括招聘、考试、选拔与委派。(2)整合。这指的是使被招收的职工了解企业的宗旨与价值观,接受和遵从其指导,使之内在化为他们自己的价值观,从而建立和加强他们对组织的认同感与责任感。(3)保持和激励。提供职工所需的奖酬,增加其满意感,使其安心和积极工作。(4)控制与调整。评估他们的素质,考核其绩效,做出相应的奖惩、升迁、离退、解雇等决策。(5)开发。对职工实施培训,并提供给他们发展机会,指导他们明确自己的长处、短处及今后的发展方向和道路。这五项功能是相辅相成、彼此配合的,如图1-5所示。激励可使员工对工作满意、留恋和安心,从而促进了整合;开发使员工看到自己在组织中的前程,从而更积极和安心。但这五项功能都是以工作分析为基础与核心的,工作分析能确定本组织每一岗位所应有的权责和资格要求,从而使人力资源的获取明确了要求,为激励规定了目标,给绩效考核提供了标准,为培训开发提供了依据。

二、人力资源管理的任务与作业活动

（一）人力资源管理的任务

人力资源管理的基本任务在于为组织发展提供人力资源上的保证,加里·德斯勒把它概括为以下六个方面。(1)通过计划、组织、调配、招聘等方式,保证一定数量和质量的劳动力和专业人才,满足企业发展的需要。(2)通过各种方式和途径,有计划地加强对现有员工的培训,

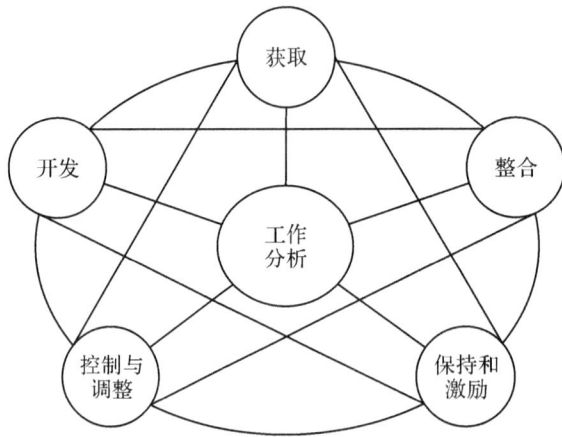

图 1-5　人力资源管理五功能的关系

不断提高他们的劳动技能和业务水平。(3)结合每个员工的职业生涯发展目标,对员工进行选拔、使用、考核和奖惩,尽量发挥每个人的作用。(4)协调劳动关系。运用各种手段,对管理者与被管理者、员工与雇主、员工与员工之间的关系进行协调,避免不必要的冲突和矛盾。同时,要考虑到员工的利益,保障员工的个人权益不受侵犯,保证劳动法的合理实施。(5)对员工的劳动给予报酬。通过工作分析和制订岗位说明书,明确每个岗位的功能和职责,对承担这些职责的人的工作及时给予评价和报酬。(6)管理人员的成长。管理人员的培训和开发是现代人力资源管理的重要内容之一,要保证任何部门、任何位置的负责人随时都有能胜任的人来接任。

(二)人力资源管理的主要活动

人力资源管理的主要活动又称为人力资源管理的各项职能,是指组织中人力资源职能管理人员所从事的具体工作环节。不同规模的组织所涉及的活动略有区别,尤其是在人力资源管理部门岗位设置和人员分工上有很大的不同,但从最全面的角度来看,人力资源管理的主要活动有以下几个方面。

1.人力资源规划。这一过程是从最初的所谓人力规划基础上发展起来的。人力资源规划的宗旨是,将组织对员工数量和质量的需求与人力资源的有效供给相协调。需求源于公司运作的现状与预测,供给方面则涉及内部与外部的有效人力资源量。内部供给是近年来组织合理化目标的体现,涉及现有劳动力及其待发挥潜力;外部供给取决于组织外的人员数,受人口趋势、教育发展以及劳动力市场竞争力等多种因素影响。规划活动将概括出有关组织的人力需求,并为下列活动,如人员选拔、培训与奖励,提供所需信息。

2.人员招聘。招聘之前,要做工作分析。在此过程中,要对某一岗位的员工职责作仔细分析,并做出岗位描述,然后确定应聘该岗位的候选人应具备的能力。应根据对应聘人员的吸引程度选择最合适的招聘方式,如报纸广告、职业介绍所、人才交流会等。

3.人员选拔。有多种方法,如求职申请表、面试、测试和评价中心等,可用于从应聘人员中选择最佳候选人。通常是第一步筛选后保留条件较合适者,应聘者较少时这一步骤就不必要了。作选择决定时需要一些辅助手段,即理想候选人标准。

4.绩效评估。这是一种根据设定目标评价员工业绩的方法,但并未被广泛接受。人事人员往往只参与制订程序,而过程的管理则通常留待部门经理去完成。一般是在有关人员填写一系列表格,使有关部门对其最近一次面试以来(通常为一年)的业绩有一个较好了解后,安排面试。业绩可以用事先设定的指标量化,其结果可用做对员工进行培训,或在某些情况下,作为表彰奖励的依据。

5.培训。这一过程关系到建立何种培训体系,哪些员工可以参加培训等问题。培训种类多样,从在职培训到由组织外机构提供的脱产学习和培训课程,当组织对核心员工在公司内的发展有所规划时,培训与发展的关系就显而易见了,这种情况下管理人员总是努力使公司需要与个人事业发展相协调。

6.报酬与奖惩。这项工作的范围很广,包括工资级别和水平的确定、福利与其他待遇的制订、奖励和惩罚的标准与实施,以及工资(如岗位工资、计件工资或绩效工资等)和各种补贴的测算方法。

7.劳动关系。涉及这一部分的环节包括与员工签订劳动协议或雇用合同,处理员工与公司或员工之间可能出现的纠纷,制订员工的权利和义务,按照劳动法处理各类员工问题,制订员工投诉制度。人事主管还要针对与雇用立法有关的事项提出意见,并应熟知与法律条款适用性有关的实际问题。

8.员工沟通与参与。通过召开会议等形式将有关信息传达给员工,安排一定的方式使员工能对公司决策有所贡献(如提出建议方案)。在特定环境中,协商也可归入此类活动。目前,越来越多的公司采用团队式的管理方式,像质量小组,这样,员工有机会参与到与其工作相关的决策活动中。

9.人事档案记录。员工的人事记录通常由人事部门集中管理,这些记录中包括最初的应聘材料,和后续工作中添加的反映员工资历、成绩和潜力的资料。员工档案是人事决策的一项重要依据。随着计算机的普及,许多公司采用了人力资源管理信息系统,用计算机来管理人事档案资料。

这里需要指出的是,一个组织的人力资源管理活动是由人力资源管理专业人员(包括人事经理或主管)和各业务主管(部门经理)同时完成的。实际情况下,特别是对大机构而言,人事活动经常包含以上所列的多种形式。例如,生产部门经理需要招聘一位工人,他首先要确定需要什么样的人,提出具体要求,然后各班组长或工段长协商,看是否可以从本部门解决,若能解决,则将人员变动报人力资源部门;如果不能解决,就需要与人力资源经理或负责人进行协商,看公司其他部门是否有合适人选,或者从公司外部招聘,这就需要综合考虑该职位的实际需要、内部人员补充情况、填补空缺所需成本等。若最终决定从外部招聘,人事主管将在以下方面为生产经理提供支持,如起草岗位职责说明、广告招聘信息,对面试过程提出建议。聘用合同一般应由人事主管签发。这个例子说明人事活动中高层经理的参与情况。有些机构中,特别是对较低职位人员的聘用,人事主管的直接介入较少,可能只涉及招聘广告和签发合同。

(三)人力资源管理活动的关系

人力资源管理的各项活动之间不是彼此割裂、孤立存在的,而是相互联系、相互影响,共同形成了一个有机的系统,如图1-6所示。

1.以工作分析与评价为基础。在这个职能系统中,工作分析和工作评价是一个平台,其他各项职能的实施基本上都要以此为基础。人力资源规划中,预测组织所需的人力资源数量和质量时,基本的依据就是职位的工作职责、工作量和任职资格,而这些正是工作分析的结果——职位说明书的主要内容;预测组织内部的人力资源供给时,要用到各职位可调动或晋升的信息,这也是职位说明书中的内容。进行计划招聘时,发布的招聘信息可以说就是一个简单

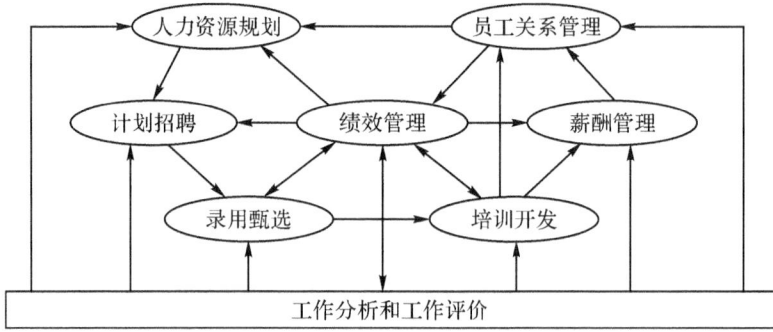

图 1-6　人力资源管理活动关系图

的职位说明书,而录用甄选的标准则主要来自于职位说明书中的任职资格要求。绩效管理和薪酬管理与工作分析和工作评价的关系更加直接。绩效管理中,员工的绩效考核指标可以说是完全根据职位的工作职责来确定的;而薪酬管理中,员工工资等级的确定,依据的信息主要就是职位说明书的内容。在培训开发过程中,培训需求的确定也要以职位说明书对业务知识、工作能力和工作态度的要求为依据,简单地说,将员工的现实情况和这些要求进行比较,两者的差距就是要培训的内容。

2. 以绩效管理为核心。再来看一下绩效管理。该职能在整个系统中居于核心的地位,其他职能或多或少都要与它发生联系。预测组织内部的人力资源供给时,需要对现有员工的工作业绩、工作能力等做出评价,而这些都属于绩效考核的内容。计划招聘也与绩效考核有关,我们可以对来自不同渠道的员工的绩效进行比较,从中得出经验性的结论,从而实现招聘渠道的优化。录用甄选和绩效管理之间则存在着一种互动的关系,一方面,我们可以依据绩效考核的结果来提高甄选过程的有效性;另一方面,甄选结果也会影响到员工的绩效,有效的甄选结果将有助于员工实现良好的绩效。前面已经提到,将员工的现实情况与职位说明书的要求进行比较后就可以确定培训的内容,那么员工的现实情况又如何得到呢? 这就要借助绩效考核了,因此培训开发和绩效管理之间存在着一定的关系,此外,培训开发对员工提高绩效也是有帮助的。目前,大部分企业在设计薪酬体系时,都将员工的工资分为固定工资和浮动工资两部分,固定工资主要依据工资等级来支付,浮动工资则与员工的绩效水平相联系,因此绩效考核的结果会对员工的工资产生重要的影响,这就在绩效管理和薪酬管理之间建立了一种直接的联系。通过员工关系管理,建立起一种融洽的氛围,这将有助于促进员工更加努力地工作,进而有助于实现绩效的提升。

3. 其他活动相互联系。人力资源管理的其他活动之间同样也存在着密切的关系,录用甄选要在招聘的基础上进行,没有人来应聘就无法进行甄选;而招聘计划的制订则要依据人力资源规划,招聘什么样的员工、招聘多少员工,这些都是人力资源规划的结果;培训开发也要受到甄选结果的影响,如果甄选的效果不好,员工无法满足职位的要求,那么对新员工培训的任务就要加重;反之,新员工的培训任务就比较轻。员工关系管理的目标是提高员工的组织承诺度,而培训开发和薪酬管理则是达成这一目标的重要手段。培训开发和薪酬管理之间也有联系,员工薪酬的内容,除了工资、福利等货币报酬外,还包括各种形式的非货币报酬,而培训就是其中的一种重要形式,因此,从广义上来讲,培训开发成了报酬的一个组成部分。

三、人力资源管理部门设置与职权

前面提到过,虽然人力资源管理有以上的许多活动环节,但在不同的组织中所涵盖的内容及岗位设置是各不相同的,而且不同类型的组织,其中最主要是规模不同的组织,人力资源机构的设置有着很大的区别。这也反映了不同的组织中人力资源管理部门的地位以及对人力资源管理人员的不同需求。

(一)不同规模组织的人力资源部门设置

组织中从事人力资源管理这一职业的人可以分为三类:人力资源高级管理人员、多面手和专家。这些不同的人员是组织中人力资源管理部门的主要成员。(1)人力资源高级管理人员是在人力资源管理方面处于较高层级的管理者,他们是直接向组织的最高管理层或主要部门主管进行报告的高层经理。(2)多面手通常是人力资源管理方面的管理人员,他们负责多个相互联系的人力资源管理工作职能方面的工作,多面手的工作涉及组织人力资源管理的全部工作职能或者其中几个工作职能。目前,在组织中的一个变化趋势是,许多组织将人力资源管理的多面手分派到各个一线组织中去,从而使组织保持更小规模的人力资源部门。(3)人力资源管理者可以是人力资源高级管理人员、一般管理者或者非管理人员,他们只专注于人力资源管理各项工作职能中的某一个方面。在当今的人力资源管理环境中,从事人力资源管理职业的人员正在向着更加多面化的方向发展。

1. 小型组织人力资源管理部门设置。小型组织的人力资源管理部门的设置特点是:(1)一般不拥有正式的人力资源管理专家,有的甚至没有正式的人力资源管理部门,而是和其他部门(如行政部门、办公室)合并办公来处理人力资源管理事务;(2)小型组织的人力资源管理部门的工作重心一般更多地放在招聘和培训员工,以及档案和薪酬管理等事务上。如图1-7所示。

小型组织人力资源管理部门的设置虽然较简单,但其职能的重要性却并不逊色。比如,如果一家小型企业在人员招聘和工作分派方面出现严重的错误,那么这些错误就很可能会导致整个企业的失败,而在大型组织,这类错误的危害就要相对小许多。此外,由于小型组织面对大、中型组织的强大竞争,往往需要花更大的精力获取必要的优秀的人力资源,以维系自己的生存和发展。

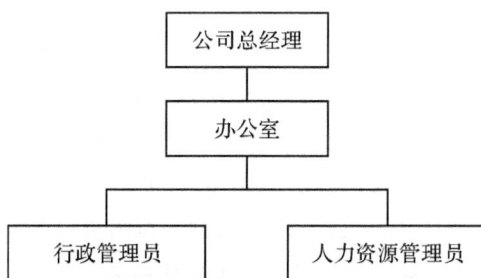

图 1-7　小型组织人力资源管理部门设置

2. 中型组织人力资源管理部门设置。中型组织一般都会拥有专门的人力资源管理部门,其设置的特点是:(1)会在某些人力资源管理的职能方面出现专业化的分工,比如,往往会有一个秘书来专门处理往来信件等事宜;(2)人力资源部门中拥有为数不多的人力资源管理专家或多面手;(3)人力资源部门经理是十分重要的。如图1-8所示。

3. 大型组织人力资源管理部门设置。大型组织的人力资源管理部门设置的特点是:(1)分工进一步细化,例如,往往设置招聘、培训和开发、薪酬和福利、安全与健康等多个下属部门;

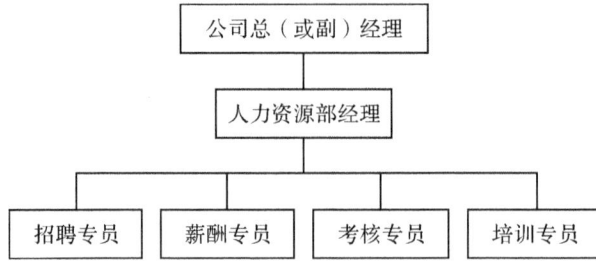

图 1-8　中型组织人力资源管理部门设置

(2)拥有数量较多的人力资源管理专家或多面手,这些人员往往会负责人力资源部的一个或几个下属部门,并向人力资源部经理报告;(3)人力资源部门的经理与企业最高层的联系更为密切,在许多大型组织中会出现专门负责人力资源管理的高层领导,比如,负责人力资源事务的副总经理。如图 1-9 所示。

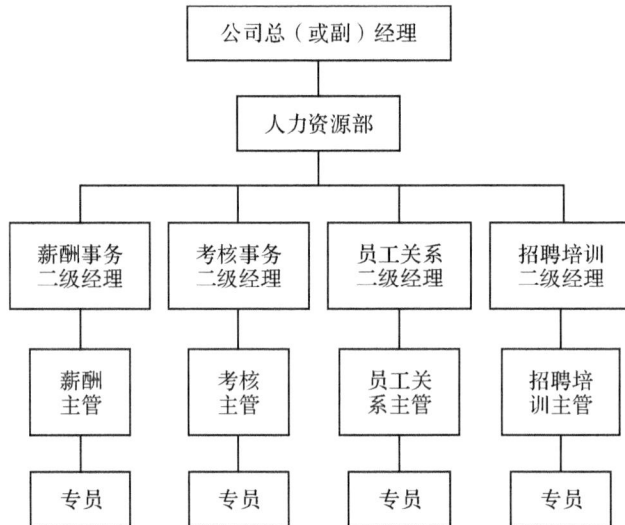

图 1-9　大型组织人力资源管理部门设置

当然,所谓的大型组织的规模也没有一定的标准,视情况不同,有的组织在人力资源部内部设置二级经理甚至三级经理,但有的组织只是在人力资源部门经理下设置主管和专员两个层级,而且二级部门或专业职能模块的划分也不尽相同。

4.跨国公司人力资源管理部门设置。在一些特大型组织,如跨国公司,人力资源管理部门的设置更为复杂,不仅有专业职能上的分工,而且会有地域上的分工;在管理层级上也更为复杂,拥有各种高级人力资源管理人员、多面手及专家。

随着竞争全球化的加剧,在许多大型组织(尤其是跨国公司)中出现了共享服务中心,它是组织中一个相对独立的机构,将散布在整个组织中的、例行的、事务性的工作活动整合在一起,并为管理者和员工提供直接的支持。共享服务中心的主要优点是将组织的人力资源管理者从例行公事中解脱出来,从而可以承担更加战略化的任务。

另外,越来越多的组织将某些人力资源管理的非核心职能外包出去。所谓外包,是指组织将与某一领域的服务和目标有关的职责转交给组织外部的供应者去完成。外包的主要优点是:缩短运营时间,更加有效地降低成本。外包的前提应当是不降低组织运作的效率。

采用人力资源管理共享服务中心或者外包等形式的组织,其人力资源管理部门的设置将会发生变化,即人力资源部的工作职能趋于集中,那些外包出去的职能将不在人力资源部的工作范围之内,尽管仍需要对这些职能进行监督。这样,组织中人力资源部的设置将更多地与组织的战略目标相联系。

（二）人力资源管理部门与其他部门的分工

组织所有的管理人员都承担着一定的人力资源管理的职能,这是因为他们的工作都要涉及选拔、培训、评估、激励等各个方面的人力资源管理活动。但大多数的企业都设有专门的人力资源管理部门(或者人事管理部门)和人力资源经理负责人力资源的运作职能。人力资源经理及其下属同其他管理人员的人力资源管理职责既有共同之处,又有一些明显的区别,这主要体现在他们所拥有的职权上。

1.职权及其划分。职权是指制订决策、下达命令和指挥别人工作的权力。在组织管理中,职权分为直线职权和职能职权。直线职权是直线或梯级的职权关系,即上级对下属行使直接的管理监督的关系。职能职权是顾问性质的职权关系,即进行调查、研究并向直线职权提出建议。

拥有直线职权的管理者是直线管理者,拥有职能职权的管理者是职能管理者。直线管理者拥有完成生产和销售等实际业务的下属,有权直接指挥其下属的工作,因此直线管理者需要负责完成组织的基本目标。职能管理者不拥有完成生产和销售等实际业务的下属,他们只是负责协助直线管理者完成组织的基本目标。人力资源经理属于职能管理者,他们负责协助生产和销售等方面的管理者处理选拔、评估、激励等方面的事务。如图 1-10 所示。

2.直线管理者的人力资源管理职权。直线管理者所具有的人力资源管理职权包括:指导组织的新进员工,训练员工掌握新的技能,分派适当的人员担任适当的工作,培养员工之间的合作工作关系,协助员工提升工作绩效,向员工传达组织的各种规章和政策,控制本部门的人事费用,开发员工的工作潜力,激发并维护员工的工作积极性,维护员工的身心健康,等等。

一般来讲,当组织规模很小的时候,直线管理者是可以独立完成上述各项工作的。当组织规模达到一定程度时,直线管理者就需要人力资源职能部门的协助以及人力资源管理专业知识的支持。

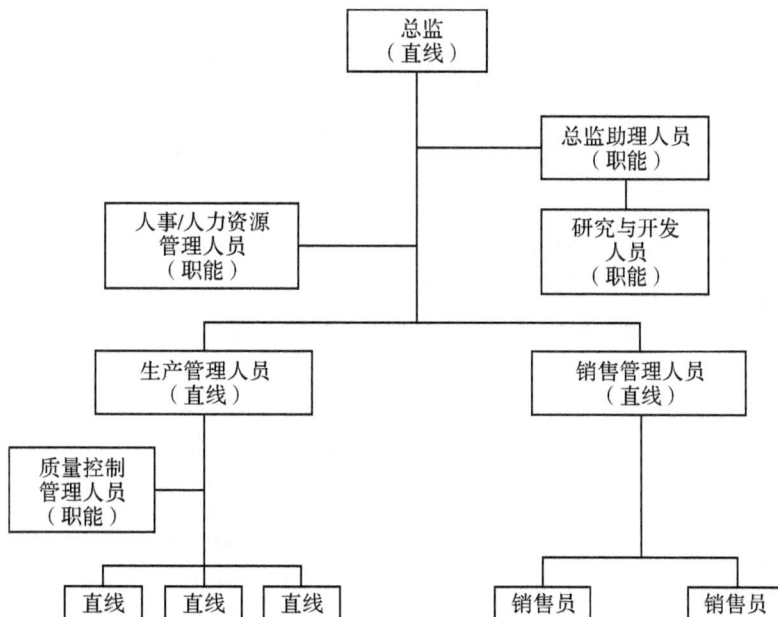

图 1-10　直线职权与职能职权

3.人力资源管理者(或人力资源经理)的人力资源管理职权。人力资源部门职能经理人的人力资源管理职权既有与直线经理人相似的直线职能,也有人力资源经理人特有的服务职能。人力资源经理人的直线职能包含两层含义:一是在人力资源部门内部,人力资源经理必须行使直线经理人的职权,指挥自己的下属工作;二是在整个组织范围内,人力资源经理对其他经理人可能行使相当程度的直线职能,这就是所谓的人力资源经理的"隐含职权"。这是因为其他的直线经理人知道人力资源经理由于工作关系能够经常接触最高管理层,因此,人力资源主管所提出的建议经常被看作是上级指示,而受到直线经理人的重视。人力资源经理人的服务职能指的是:一方面,人力资源经理和人力资源部门作为最高管理层的得力助手,要协助企业的最高管理层保证人力资源方面的目标、政策和各项规定的贯彻执行;另一方面,人力资源经理人要为直线经理人提供人力资源管理方面的服务,其中包括:帮助直线经理人处理所有层次员工的任用、训练、评估、奖励、辅导、晋升和开除等各种事项;帮助直线经理人处理健康、保险、退休和休假等各种员工福利计划;帮助直线经理人遵守国家各项有关劳动和人事方面的法律和规定;帮助直线经理人处理员工的不满和劳工关系。在解决这些问题的过程中,人力资源经理和人力资源部门必须提供最新的信息和最合理的解决办法。

4.人力资源管理部门与直线部门活动的分工。人力资源管理部门与直线部门的分工如表1-2所示。

表 1-2　人力资源管理部门与直线部门的分工

主要活动	直线部门的活动	人力资源管理部门的活动
人力资源规划	◇向人力资源部门提交人员需求计划 ◇配合内部人力资源供给调查	◇汇总各部门的需求计划,综合平衡和预测公司的人员需求 ◇预测公司的人员供给 ◇拟定平衡供需的计划
工作分析	◇向人力资源部门提供工作分析信息 ◇配合人力资源部门修订岗位说明书	◇组织实施工作分析 ◇根据其他部门提供的信息,编制职位说明书 ◇与其他部门沟通,修订岗位说明书
招聘与甄选	◇列出特定工作岗位的职责要求,以便协助进行工作分析(若无岗位说明书) ◇向人力资源管理人员解释对未来雇员的要求以及所要雇用的人员类型 ◇描述出工作对"人员素质"的要求,以便人力资源管理人员能够设计出适当的甄选和测试方案 ◇同候选人进行面谈,做出最后的甄选决策	◇根据规划确定招聘的时间、范围 ◇发布招聘信息 ◇对候选人进行初步面试、筛选,然后将可用者推荐给部门主管人员去考虑 ◇配合其他部门对应聘者进行测试,确定最终人选 ◇给新员工办理各种手续 ◇制订出员工晋升计划
工资报酬	◇向人力资源管理人员提供每项工作的性质和相对价值方面的信息,帮助他们确定工资水平 ◇评价员工的工作绩效,以便人力资源管理部门根据员工的工作绩效适当地调整他们的报酬 ◇根据奖励的性质决定支付给员工的奖金数量 ◇制订组织福利计划和由组织提供的服务项目的总体方案	◇设计工作评价体系 ◇执行工作评价程序,以确定每一种工作在企业中的相对价值 ◇进行薪资调查,审查报酬的公平性 ◇制订薪酬体系,包括薪酬的结构、发放的方式和确定的标准等 ◇核算员工的具体薪酬数额 ◇办理各种社会保险 ◇审核各部门的奖惩建议

主要活动	直线部门的活动	人力资源管理部门的活动
绩效管理	◇具体确定本部门考核指标的内容和标准 ◇参加考核者的培训 ◇具体实施本部门的考核 ◇执行绩效辅导 ◇与员工进行沟通,制订绩效改进计划 ◇根据考核的结果向人力资源部门提出相关的建议	◇制订绩效管理的体系,包括考核内容的类别、周期、方式以及步骤等 ◇指导各部门确定考核指标的内容和标准 ◇对管理者进行考核培训 ◇组织考核的实施 ◇处理员工对考核的申诉 ◇保存考核的结果 ◇根据考核的结果做出相关的决策
培训与开发	◇根据企业和工作的具体情况,将雇员安排到不同的工作岗位上,并对新雇员进行指导和培训 ◇向人力资源部门提出培训的需求 ◇参加有关的培训项目 ◇进行培训反馈 ◇对下属的职业进步情况进行评估,然后就他们个人的职业发展可能性向他们提出建议	◇制订培训体系,包括培训的形式、培训的项目和培训的责任等 ◇汇总各部门的需求,拟定培训文件,制订培训计划,准备培训用材料 ◇组织实施培训计划 ◇收集反馈意见,并培训评估 ◇制订职业发展计划和晋升制度
劳动关系	◇根据维护健康劳资关系的需要,建立一种互相尊重、互相信任的日常工作环境 ◇具体实施企业文化建设方案 ◇在就集体合同进行集体谈判的时候,同人力资源管理人员共同工作 ◇直接处理员工的有关意见	◇密切注意员工情绪,对可能导致劳动者不满的那些问题的根本原因进行研究和诊断 ◇制订企业文化建设的方案并组织实施 ◇建立沟通的机制和渠道,受理员工的各种意见 ◇就如何处理员工的申诉对管理人员进行培训,并且协助有关各方就申诉事件达成协议
员工安全保障	◇确保雇员在纪律处罚、解雇以及工作保障方面得到公平待遇 ◇经常性地指导雇员坚持形成良好的安全工作习惯 ◇对雇员的安全生产行为加以肯定和奖励 ◇及时准确地完成事故报告	◇制订确保公平待遇的程序性规定并训练直线管理人员运用它们 ◇对工作进行分析以制订安全操作规程,并就如何设计机器保护装置一类的安全保护设备提出意见 ◇及时调查发生的事故,分析事故原因,为事故防范提出建议

四、我国人力资源管理的现状

人力资源管理的理论和实践在我国运用的时间并不长,而且在我们的国情条件下,呈现出与国外不同的实践特点,因此,研究我国人力资源管理的现状是合理运用人力资源管理理论的重要前提。

（一）我国企业人力资源管理的发展阶段

中华人民共和国自成立以来,人力资源管理的发展可以分成四个阶段：

1. 1949—1977 年,计划经济体制下的人事管理制度。这一阶段,我国实行中央集权、高度集中统一的计划经济体制,企业人事管理工作的历程和本质是创立、运行和发展一套与之相适应的,以计划为核心、行政管理为手段的企业人事行政管理的制度和模式,形成了"国家包揽,行政隶属,身份差别,终身固定"的企业管理体制,带有计划经济体制的"统得过死,条块分割,计划调节"的浓重特点。

2.20世纪70年代末至20世纪90年代中期,为传统人事制度的改革与创新时期。这一时期随着我国的经济体制逐渐从计划经济向市场经济过渡,传统的人事制度也发生了改变。最初针对分配中的"平均主义""大锅饭""铁饭碗"所产生的效率低下等弊端,国家允许企业在招工方法等政策措施上有所变通。20世纪80年代中后期,我国企业人事制度进入了创新改造阶段,具体表现为:推进企业自主用工,采用劳动合同制,改革工资、福利、劳动就业等,但仍未突破国家对企业放权的狭窄圈子。20世纪90年代中后期,我国企业传统人事管理制度进入全面改革阶段:如开始建立现代企业制度,企业成为自主经营、自负盈亏的独立经济实体,实行全员劳动合同制等,传统的人事管理制度的内容和框架被破除和扬弃,与市场经济体制相适应的新型人事管理制度的框架和内容开始建立。

3.20世纪90年代末至21世纪初,为企业由传统人事管理向现代人力资源管理过渡时期。随着市场经济体制的逐渐形成,我国企业人事管理制度改革也全面深化,伴随着企业改制、股份制改造、企业重组及抓大放小等改革,企业人事管理制度在体制、机制、结构等方面进行全方位的彻底改革,与市场经济相适应,按照市场经济管理模式构建的新型人事管理制度已在企业里开始运行。与此同时,我国一些企业的人事管理工作也开始从传统人事管理层次向现代人力资源管理层面提升。

4.21世纪初至今,为我国人力资源管理制度再造和行业规范时期。人力资源管理的重要性在企业中逐渐被认可,尤其是各高校针对市场上对于人力资源管理专业人才的需求,纷纷开设了各种层次的人力资源管理专业,该专业现在也呈现招生与就业两旺的景象。20世纪90年代末,各企事业单位从内部收入分配制度改革入手,引发了组织结构调整、重新定岗定编、工作分析与评价直至绩效管理制度设计等一系列的人力资源管理制度再造的热潮。另外,面对市场上人力资源管理从业人员的迅猛增加,一些政府部门和行业协会等组织先后推出了人力资源管理从业人员职业资格认证和培训的项目,接受培训与申请认证的人员越来越多,这也有利于市场资源的整合和专业人才标准的建立。

(二)我国企业人力资源管理现状

2002年,国务院发展研究中心企业研究所采用开放式问卷、半结构化问卷、调查访谈、文献资料分析等方法,对国内几十家企业的人力资源管理现状进行了调查分析。从所调查企业的组织结构设置、人力资源工作人员配置、人力资源管理理念、人力资源管理机构与职能设置及制度建设等方面来看,目前国内企业的人力资源管理主要具有以下特点。

1.大多数企业的人力资源管理还处于以"事"为中心的状态。只见"事",不见"人",只见某一方面,而不见人与事的整体性、系统性,强调"事"的单一方面静态控制和管理,其管理的形式和目的是"控制人";把人视为一种成本,当作一种"工具",注重的是投入、使用和控制。

2.所调查的企业普遍缺乏人力资源规划与相关政策。人力资源规划是根据企业的发展战略、企业目标及企业内外环境的变化,预测未来企业任务和环境对企业的要求,从而为完成这些任务和满足这些要求提供人力资源的一个过程。其开发和整合有赖于企业战略的确立与明确。但是,目前国内大多数企业人力资源管理往往注重招聘、员工合同管理、考勤、绩效评估、薪金管理、调动、培训等与公司内部员工有关的事项,却忽略了与顾客的联系,没有关注顾客需求和市场变化与企业经营战略、市场环境相一致的人力资源管理战略。

3.许多人力资源管理的功能远未完善。整个人力资源管理系统中的各个模块之间相互矛盾或不一致,难以有效发挥人力资源管理的整体效能。

4.人力资源部门无法统筹管理整个公司的人力资源。比如,人力资源部门无法将公司和部门战略与人力资源战略统一结合;受职权限制,人力资源部门与其他业务部门沟通困难;人力资源部门的实际工作停留在主管层以下,造成考核体系不完善、激励机制不健全、继任计划不完整等问题;公司高级领导层受具体业务困扰,对人力资源重要性认识不够。

5.十分缺乏将先进的人力资源管理思想转化为适合中国企业特点的、可操作的制度和措施的技术手段与途径。由于没有十分成熟的人力资源管理技术和完善的工作流程的实践,难以提炼、固化成为人力资源管理信息系统,电子化程度低、工作效率不高也就在所难免。

6.薪酬福利难以有效激励员工努力工作。没有处理好资历、职位、能力、智慧、贡献等要素在薪酬分配体系中的关系,"凭能力上岗、凭贡献取酬"没有得到很好的体现。

五、人力资源管理的发展趋势与面临的挑战

随着知识经济时代的到来,人的因素在促进生产力发展上所起的作用越来越大,不论是国内的企业还是跨国公司,对人才的争夺已经成为竞争的一个焦点。另外,社会生活质量的全面提高和人自身需求的变化也给人力资源管理提出了新的要求。综合国内外企业人力资源管理的发展,其呈现出了许多新的趋势。

(一)人力资源管理的发展趋势

1.企业组织不断创新,变革不断进行。其内容有:流程再造、组织重组与再设计将不断进行,企业间的战略结盟与合作日益重要;中国企业的公司治理结构将逐步建设完善,职业经理队伍将不断扩大;组织形态向学习型组织发展,趋向于扁平型、网络型组织;投资人(股东)决定经理阶层;设置首席知识执行官或智力资本副总裁,人力资源管理经理将成为通向 CEO 的重要途径;组织设计更注重以满足和适应客户需要为导向;根据核心产品项目形成核心流程,进而围绕工作流程而非部门职能进行管理;组织规模的国际化、全球化;更多的基层员工参与管理。

随着知识经济时代的到来,劳资双方的关系将发生革命性变化,原来的强制命令越来越难以奏效,劳资双方的"契约关系"越来越变得像"盟约关系"。在人力资源管理柔性化之后,管理者更加看重员工的积极性和创造性,更加看重员工的自主精神和自我约束能力。从信息学的角度来分析,原来的信息传递是逐层进行、逐级传递的,这种组织形式在信息高速传递时代很容易反应滞后。因此,精简中层、使组织扁平化将成为一种潮流。人事协调复杂化是由办公分散化等引起的,互联网使分散化办公成为可能。"即时通信"使全体员工能够很好地联系在一起,协同作战,分散化办公将是未来社会的一种不可避免的发展趋势。分散化办公增加了人力资源管理的难度。

2.人力资源管理将更注重以人为本。知识经济时代是一个人才主权时代,人才主权时代就是人才具有更多的就业选择权与工作的自主决定权,人才不是被动地适应企业或工作的要求,善于吸纳、留住、开发、激励一流人才的企业将成为市场竞争的真正赢家。企业要"以人为中心",尊重人才的选择权和工作的自主权,为人才提供人力资源的产品与服务,并因此赢得人才的满意与忠诚。人才不是简单地通过劳动获得工资性收入,而是要与资本所有者共享价值创造成果。越是高素质、稀缺的人才,越容易获得选择工作的机会,其报酬也越高;人才资源优势越大的企业越具有市场竞争力,也就越容易吸纳和留住一流人才。人力资源管理部门要围绕开发员工能力、调动员工积极性、提高员工满意度来开展好各项工作,实现人力资本价值的

最大化。人才可以凭借其所拥有的人才资本拥有产权(或股权);人力资本、人才资本成为计酬的主导要素,促使计酬方式从按劳计酬、按资(产)计酬向重点按知(知识与其他无形资产)计酬、按绩计酬转变。

3.战略性人力资源管理与管理创新紧密相关。人力资源真正成为企业的战略性资源,人力资源管理要为企业战略目标的实现承担责任。人力资源管理在组织中的战略地位上升,并在组织上得到保证,如很多企业成立人力资源委员会,使高层管理者关注并参与企业人力资源管理活动。人力资源管理不仅仅是人力资源职能部门的责任,更是全体员工及全体管理者的责任。

正确的人力资源管理决策对组织绩效的影响巨大,战略创新和战略性人力资源管理日益重要;企业重视全面创新,即管理创新、组织创新、制度创新、技术创新、产品创新、服务创新等,以创新制胜;日益加强创新体系的建立与完善;技术创新与创新行为管理进入崭新的平台;项目管理正改变着传统的职能性组织管理,项目管理能力已经成为公司的核心管理能力之一。人力资源管理中将使用新的技术手段,利用互联网建立和完善人力资源管理信息系统,以用于人力资源管理决策。人力资源管理战略与规划成为企业战略管理不可分割的组成部分;人力资源管理状况成为识别企业实力与优劣的重要指标;双轨运营,既经营产品或服务,又经营资本;从国际化的总部中心向全球化无中心转变,形成全球化的思想、地区化的行动;既分散(无中心公司),又集中(具有全球性协作中心的国家级公司联合体)。组织的全球化必然要求人力资源管理策略的全球化,要通过人力资源的开发与培训,使得企业经理人才和员工具有全球化的概念。

4.人力资源管理与企业文化建设紧密结合。主要体现在以下几点。(1)业务流程再造、组织结构再设计、管理与评估系统重建、价值观重塑等都为人力资源管理问题。(2)高度重视企业价值观的构建,突出企业宗旨、使命、愿景的设计,更加重视未来性"变化管理",强调认识变化、关注变化、适应变化、主动变革、控制变革;鼓励创新和适度冒险,重视创造未来,宽容工作过失,重视失败的教训;注重相互信任、相互沟通、资源共享、团队协作、部门合作,逐步形成"无界状态",尊重知识、尊重人才,重视实绩;承认能力差异、效率差异、业绩差异和报酬差异;工作生活质量日益受到重视;更多地下放权力和向一线员工授权,重视员工参与;学习成为个人终身化行为,培训成为组织的战略投资行为等;形成创新文化、沟通文化、团队文化、绩效文化、人才文化、培训文化、竞争与合作的文化等。(3)跨文化沟通加强,重视文化自尊,消除文化奴性。国际化的人才交流市场与人才交流将出现,并成为一种主要形式。人才的价值(价格)将不仅仅是在一个区域市场内体现,更多的是要按照国际市场的要求来看待,跨文化的人力资源管理成为重要内容。(4)人才本土化战略日益为更多的跨国公司所青睐。对此,中国企业在加入WTO以后,要特别重视这种挑战的严峻性。

5.人力资源管理要推动内部客户理念。员工是客户,企业人力资源管理的新职能就是向员工持续提供客户化的人力资源产品与服务。从某种意义来说,人力资源管理也是一种营销工作,即企业要站在员工需求的角度,通过提供令客户满意的人力资源产品与服务来吸纳、留住、激励、开发企业所需要的人才。从新世纪的企业经营价值链的角度看,企业要赢得客户的满意与忠诚,必须赢得员工的满意与忠诚;企业要把客户资源与人力资源结合起来,致力于提升客户资本价值与人力资本价值。21世纪人力资源管理者要扮演工程师兼销售员兼客户经理的角色,一方面,人力资源管理者要具有专业的知识与技能;另一方面,要具有向管理者及员工推销人力资源的产品与服务方案的技能。人力资源经理也是客户经理,要为企业各层级提供一揽子的人力资源系统解决方案。人力资源管理的服务包括：建立共同愿景，使员工期望与企业发展目标一致；提供持续的人力资源开发与培训，提升员工的人力资本价值；通过富有竞争性的薪酬体系及信息、知识、经验等的分享来满足员工多样化的需要；让员工参与管理，授予员工自主工作的权利与责任；建立支持与求助系统，为员工提高工作绩效、完成工作目标提供条件。

（二）人力资源管理面临的挑战

1. 人力资源管理环境带来的挑战。

（1）全球经济一体化带来的挑战。随着信息技术的迅速发展，全球经济一体化的趋势越来越明显，并正在以前所未有的高速度向前发展。随着区域性合作组织如欧盟、北美自由贸易区、亚太经合组织等的产生，国与国之间的界限已经越来越模糊。这种趋势在过去几年中迅速在全球蔓延，使世界经济已经形成"牵一发而动全身"的整体，亚洲金融危机和美国"9·11"事件都充分说明了这一点。当今的世界，国与国之间不仅仅只是竞争，更重要的是一个相互联系、相互制约、相互依存的整体。一个地区、一个国家的经济和社会动荡，很快就会影响到全球的经济，甚至影响到其他国家的安定与发展。世界经济格局的这一重大变化，对全球的劳动力市场都是一个巨大的冲击。随着全球经济一体化的逐步形成，作为全球经济一体化的必然产物——跨国公司将不得不面对不同的政治体制、法律规范和风俗习惯，作为管理者将会经常遇到不同国籍、不同文化背景、不同语言的员工，如何才能更好地完成工作、如何才能进行更好的交流与沟通、如何才能确立完善的管理制度等，这些很现实的问题都摆在管理者面前。

在我国，随着中国经济的蓬勃发展和中国加入WTO，中国已经成了许多跨国公司投资的热点。中国企业不仅要面对国内的竞争者，而且还要面对全球竞争者的挑战。人力资源作为企业管理的一个重要组成部分，同样面临着非常激烈的挑战。中国的企业管理者如何确保自己的人才不会流失，中国的企业管理者如何保持长期的竞争优势，这是每一个有责任感的管理者都应该深思和解决的问题。

世界经济的一体化已经使人才竞争与人才流动国际化变成了现实。如今企业家的竞争和热门技术人才的竞争已趋于白热化，只有那些能够吸引人才、留住人才并能够对人才进行规范开发和合理激励的企业，才能真正营造核心竞争优势。

（2）技术进步带来的挑战。通常来说，技术进步必然带来两种结果：一是它能够使组织更有实力、更具竞争性；二是它改变了工作的性质。比如说，网络的普及使许多人在家办公成为了一种可能，然而，这种高科技的使用必然对员工的素质提出更高的要求，在这种自由宽松的工作秩序下，如何对员工进行考评已成了一个新的课题。事实上，随着技术的进步，其对组织的各个层次都产生了重要的影响，劳动密集型工作和一般事务性工作的作用将会大大削弱，技术类、管理类和专业化工作的作用将会大大加强。这样一来，人力资源管理工作就面临着结构调整等一系列重大变化。

（3）组织的发展带来的挑战。随着全球经济一体化的加剧，组织作为社会的基本单元已经发生了很大的变化，如今的时代，灵活开放已经成了组织发展的一种趋势。竞争的加剧、产品生命周期不断缩短以及外部市场的迅速变化，这些都要求组织要有很强的弹性和适应性。现代企业要参与市场竞争，就必须具有分权性和参与性，要以合作性团体来开发新的产品并满足顾客需求，这就对人力资源管理提出了新的要求：现代企业的人力资源部门必须具备良好的信息沟通渠道；现代企业的人力资源管理部门对员工的管理要做到公平、公正和透明，要对员工有更加有效的激励措施；要求组织内的每一位管理者都要从战略的高度重视人力资源管理与开发,从而不断适应组织变革的需要。

(4)人口结构变化带来的挑战。人口数量的变化具有明显的地域差别。在发达国家,由于经济文化、思想观念等因素的影响,人口的出生率普遍偏低,人力资源供应相对不足;在亚非国家,由于人口出生率没有得到有效的控制,人口出生率普遍偏高,人力资源相对供大于求。

劳动力的结构也发生了巨大变化。相对发展中国家来说,发达国家人口老龄化问题比较突出,而发展中国家由于劳动力过剩,年轻劳动力的比例远远高于发达国家。相对来说,人才短缺仍然是世界各国普遍存在的问题。比如,我国在很长一段时期内,由于缺乏人才培养战略与市场需求导向,造成人才结构严重的不平衡,部分专业人才过剩,而部分专业人才严重缺乏,这给我国经济的发展带来了很大的影响。

与此同时,员工对自身价值的认识也有了一定的提高,表现在员工不仅对物质层次的要求有了明显提高,更重要的是,在物质层次得到满足后,员工开始具有更高的需求层次,他们希望被尊重、被认可,他们希望参与组织管理并实现自身价值。

2.人力资源管理自身发展的挑战。

(1)企业员工个性化发展的挑战。即企业员工日益跨文化化、多样化、差异化、个性化,要求人力资源管理必须提供个性化、定制式人力资源产品与服务和关系管理方案,在人力资源管理中较恰当地平衡组织与员工个人的利益。

(2)工作生活质量提高的挑战。即员工不再仅仅追求工资、福利,而是要求企业在各个方面所能满足自己日益增多的各种需求的程度越来越高、更全面化,人力资源管理必须提供更加全面周到的人力资源产品和服务。

(3)工作绩效评估的挑战。即员工考核与报酬日益强调以工作绩效考评为基础,并形成绩效、潜力、教导三结合的功能。

(4)人员素质的挑战。即对企业家(CEO)、各类管理人员的素质要求日益提高,培训、教育、考核、选拔、任用越来越重要。

(5)职业生涯管理的挑战。主要是员工日益重视个人职业发展计划的实现,企业必须日益重视职业管理,为员工创造更多的成功机会和发展的途径,使其获得个人事业上的满足感。包括较成熟的企业组织的中上层职位在显示饱和的情况下如何处理员工的晋升问题。

(6)人力资源要素发展变化的挑战。要求人力资源管理必须不断提高人力资源管理的预测性并进行战略规划与长远安排。

(7)部门定位的挑战。即人力资源部门如何在众多的企业职能部门中发挥其作用或显示其特别绩效,人力资源管理应担当哪些角色以保证人力资源的有效利用。

复习思考题

1.人力资源的定义、特点及与其他概念的区分。

2.人力资源管理的定义及职能。

3.人力资源管理与传统人事管理的区别,试举例说明。

4.如何理解人力资源管理功能的历史沿革?

5.21世纪人力资源管理将有什么样的发展?

开放式讨论案例

背景:迈克尔·艾斯纳成为迪斯尼的 CEO 后,把一个被认为已不再会焕发光彩的企业变成一个连续 14 年保持 20％年增长率和 18.5％资产报酬率的优秀企业。他的秘诀是激发人的灵感。

以下是他的两个方法:

方法一,迪斯尼有一个奇特的发挥员工创意的方法。在拍电影或电视节目之前,所有的参与人员,不管是老板还是普通人员,都要求在同一个房间待上 10 到 12 个小时,有时甚至是 2 天。"愈长愈好,愈折磨人愈好。"艾斯纳说。大家在一起长时间地待着,穿着同样的衣服,吃着同样的三明治,一开始是各执己见、争论不休,最初的几个小时好像完全是在浪费。渐渐地,大家慢慢变得又饿又累,互相卸下了面具。上下级之间早已没有了界限,谁也不想再固执地让别人接受自己的意见。在最后的半小时,真的就有创意出来了,艾斯纳认为:"有时候就必须累垮,让精力消耗殆尽,原创性才会出来。"

方法二,艾斯纳认为,有时要"稍稍放慢脚步"。放慢脚步有两个好处,一是员工可以不必急着提出答案,有时可以对问题作再思考、再加工、再改进,有些创意是紧走之后放慢脚步,放慢脚步之后再紧走才发现的,这时发现的创意就更加清晰了。

讨论题

1.你认为艾斯纳的两个方法中哪一个更好些? 根据你自己的经验,谈谈个人的体会。

2.艾斯纳通过激发人的创新意识来挽救一个企业。你认为挽救一个企业还有哪些方法是可用的? 请就你的阅历和经历中成功与失败的例子加以分析。

3.艾斯纳认为当领导的角色是 4 个:激发员工灵感、以身作则、随时待命、注意提醒。请你发表一下你认为领导者应该有几种角色,并分析为什么。

角色模拟练习:人力资源部如何应对变化的环境

通过对本章主要内容的学习,应该对人力资源管理的环境变化及其给人力资源管理实践带来的机遇与挑战等有了更深刻的认识。在这个练习中,参与者要根据对人力资源管理挑战的了解,详细描述一下人力资源管理人员应该对哪些人力资源管理政策、制度或实践进行调整,以应对变化了的外部环境,特别是那些直接影响组织竞争优势的变化。

参与者可分组进行练习,一般以每组 5—7 人为宜,作为一个组织的人力资源部成员;推选一位成员担任组长,即人力资源部经理,代表小组公开发言。

首先,各小组成员分别列出当前人力资源管理面临的挑战及其应对措施,并按照所面临挑战的严峻程度(最高分 5 分,最低分 1 分)排列,时间控制在 5 分钟以内。

然后,各小组就小组成员提出的人力资源管理挑战进行讨论,也可借助直接将小组成员对各项人力资源管理挑战的赋值进行加权平均的方法,找出小组共同认可的最严峻的一个人力资源管理挑战,并提出应对之策;时间控制在 10 分钟以内。

再后,各小组派出 1 名代表(不担任组长的其他组员之一)组成评审委员会,同时还派出组长进行当众陈词,时间控制在 5 分钟/人。

接着,评审委员会综合各组提出的人力资源管理面临的严峻挑战及其对策,经过讨论后达成一致,按照重要程度将最重要的 3 个人力资源管理挑战列出,据此设计能够应对这些人力资源管理挑战的人力资源实际操作,并推选 1 名代表口头报告给所有的参与者;时间控制在 25 分钟以内。

最后,所有的参与者自由陈述自己对评审委员会有关人力资源管理挑战及其对策报告的意见或建议,评审委员会据此形成一个比较完善的针对人力资源管理挑战及其对策的书面报告,并呈交给指导者;陈述时间控制在每人 2 分钟。

本练习的目标是较为全面地描述人力资源管理挑战,从中可以真实地反映参与者在面对人力资源管理可能存在的现实问题时的洞察力、分析能力和解决问题的能力;当然,还可以考察参与者的口头表达能力、文字能力等。参与者给出的练习答案并不是最重要的。

测试题

案例面对面

第二章　人力资源管理的理论基础

学习目标

学完本章之后,你应该能够:

1. 了解各种人性假设理论的要点;

2. 掌握组织设计理论在人力资源管理中的应用;

3. 讲述各种激励理论的特征及管理思想;

4. 理解人力资本理论的主要内容;

5. 描述委托代理理论的基本模型。

〔导入案例〕

难改本性的蝎子[①]

一只蝎子想过河,但它不会游泳,它找到一只青蛙想让它帮忙。青蛙说:"如果我背你过河,你会用刺扎我,把我刺死的。"蝎子说:"不会的,那样对我也没有好处,因为我在你背上,你死了,我也会淹死的。"青蛙想了想觉得有道理,于是让蝎子上了它的背。当它游到一半时,突然感到身上一阵剧痛,它意识到蝎子还是扎了自己。当它们都沉向水底时,青蛙大喊:"你为何扎我,蝎子先生,这样我们都要淹死了!"蝎子回答:"我也没办法,这是我的本性。"

人力资源管理是对人进行的管理,因此,对人性的基本假设将直接决定人力资源管理的具体管理方式与管理方法,比如故事中的蝎子,有其独特的天性,如果不能根据人的本性来建立科学的人力资源管理模式,则会导致管理的混乱。本章将从人性假设理论、组织设计理论、激励理论、人力资本理论、委托代理理论等方面来论述人力资源管理的理论基础。

第一节　人性假设理论

人性问题是管理心理学的重要研究领域,因为制订什么样的管理制度、采用什么样的管理方法、建立什么样的组织结构,都与如何看待人性有关。美国著名管理心理学家、麻省理工学院教授麦格雷戈认为"每一个管理决策或每一项管理措施的背后,都必然有某些关于人性本质

---

① 杨沛霆:《用故事轻松领导》,机械工业出版社 2005 年版。

及人性行为的假设"。因此,人性假设理论是人力资源管理的主要理论基础之一,是企业进行人力资源管理的出发点和依据。

一、X理论与Y理论

(一)X理论

麦格雷戈把传统的管理观点叫做X理论。X模式的特点是有以下几点。(1)多数人天生是好逸恶劳的,工作对他们而言是一种负担,工作毫无享受可言。只要有机会,他们就会尽可能地偷懒,逃避工作。(2)大多数人都没有雄心壮志,没有自己为之奋斗的大的目标,也不喜欢负什么责任,而宁可让别人领导。他们缺乏自信心,把个人的安全看得很重要。(3)大多数人的个人目标与组织目标都是相互矛盾的,为了达到组织目标必须靠外力严加管制。必须用强迫、指挥、控制并用处置、威胁等手段,使他们做出适当的努力去实现组织的目标。(4)大多数人都是缺乏理智的,不能克制自己,只凭自己的感觉行事,很容易受别人影响。而且容易安于现状。(5)大多数人都是为了满足基本的生理需要和安全需要而工作的,所以他们将选择那些在经济上获利最大的事去做,而且他们只能看到眼前的利益,看不到长远的利益。(6)人群大致分为两类,多数人符合上述假设,少数人能克制自己,这部分少数人应当负起管理的责任。

基于上述人性假设,应采取的管理措施可归纳为以下三点:

(1)管理工作的重点是提高生产率、完成生产任务,而对于人的感情和道义上应负的责任,则是无关的。简单地说,就是重视完成任务,而不考虑人的感情。按照这种观点,管理就是进行计划、组织、经营、指导和监督。这种管理方式叫做任务管理。(2)管理工作只是少数人的事,与广大工人群众无关。工人的主要任务是听从管理者的指挥,但由于其必须在强迫和控制之下才肯工作,所以在管理上要求由分权化管理恢复到集权化管理。(3)在奖励制度方面,主要用金钱来刺激工人生产的积极性,同时对消极怠工者采用严厉的惩罚措施。通俗些说,就是采取"胡萝卜加大棒"的政策。

(二)Y理论

实践证明,以X理论为前提的管理模式造成人才创造性和奉献精神的不断下降、员工对工作绩效的毫不关心等不良后果,日益使人怀疑X理论是建立在错误因果概念的基础上的。因此,与X理论消极的人性观点相对照,麦格雷戈又提出了一个新的Y理论。其主要内容是:(1)一般人都是勤奋的,并不是天性就不喜欢工作的,工作中体力和脑力的消耗就像游戏和休息一样自然。对有的人来说,工作可能是一种满足,因而自愿去执行;而对另外的一些人来说,也可能是一种处罚,因而只要可能就想逃避。到底怎样,要看环境而定。(2)外部控制、惩罚和威胁并不是能够使人们为组织目标奋斗的唯一手段;没有人喜欢外来控制和惩罚,外来的控制和惩罚,并不是促使人们为实现组织的目标而努力的唯一方法。它甚至对人是一种威胁和阻碍,并阻挡了人前进的脚步。(3)人的自我实现要求和组织要求之间是没有矛盾的。如果给人提供适当的机会,就能将个人目标和组织目标统一起来,使得承担目标的程度与他们成绩联系的报酬大小成比例,这时个人的积极性就大得多了。(4)人类不仅是经济人,还是社会人,人在追求不断满足的同时,不仅学会了接受职责,而且还学会了主动承担职责。一般而言,每个人不仅能够承担责任,而且会主动寻求承担责任。逃避责任、缺乏抱负以及强调安全感,通常是经验的结果,而不是人的本性。人总希望自己在工作中取得成就及成功。(5)大多数人都有一种实现自我、发挥自己潜能的欲望,这样在解决组织的困难问题时,就会发挥较高的想象力、聪明才智和创造性,都充满活力。在现代工业生活中,一般人的智力潜能只是部分地得到了发挥。只要管理者给他们一定的条件和环境，对他们进行激励，他们都会发挥很大的作用。(6)激励人们的最好办法是满足他们的成就感、自尊感和自我实现感等高层次的需求；而且，激励在每一个阶梯上都在起作用。

Y理论的各项人性假设，是对传统的管理思想和行为习惯的挑战。这种假设必然会导致下述几种管理思想、原则和措施。(1)任何组织绩效的低落都应归于管理的不利。在组织的舞台上，人与人之间的合作倘使有所限制的话，决非人类本性所致，而是由于管理阶层的能力不足，未能充分挖掘和利用人力资源的潜力。(2)人是依靠自己的主动性和自我督导去工作的，因而在管理上要由集权化管理回复到参与管理。在管理制度上给予工人更多的自主权，给员工更多的信任、实行自我控制，让工人参与管理和决策，并共同分享权利。(3)组织的基本原则是融合原则。即创造一种环境，使组织中的成员在该环境下，既能达成各成员的个人目标，又能实现组织的目标。管理者的重要任务是创造一个使人得以发挥才能的工作环境，发挥出职工的潜力，并对员工进行合理的引导，使职工在为实现组织的目标贡献力量时，也能达到自己的目标。

(三)超Y理论

鉴于X理论和Y理论的局限与不足，摩尔斯和洛斯奇提出了超Y理论。这一理论对人性的假设是：人们到组织中工作的需要和动机是多种多样的，但主要的需要是取得胜任感。胜任感是指组织成员成功地掌握了周围的世界，其中包括所面对的任务而积累起来的满意感；取得胜任感的动机尽管人人都有，但不同的人可用不同的方式来实现，这取决于这种需要与其他需要之间的相互作用；组织目标与个人目标的一致易于导致胜任感，而胜任感即使实现了也仍会有激励作用；所有人都需要感到胜任，但由于人的个体差异的存在，因而用什么样的方式取得胜任感是不同的。

基于超Y理论的人性假设，在管理中应采用如下原则或措施：(1)X理论和Y理论都既非一无是处，也非普遍适用，应针对不同情况，将任务、组织、人员作最佳的配合，以激励人员取得有效的工作成绩；(2)既要使组织的模式适合工作任务，又要使任务适合工作人员，以及使员工适合组织；(3)管理人员可能采取的最佳的组织管理方法，就是整顿组织使之适合任务性质与人员。

二、四种人性假设理论

在西方管理心理学研究中，另一种较有影响的人性假设理论是雪恩提出的四种与管理有关的人性假设，即"经济人""社会人""自我实现人"和"复杂人"的假设，展现了西方管理界对人性看法的发展历程。

(一)"经济人"假设

经济人假设包括如下基本观点：职工基本上都是受经济性刺激物激励的，不管是什么事，只要向他们提供最大的经济利益，他们就会去干；由于经济刺激在组织的控制之下，所以职工在组织中的地位是被动的，他们的行为是受组织控制的；感情是非理性的，必须加以防犯，否则会干扰人们理性地权衡自己的利益；组织能够而且必须按照控制人们感情的方式来设计，特别是那些无法预计的品质。

(二)"社会人"假设

"社会人"假设又称"社交人"假设，这种假设认为，人的最大需要是社会性需要，人在组织中的社交动机,如想被自己的同事接受和喜爱等,远比对经济性刺激物的需要的动机更加强烈。只有满足人的社会性需要,才能有最大的激励作用。

社会人假设可概括为如下几点:社交需要是人类行为的基本激励因素,而人际关系则是形成人们身份感的基本因素;从工业革命中延续过来的机械化,使工作丧失了许多内在的意义,这些丧失的意义现在必须从工作中的社交关系里寻找回来;与管理部门所采用的奖酬和控制的反应比起来,职工更容易对同级同事所组成的群体的社交因素做出反应;职工对管理部门的反应能达到什么程度,取决于管理者对下级的归属需要、被人接受的需要以及身份感的需要能满足到什么程度。

(三)"自我实现人"假设

雪恩在总结了马斯洛、阿吉里斯、麦格雷戈等人的理论后,提出了"自我实现人"假设。

自我实现人假设的基本内容是:当人们的最基本需要得到满足时,就会转而致力于较高层次的需要,寻求自身潜能的发挥和自我价值的实现;一般人都是勤奋的,他们会自主地培养自己的专长和能力,并以较大的灵活性去适应环境;人主要还是靠自己来激励和控制自己的,外部的刺激和控制可能会使人降低到较不成熟的状态去;现代工业条件下,一般人的潜力只利用了一部分,如果给予适当的机会,职工们会自愿地把他们的个人目标与组织的目标结合为一体。

(四)"复杂人"假设

雪恩在 20 世纪 60 年代末至 70 年代的调查研究中发现,人不只是单纯的"经济人",也不是完全的"社会人",更不可能是纯粹的"自我实现人",而应该是因时、因地、因各种情况而具有不同需要和采取不同反应方式的"复杂人"。

复杂人假设的基本内容是:人的需要是多种多样的,而且这些需要随着人的发展和生活条件的变化而发生改变,每个人的需要都各不相同,需要的层次也因人而异;人在同一时间内有各种需要和动机,它们会发生相互作用并结合为统一的整体,形成错综复杂的动机模式。例如,两个人都想得到高额奖金,但他们的动机可能很不相同。一个可能是要改善家庭的生活条件,另一个可能把高额奖金看成是达到技术熟练的标志;人在组织中的工作和生活条件是不断变化的,因此会不断产生新的需要和动机。这就是说,在人生活的某一特定时期,动机模式的形成是内部需要和外界环境相互作用的结果;一个人在不同单位或同一单位的不同部门工作,会产生不同的需要。

相关链接

麦当劳的人力资源管理策略

吃过麦当劳快餐的人都知道,在任何一个麦当劳门店,你所得到的汉堡都是一样的。这就是麦当劳的连锁标准化管理。麦当劳的人力资源管理也同样有一套标准化管理模式,包括如何面试、如何挖掘一个人的潜力等。

●不用天才

麦当劳不用天才,因为天才是留不住的。麦当劳请的是最适合的人才,是愿意给你一个承诺、努力去工作的人。

在麦当劳里取得成功的人,都有一个共同的特点:从零开始,脚踏实地。炸土豆条、做汉堡包,是在麦当劳走向成功的必经之路。这对那些取得了各式文凭、踌躇满志想要大展宏图的年轻人来说，是难以接受的。但是，他们必须懂得，脚踏实地从头做起才是在这一行业中成功的必要条件。

与其他公司不同，人才的多样化是麦当劳的一大特点。麦当劳的员工不是只来自一个领域，而是从不同渠道请人。麦当劳的人才组合是家庭式的，去麦当劳可以看到有年纪大的人，也有年纪轻的人——年纪大的可以把经验告诉年纪轻的人，同时又可被年轻人的活力所带动。因此，麦当劳请的人不一定都是大学生，而是什么人都有。

●鼓励员工永远追求卓越

一个企业在管理员工时，不能总提钱，给员工以发展的机会最重要。麦当劳就是要让员工感觉到有发展的机会，鼓励员工永远追求卓越。

麦当劳的管理人员95％要从员工做起。每年麦当劳北京公司要花1200万元用于培训员工，包括日常培训或去美国上汉堡大学。麦当劳在中国有3个培训中心，培训中心的老师全都是公司有经验的营运人员。餐厅部经理以上人员要到汉堡大学学习，北京50家连锁店已有100多人在汉堡学习过。不单去美国、日本、新加坡，一些比较好的、他们没有去过的城市也要去。

培训就是要让员工得到尽快发展。很多企业就像金字塔，越往上去越小；麦当劳的人才体系则像棵圣诞树——如果你能力足够大，就会让你升一层，成为一个分枝，再上去又成一个分枝，你永远有升迁的机会，因为麦当劳是连锁经营企业。

麦当劳北京公司总裁赖林胜说："每个人面前有个梯子，你不要去想我会不会被别人压下来，你爬你的梯子，你争取你的目标。举个例子，跑100米输赢就差零点几秒，但只差一点点待遇就不一样了。我鼓励员工永远追求卓越，追求第一。当然，我们给每个人平等的机会，不搞裙带关系。"

●没有试用期

麦当劳的面试分三步：最初由人力资源部门去面试；第二步由各职能部门面试；第三步请他来店里工作3天，这3天也给工资。

一般企业试工要3个月，有的6个月，麦当劳3天就够了。麦当劳没有试用期，但有长期的考核目标。考核，不是一定要让你做什么。麦当劳有一个360度的评估制度，就是让你周围的人都来评估你：你的同事对你的感受怎么样？你的上司对你的感受怎么样？以此作为考核员工的一个重要标准。

●"零"的起点

如果你没有经历过各个阶段的尝试，没有在各个工作岗位上亲自实践过，那么你又如何以管理者的身份对他们进行监督和指导呢？在这里，从收付款到炸土豆条到制作各式冰激淋，每个岗位上都会造就出未来的餐馆经理。

艾蒂安·雷蒙强调："人们要求我们的合作者做许多事情，但人们也可开开玩笑，气氛是和谐友好的。那些在公司干了6个月以上的人后来都成了麦当劳公司的忠诚雇员。"最艰难的时期是初入公司时期。饮食业是艰苦的，在最初的6个月中，人员流动率最高，离去的人中，有80％的人根本不了解这一行业。应该知道：要听从吩咐，不要计较工作时间。

能坚持下来的关键在于协调好家庭生活与餐馆工作的时间。那些更善于分配和利用时间的人，那些对工作投入最多的人是胜利者。而且，他们的牺牲是有价值的，他们中那些有责任感的、有文凭的、独立自主的年轻人，在25岁以前，就可能得到许多企业不可能得到的好机会：真正成为一个中小型企业的管理者。

● 将军之路

"不想当将军的士兵不是好士兵"。同样的,艾蒂安·雷蒙以这样的一种态度对待公开应聘的每个人,他说:"法国麦当劳公司董事长的位置等着人们去夺取。"实际上,公司高级管理职务还都由在法国的美国人担任,不过,在他们的背后,一些法国人已崭露头角。

麦当劳公司力求向每位员工反复灌输的基本技能是对餐馆的管理。艾蒂安·雷蒙说:"平均在 25 岁左右,一名青年就可以成为一家真正的中小型企业的领导人,管理 100 来人。我们在教会他们当老板。"

这在中国来说简直是天方夜谭,他们又是如何做到的呢? 原来,法国麦当劳公司实行一种快速晋升的制度:一个刚参加工作的出色的年轻人,可以在 18 个月内当上餐馆经理,可以在 24 个月内当上监督管理员。而且,晋升对每个人是公平合理的,既没有特殊规定,也不设典型的职业模式。每个人主宰自己的命运,适应快、能力强的人能迅速掌握各个阶段的技术,从而更快地得到晋升。这个制度同样避免有人滥竽充数,每个级别的经常性培训,只有有关人员获得一定数量的必要知识,才能顺利通过阶段考试。公平的竞争和优越的机会吸引着大量有文凭的年轻人到此实现自己的理想。

首先,一个有文凭的年轻人要当 4—6 个月的实习助理。在此期间,他们以一个普通班组成员的身份投入公司各个基层工作岗位,如炸土豆条、收款、烤牛排等。在这些一线工作岗位上,实习助理应当学会保持清洁和掌握最佳服务的方法。并依靠他们最直接的实践来积累实现良好管理的经验,为日后的管理实践作准备。

第二个工作岗位则更带有实际负责的性质:二级助理。这时,他们在每天规定的一段时间内负责餐馆工作,与实习助理不同的是,他们要承担一部分管理工作,如订货、计划、排班、统计……他们要在一个小范围内展示他们的管理才能,并在日常实践中摸索经验,协调好他们的小天地。

● 美梦成真

在进入麦当劳 8—14 个月后,有文凭的年轻人将成为一级助理,即经理的左膀右臂。与此同时,他们肩负了更多更重的责任,每个人都要在餐馆中独当一面。他们的管理才能日趋完善。这样,离他们的梦想——晋升为经理,已经不远了。有些人在首次干炸土豆条之后不到 18 个月内就将达到最后阶段。但是,在达到这梦寐以求的阶段前,他们还需要跨越一个为期 15 天的小阶段。与前面各阶段不同的是,这个阶段本身也是他们盼望已久的:他们可以去芝加哥汉堡包大学进修 15 天。

这是一所名副其实的大学,也是国际培训中心,它接待来自全世界的企业和餐馆经理,既教授管理一家餐馆所必需的各方面的理论知识,又传授有关的实践经验。麦当劳公司的所有工作人员每年至少可以去一次美国。应该承认的是,这个制度不仅有助于工作人员管理水平的提高,而且成为麦当劳集团在法国乃至全世界范围极富魅力的主要因素之一,吸引了大量有才华的年轻人的加盟。

当然,一个有才华的年轻人升至餐馆经理后,麦当劳公司依然为其提供了广阔的发展空间。经过一段时间的努力,他们将晋升为监督管理员,负责三四家餐馆的工作。3 年后,监督管理员将升为地区顾问。届时,他将成为总公司派驻其下属企业的代表,用艾蒂安·雷蒙的话说,成为"麦当劳公司的外交官"。作为公司下属十余家餐馆的顾问,他们责任重大。他们将是公司标准的捍卫者,而一个从炸土豆条做起,担任了各个岗位和阶段的地区顾问,对各方面的管理标准自然游刃有余。他将是公司哲学的保证人,一个由麦当劳特有的公司哲学创造的高级管理人员,其本人正是麦当劳哲学的保证。

作为"麦当劳公司的外交官",他的主要职责是往返于麦当劳公司与各下属企业,沟通传递信息。同时,地区顾问还肩负着诸如组织培训、提供建议之类的重要使命,成为总公司在这一地区的全权代表。

当然,成绩优秀的地区顾问依然会得到晋升,或许终有一天会实现艾蒂安·雷蒙所说的——法国麦当劳公司董事长的位子上坐着的是一个法国的年轻人。

● 取财有道

"君子爱财,取之有道。"法国麦当劳公司雇员的取财之道是别具特色的。他们的个人收入水平变动频繁,正如他们实行的快速晋升的制度,每次工作岗位的调整必然导致工资收入的变化。准确估计一个雇员的年薪是很困难的,因为一名雇员的工资级别只在几个月内是有效的,以后将会很快提高。一个刚取得文凭的年轻人,在选择工作时往往将不同企业的招聘工资加以比较,而麦当劳公司的工资调整制度则有着令人怦然心动的魅力,因为在参加工作仅仅 4 个月之后,他们的工资就会提高。

工资收入变动的程序是这样的。人们一进入法国麦当劳公司就开始每年领取 11 万至 13 万法郎的工资,根据每个人的文凭不同略有差别(这就是根据头 4 个月的工资标准计算的数额)。之后,人们从第 5 个月开始就每年领取 13 万至 15 万法郎的工资(仍根据文凭而定)。

两年后,要是一名麦当劳公司的工作人员顺利地当上了经理,那么每年就可以挣到 18 万法郎。如果后来他又顺利地升任监督管理员,那么他的年薪将可达到 25 万法郎。当然,除了年薪的增长外,他还能得到各方面的实物好处,比如根据职务不同提供的专用车。而且,对于麦当劳公司基层至高层的每位雇员来说,还可以白天在公司免费就餐。

● 企业文化

一套与众不同的人事管理制度,必然产生一些独特的企业文化。

首先是团体观念。麦当劳公司的合作者们首先是"队员",其次才像其他公司的人一样是雇员。团体观念在一个工作条件艰苦的行业中是十分重要的,在麦当劳,艰苦的工作条件和激烈的竞争,要求每个人有必要的谅解和容忍精神。

此外,麦当劳公司的工作人员中有许多是高水平的体育运动员,他们大大增强了竞争和团体精神。广泛而公平的竞争体现在公司的各个角落,团结友爱的观念也是十分必要的,而这些正是体育精神的基本要点。他们的另一优点是身体健康,这在麦当劳公司同样是十分必要的。

最后,麦当劳公司与众不同的重要特点是,如果人们没有预先培养自己的接替者,那么他们在公司里的升迁将不被考虑。麦当劳公司的一项重要规则强调,如果事先未培养出自己的接班人,那么无论谁都不能提级晋升。这就犹如齿轮的转动,每个人都得保证培养他的继承人并为之尽力;因为这关系到他的声誉和前途。这是一项真正实用的原则,可以想象,麦当劳公司因此而成为一个发现、培养人才的大课堂。在这里,缺少的绝不会是人才。

综上所述,麦当劳公司在法国的成功,同样也是他们人事制度的成功、企业文化的成功。它们不仅仅为麦当劳公司带来了巨大的经济效益,带来了公司规模的飞速发展,更重要的是,它们为全世界的企业创造了一种新的模式,为全社会培养了一批批真正的管理者。

第二节　组织设计理论

罗宾斯认为,组织就是"由人组成的,具有明确目的和系统性结构的实体"。在这个意义上,组织是一种社会实体或社会机构。在上面的定义中,所谓"系统性结构",实质上是组织内部部门之间或组织成员之间由于劳动分工而引致的相互的权力—责任关系。因此,在管理学意义上,我们也可以将组织视为一种权—责角色结构。

相关链接

分粥故事中权责角色设计的启示[①]

有七个人住在一起,他们每天都要分一大桶粥。要命的是粥每天都是不够的。一开始,他们抓阄决定谁来分粥,每天轮流。于是乎,每周下来,他们只有一天是饱的,就是自己分粥的那天。后来,他们推选出一个道德高尚的人来分粥。强权就会产生腐败,大家开始挖空心思去讨好他、贿赂他,搞得整个小团体乌烟瘴气。再后来,大家组成三人的分粥委员会及四人的评选委员会,但他们常常互相攻击,扯皮下来,粥吃到嘴里全是凉的。最后,有个人出了个主意:轮流分粥,但分粥的人要等其他人都挑完后拿剩下的最后一碗。为了不让自己吃到最少的,每个人都尽量将粥分得平均,就算不平,也只能认了。最后,大家快快乐乐、和和气气,日子越过越好。同样是七个人,不同的权责机制就产生了不同的风气。所以,一个单位如果有不好的工作习气,一定是机制的问题,一定是没有完全公平、公正、公开,没有科学的权责机制。如何设计这样一个机制,是组织设计的核心问题。

一、组织结构

组织结构指组织内部分工协作的基本形式或框架。组织结构对组织行为具有长期性和关键性影响。它反映了:(1)关于个人和部门一系列正式的任务安排(即工作在各个部门与组织成员之间是如何分配的);(2)正式的报告关系(即谁向谁负责),包括权力链、决策责任、权力分层的数量(管理层次)以及管理人员的控制范围(管理幅度);(3)组织的内部协调机制。组织结构为保证跨部门合作提供了一种体系设计,一个企业的结构反映了企业通常是如何解决信息和协调问题的。在这个意义上,我们可以将组织结构定义为"一个企业组织任务、安排人员完成任务,以及促使企业信息流动的一般的和持久的方式"。

组织结构描述了组织的框架体系。我们可以从三个方面来描述组织结构的基本特征。

1.复杂性。指组织的分化程度。一个组织劳动分工越细密,纵向的等级层次就越多;组织单位的地理分布越广泛,则协调人员活动就越困难。我们使用复杂性这一术语来描述这一特征。

2.正规化。指组织依靠规则、程序来引导和控制员工行为的程度。有些组织仅以很少的规章制度来控制员工行为,而另一组织虽然规模较小,却有着各种各样的规定指示员工可以做什么或不可以做什么。一个组织使用的规章制度或条例越多,其组织结构就越具正规化。

3.集权化。描述了决策制订权在组织内的分布情况。在一些组织中,决策是高度集中的,

---

① 杨沛霆:《用故事轻松领导》,机械工业出版社 2005 年版。

问题自下而上传递给高级管理人员,由他们选择合适的行动方案。而在另外一些组织中,其决策制订权则授予下层人员,这被称为分权化。

二、组织设计

组织设计关注的是如何建立或改变一个组织的组织结构(包括组织机构和职位系统),使之能更有效地实现组织的既定目标。组织设计涉及对组织内的层次、部门和职权进行合理的划分。具体而言,即根据组织目标,对实现目标所必需的各项业务活动加以区分和归类,把性质相近或联系紧密的工作进行归并,组建相应的职能部门进行专业化管理,并根据适度的管理幅度来确定组织管理层次,包括组织内横向管理部门的设置和纵向管理层次的划分。其基本原则主要包括如下五条。

(一)劳动分工或专业化

完成一项工作包含多个环节或内容时,管理者就需要考虑怎样在员工中分配工作任务。传统认为劳动分工是提高劳动生产率一个取之不尽的源泉,而且也可以提高管理者对工作任务的控制能力。在 20 世纪初期和更早的时期,这一结论毫无疑问是正确的,因为当时专业化还没有得到普遍推广。但物极必反,随着劳动分工日益细密,在某一点上劳动分工所带来的非经济性将开始超过专业化的经济优势。这种非经济性表现为员工精神和生理上的厌倦、疲劳、压力,从而导致经常的旷工,甚至较高的离职流动率,导致低生产率、劣质品率上升,等等。另一方面的问题是,劳动分工势必增强管理协调的难度,对协调众多员工的工作活动提出更高要求,尤其是对于独立性和专业性很强的工作。

现代的观点主张不仅要考虑经济成本和效益,也要考虑员工心理上的成本和效益;强调通过扩大,而不是缩小工作活动的范围来提高生产率。例如,给予员工多种工作去做,允许他们完成一项完整而全面的任务,或者将他们组合到一个工作团队中。现代的观点虽然与劳动分工的思想相违背,但从总体上说,劳动分工思想仍在当今许多组织中具有生命力,并且具有较好的效果。我们应该认识到它为某些类型工作所提供的经济性,与此同时,我们也要看到它的不足之处。

(二)指挥链

指挥链是一条权力链,它表明组织中的人是如何相互联系的,表明谁向谁报告。指挥链涉及两个原理。

1.统一指挥。古典学者们强调统一指挥原则,主张每个下属应当而且只能向一个上级主管直接负责,不能向两个或者更多的上司汇报工作。否则,下属可能要面对来自多个主管的相互冲突的要求或优先处理的要求。

2.阶梯原理。这一原理强调从事不同工作和任务的人,其权力和责任应该是有区别的。组织中所有人都应该清楚地知道自己该向谁汇报,以及自上而下的、逐层的管理层次。

统一指挥涉及谁对谁拥有权力,阶梯原理则涉及职责的范围。因此,指挥链是决定权力、职责和联系的正式渠道。

(三)管理跨度

一个管理者能够有效地指挥多少个下属? 这是一个管理跨度问题。所谓管理跨度,就是向上级主管汇报工作的员工的数量。这一问题之所以重要,是因为它决定了组织的层次和管理人员的数目。

古典学者主张窄小的跨度(通常不超过 6 人),以便管理者能够对下属保持紧密的控制。不过,也有一些学者认识到,组织层次是一个权变因素。随着管理者在组织中职位的提高,需要处理许多非结构性问题,这样高层经理的管理跨度要比中层管理者的小;而中层管理者的管理跨度又比基层监督人员的小。

现在越来越多的组织正努力扩大管理跨度。管理跨度日益根据权变因素的变化向上调整,从而导致组织结构的扁平化趋势。影响管理跨度的权变因素包括:下属业务活动经验的丰富程度;下属工作任务的相似性;任务的复杂性/确定性;下属工作地点的相近性,使用标准程序的程度;组织管理信息系统的先进程度;组织文化的凝聚力;管理者的管理能力与管理风格;等等。

(四)职权与职责

职权视为管理职位所固有的发布命令和希望命令得到执行的一种权力。在古典学者们看来,职权是将组织紧密结合起来的黏结剂。职权可以向下委让给下属管理人员,授予他们一定的权力,同时规定他们在限定的范围内行使这种权力。

每一管理职位都具有某种特定的、内在的权力,任职者可以从该职位的等级或头衔中获得这种权力。因此,职权与组织内的一定职位相关,而与担任者的个人特征无关。"国王死了,国王万岁",就说明了这个道理。不管国王是谁,都具有国王职位所固有的权力。只要被辞退掉有权的职位,不论是谁,离职者就不再享有该职位的任何权力。职权仍保留在该职位中,并给予新的任职者。

授权的时候,我们应该授予相称的职责。换言之,一个人得到某种权力,他也就承担一种相应的责任。职权本质上是管理者行使其职责的一种工具。

古典学者们认识到了职权与职责对等的重要性。另外,也有人阐明,职责是不可以下授的。他们提出这一论点,是因为他们注意到授权者对其授权对象的行动负有责任。进一步讲,古典学者认为,有必要区分两种不同形式的职责:执行职责与最终职责。管理者应当下授与所授职权相对等的执行责任,但最终的责任永远不能下授。

(五)部门化

随着组织规模的扩大,管理者为了保证有效的工作协调和对工作活动的有效控制,就必须将一组组特定的工作合并起来,从而形成一系列的部门。我们将这个过程称为部门化。部门是指组织中主管人员为完成规定的任务有权管辖的一个特定的领域。部门化或部门划分的目的,在于确定组织中各项任务的分配与责任的归属,以求分工合理、职责分明,从而有效地达到组织的目标。一种最常见的部门划分方法是按履行的职能组合工作活动,称之为"职能部门化"。这种方法将特定的、互相有联系的工作活动划分到同一个部门。在每一个部门里,员工拥有相似的技能、专长和可以利用的资源。

第三节　激励理论

激励是心理学的一个术语,是指管理者通过某种内部和外部的刺激,激发人的动机,使人产生一股内在的动力,从而调动其积极性、主动性和创造性,使其朝向预定目标前进的一种管理活动。通过激励,能够激活人的潜能,产生更高的绩效。

一、内容型激励理论

内容型激励理论主要是通过分析人的内在需求和动机是如何推动行为的。该理论重点研究激发动机的诱因，主要包括：马斯洛的"需要层次理论"、ERG 理论、三种需要理论、赫茨伯格的"双因素理论"等。

（一）需要层次理论

马斯洛的需要层次理论可以说奠定了激励理论不可动摇的基础。马斯洛分析了人的各种需要，并将它们从低到高归纳为五大类：生理需要、安全需要、社会需要、尊重需要和自我实现需要。

马斯洛的需要层次理论归纳起来主要有如下观点：

1. 五种需要像阶梯一样从低到高，按层次逐级递升，但这种次序不是完全固定的，也有例外的情况。

2. 需要的发展遵循"满足—激活律"。一般来说，某一层次的需要相对满足了，就会向更高一层次发展，追求更高一层次的需要就成为驱使行为的动力。相应地，获得基本满足的需要就不再是一股激励力量。

3. 需要的强弱受"剥夺—主宰律"的影响。即某一需要被剥夺得越多、越缺乏，这个需要就越突出、越强烈。

4. 五种需要可以分为高低两级，其中的生理需要、安全需要和社交需要都属于低一级需要，这些需要通过外部条件就可以满足；而尊重需要和自我实现需要则属于高级需要，它们只有通过内部因素才能满足，而且，一个人对尊重和自我实现的需要是无止境的。

5. 同一时期，一个人可能同时存在几种需要，任何一种需要都不会因为更高层次需要的发展而消失。但每一时期总有一种需要占支配地位，对行为起决定作用。这种占支配地位的需要称为优势需要或主导性需要。

马斯洛的贡献是毋庸置疑的，他的理论肯定了激励的基础是人的需要，他分析了人的各种需要，并指出不同的人或同一个人在不同阶段的需要有主次之分，而且在排除了环境和条件等干扰因素之后，这五类需要在具体的个体身上，一般来说，确实有一个从基本的生理需要到高级的自我实现需要的上升过程。但是，我们无法证明每个人的需要都能清晰地划分为这五个层次，更不能证明需要的满足是逐层递增的，即不能证明人只有满足了较低层次的需要才会追求更高层次的需要。该理论忽略了人的心理的复杂性和需要的多样性，忽略了特定的环境和条件等干扰因素对人的影响，否则就无法理解"不吃嗟来之食"和"不为五斗米折腰"的气节了。

（二）ERG 理论

ERG 理论试图克服需要层次理论的不足，它将人的需要分为生存需要（Existence）、关系需要（Relatedness）和成长需要（Growth）三类。它并不强调需要的层次划分，也不认同当低一层次的需要得到满足后，人们就必然会追求高一层次的需要。它认为一种需要在得到满足之后，该需要所引起的紧张不仅不会彻底消除，而且还很有可能更加强烈。它还提出当追求高层次需要受挫之后会转向追求低层次需要的"挫折—退化"理论。但 ERG 理论没能解决需要层次理论的根本问题，而且 ERG 理论对需要的解释也没能超出马斯洛需要层次理论的范围。

（三）三种需要理论

麦克利兰认为，人有三个主要的动机或需要：成就需要、权力需要和归属需要。成就需要看重的是成功本身的成就感而不是成功后的回报,权力需要更关心得到尊重和对他人的影响力,归属需要更关注相互理解和相互体察的关系。三种需要理论忽略了人的其他需要,事实上这三种需要经常同时存在于同一个个体身上,三种需要之间有很强的相关性,很难完全割裂开来。

(四)双因素理论

赫茨伯格的双因素理论认为:保健因素,如工资、公司政策、工作环境、工作关系、工作安全等对应的是不满意或没有不满意;激励因素,如提升的机会、个人成长的机会、认可、责任、成就等对应的是满意或没有满意。他的研究方法和他的理论的可靠性都遭到了质疑,人们在顺利时会归因于自己,在失败时会归咎于外部环境,所以并不能证明这些保健因素和激励因素的划分;他的理论必须首先假定满意与生产率之间有很强的联系,但一个人即使不完全喜欢他的工作,也可能会努力做好这项工作,所以我们无法证明保健因素没有激励力;他的研究忽视了环境尤其是环境变化等的影响,我们无法证明这种保健因素与激励因素的区分在不同环境下、对不同的人都是适用的。

以上的激励理论实际上都是在马斯洛需要层次理论的基础上进行的,虽然它们都力图克服马斯洛需要层次理论的不足,但并没有本质上的超越,它们始终无法解决一个共同的问题:它们都认为激励的基础和前提是人的需要和动机,但是却无法确认人的具体需要,尤其是无法确认最有激励力的需要(最主要的需要)。既然它们无法向人们提供确认主要需要和行为动机的方法,这些理论的实用价值就受到了极大的限制。

二、行为改造理论

行为改造理论是从分析外部环境入手来研究如何改造并转化人的行为。包括强化理论、归因理论等。

(一)强化理论

强化理论认为人的行为后果对人的后续行为会产生影响,如果某种行为得到肯定和奖励(正强化),这种行为的动因会被加强,相同的行为会重复出现;如果某种行为受到批评、否定甚至惩罚(负强化),相同的行为重复出现的可能性就会很小;如果某种行为既得不到肯定和奖励,也没受到批评和惩罚,而是完全被忽视(零强化),则激情会消退,动力也会消失。

(二)归因理论

归因理论最早是由海德提出的,它是指人们通过对行为的因果推论来改变自我感觉、自我认知,并改变自己的行为。对于成功和失败的行为,人们通常都会分析成功和失败的原因。一般来说,人们将成功或失败归结为以下四种原因:个人的努力程度、个人能力的大小、工作任务本身的难易程度、个人运气与机会的好坏程度。不同的归因对主体的自我效能感和对后续行为的影响是非常大的。如果归因于个人的努力程度,努力会得到继续(成功)或加强(失败);如果归因于个人能力的大小,自信心会增强(成功)或丧失(失败),但也可能会加强学习,提高自己的能力;如果归因于工作任务本身的难易程度或运气与机会,成功了成功感不强,失败了推卸责任,因为非自己所能掌控,所以对个人努力程度的影响不会太大,但有时会影响自信心。

三、过程型激励理论

过程型激励理论注重动机与行为之间的心理过程。包括弗洛姆的期望理论和亚当斯的公平理论。

（一）期望理论

期望理论是美国学者弗洛姆在 1964 年所著的《工作与激励》一书中提出的一种激励理论。这一理论通过考察人们的努力行为与其所获得的最终奖酬之间的因果关系，来说明激励的过程。这一理论认为，当人们有需要，又有达到目标的可能，其积极性才高。人们对工作积极性的高低，取决于他对这种工作能满足其需要的程度及实现可能性大小的评价。必须把握如下三种关系：其一，努力与绩效的关系；其二，绩效与奖赏的关系；其三，奖赏与满足个人需要的关系。

只有当人们预期到某种行为能给个人带来有吸引力的结果时，个体才会采取这一特定的行为。有效激励必须处理好这三者之间的关系，首先是努力与绩效之间的关系，人只有预期努力能够取得相应的绩效才会去做出努力，如果在努力与绩效之间根本没有联系，即使付出了努力也不可能取得预期的绩效，人们就会失去信心、缺乏动力，甚至会自暴自弃。同时努力与绩效之间还有一个匹配的问题，花费很大的努力只能取得很低的绩效时，或者取得绩效的难度太大，个体预期超出个人的承受力，也不可能有激励力；但是如果太容易，根本不需要做太多的努力就可以达到，缺乏挑战性，不能给主体带来成就感，绩效本身也就没有了吸引力。其次是绩效与奖赏之间的关系，人的行动是有目的的，对目的的满足实际上就是对努力的奖赏，也是对个人价值的肯定和认可。行动之前对奖赏的预期是行动的重要动因和动力，行动之后奖赏的兑现可以使主体体验到成功的喜悦和被认可的满足。最后是奖赏与个人目标之间的关系，奖赏应该是个体所期待的或对个体有吸引力的，或者说奖赏应该与个人的目标一致或相关。

（二）公平理论

美国心理学家亚当斯的公平理论认为：报酬对积极性的影响不仅来自绝对报酬（即实际收入），还来自相对报酬（即与他人或自己以往相比较的相对收入）。人们总是自觉不自觉地拿自己与他人进行比较，判断自己的付出和所得与他人的付出和所得，衡量自己是否得到了公平的待遇；人们还会经常以自己目前的付出和所得与自己过去的付出和所得进行比较，判断自己的状况是得到不断改善还是今不如昔。这种比较的结果对人的态度和行为的影响是非常大的。如果感觉得到合理和公平的待遇，就会心理平衡、心情舒畅、工作热情高涨；否则会导致心理失衡，轻则发牢骚、消极怠工或减少投入，重则泄怨气、中伤他人或恶意破坏，有的则是自暴自弃或以阿 Q 精神安慰。

相关链接

郑濂碎梨：于细微处见公平[①]

明朝时有一个读书人叫郑濂，他们家里总共有上千口人居住在一起，家中七代同堂，而且家庭和睦，200 多年间，家族中没有一个人外迁出去谋生。这样的千口之家能够相处得好，可是个大学问。皇帝听了很欢喜，就御赠一块"天下第一家"的匾额。御封之外，送了他两个大水梨，还派锦衣卫跟在后面，看看他如何把两个大水梨分给一千个人。如何分的？郑濂回去，不慌不忙，吩咐人运来两个大水缸，一边放一个梨，把梨捣碎，让梨汁流到水缸里，混合在一起。然后让每个人喝一碗，如此大家都觉得非常公平。子孙中比较亲的人，见郑濂能如此公平，就会肃然起敬；比较疏远的后代，见长辈能这样公平，也非常佩服和崇敬。所以，平等、公平是治

---

① 杨沛霆：《用故事轻松领导》，机械工业出版社 2005 年版。

家的第一重要条件。我们结合现代的观念,拓展一下这句话的含义,就可以理解为一个领导者要想处事公平,就不可以偏听偏信,一个企业或团队要想管得好,就必须要做到"公平"。我们看到,古人给我们做了很好的榜样,即使在极细微之处,也不会忽略公平的原则,这恰好契合了现代管理理论中"公平理论"的要义。

第四节 人力资本理论

人力资本理论是现代经济学中新兴的研究领域。自从 20 世纪 50 年代末以舒尔茨、贝克尔、明塞尔等人为代表的一些经济学家系统地将传统的资本理论的概念与方法应用于人力因素及其相关行为的分析以来,这一理论领域便迅速地发展起来,并日益显示出勃勃的生机。这从有关人力资本研究的文献与日俱增以及数位涉足此领域的学者荣膺诺贝尔经济学奖的事实,可见一斑。

一、人力资本增长论

在传统经济学中,经济增长被看作是两种单纯的要素——资本和劳动力投入的结果,自从舒尔茨首次论证了人力资本是实现经济增长的重要因素这一现代增长观,20 世纪 80 年代西方出现了"新经济增长论",其代表人物为罗默和卢卡斯。

1986 年,阿可洛夫·罗默在他的博士论文《外部因素、收益递增和无限增长条件下的动态竞争均衡》中建立起一个"知识推动模型"。在这个框架下,罗默除了保留资本和劳动力两个基本要素之外,又引入了第三要素——知识,使得对经济增长的解释更为合理。他认为:(1)知识能够提高投资效益,从而能够说明增长率的非收敛性;(2)知识也是一种生产要素,在经济活动中必须像投入其他生产要素一样投入知识;(3)特殊的知识和专业化的人力资本不仅能自身形成递增的收益,而且使资本、劳动力等生产要素也产生递增的收益,从而使整个经济规模递增并保持经济的长期增长。

后来,罗默进一步发展了自己的研究,把知识细分为人力资本(以劳动力受教育的年限来衡量)和新思想(以专利或知识产权来衡量),使其人力资本理论更趋完善。

无独有偶,罗伯特·E.卢卡斯也在 1988 年用人力资本理论来解释持续的经济增长率,他把人力资本作为独立的因素纳入经济增长模型,将舒尔茨的人力资本与索洛的技术进步概念结合起来,具体化为"专业化的人力资本",认为这是经济增长的原动力。卢卡斯强调智力投资是经济增长的关键因素,他认为:(1)人力资本的生产比物质资本的生产更重要。(2)拥有大量人力资本的国家会取得较快的经济增长速度。(3)人力资本低下是欠发达国家增长速度较慢的原因所在。

卢卡斯的模型与罗默的模型的不同是显而易见的:后者的贡献在于直接把技术内生化,而前者的贡献则是把原来外生的技术因素转变为人力资本来研究,从而根据贝克尔理论把人力资本内生化。他们的共同之处都是充分强调人力资本投资,并把它作为经济增长的关键因素,这就是后人把罗默和卢卡斯统称为新经济增长理论的原因。

二、人力资本投资论

像物质资本一样,人力资本的形成也是投资的结果。1957 年,雅各布·明塞尔在他的博士论文《人力资本投资与个人收入分配》中,率先运用人力投资方法研究收入分配,并首先建立了人力投资收益率模型,提出了人力资本获利函数;并在考察在职培训对终生收入模式影响时,提出了"追赶"时期的概念。明塞尔把一个人看作在生命周期的每一刻都在做出人力资本投资的选择。在人力资本收益率模型中,用参加培训或受教育的年数表示人力投资量,那么,一个选择较多人力投资的人,年轻时只能获得较低的收益,但到年老时,则会获得较大的收益回报。模型表明,人力投资量越大的人年收入越高。值得一提的是,在建立人力资本获利函数时,明塞尔便明确将人力投资区分为正规学校教育投资和学校后的教育投资如在职培训。

之后,加里·贝克尔在明塞尔人力投资收益率模型的基础上发展起完备的人力资本理论。贝克尔结合事实,提出人与人之间在才能和家庭环境等方面存在的差异使事实中的人力资本投资存在差异性。

当然,贝克尔及其后的人力资本学家也补充了明塞尔的人力资本投资内容,即除了必要的教育与在职培训,人力资本投资还包括卫生医疗保健、劳动力流动甚至向境外移民等方面的投资。这其中,教育是起决定作用的投资形式。

三、人力资市配置论

人力资本形成之后,它作为一种生产要素,就存在"配置"问题。配置是指一个经济社会或经济主体在既定的经济体制下,对所拥有的资源(或要素)在产出过程中进行的合理分配或安排。人力资本的配置包括部门(或产业)配置、区域配置和技术配置等内容。假定人力资本的形成是均衡的,并处于完全竞争市场之中,则人力资本的供需双方能自由选择、人力资本会自由流动,直至经济达到均衡状态,即前两种配置可在市场中自然完成。至于人力资本的技术配置,是指按照生产(或劳务)的性质和配比的物质资本的技术特征来分配人力资本,简单地说,就是"人尽其才"。可见,这种配置可转换为人力资本与物质资本的配比—契约均衡。人力资本配置的目的是其效用最大化,即人力资本效率。无论物质资本配置还是人力资本配置,说明其是否最优的一个通用理论仍是新古典经济学的资源配置理论。

然而,人力资本的最显著特点,是不能把人和他所拥有的知识、技术、健康、价值观等相分离,人体是人力资本的自然载体,一切智慧和才能都依附于活生生的人而存在;加之人们不能直接量化一个人所拥有的人力资本数量和质量,因而它难以被测量。由于人力资本相对物质资本的这种非独立性和价值难测性等特征,单纯用一般均衡理论解释人力资本的配置,就显得单薄和不彻底。现代信息理论、委托代理理论、约束和激励机制设计理论等则成为解释它的有力工具。

用信息理论可以度量人力资本的"知识和能力",从而使"人尽其才",即人力资本的信号传递问题。人力资本配置信号传递的早期模型是斯宾塞建立的。在其模型中,劳动力市场中存在着雇员能力的信息不对称,即雇主不知道雇员的真实能力,雇员自己知道。雇主只有通过信号传递机制才能大致了解雇员的知识和能力。在该模型中他证明了雇员的受教育程度可以一个信号向雇主传递雇员的知识和能力水平,从而实现了分离均衡。在这种情况下,选择低教育程度的雇员的能力低,其得到的也是较低的工资;选择高教育程度的雇员的能力高,其获得的则是高工资。该模型的现实意义是:指出教育(如文凭等)可用来传递人力资本存量多寡的信号,从而使它作为人力资本配置的基础依据。

由于知识、潜在能力与实际能力不等价,需要转化,并且这种"转化"又有程度的高低之分,而教育信号只能大致反映前者,因此需要另一种信号来揭示后者。张维迎教授基于个人财富比经营能力更易于观察的假定,建立了一个以个人财富信号显示其实际能力的模型。模型证明,一个人选择当企业家的临界能力与他个人的资产呈正相关关系,从而给出了观察实际能力的一种方法—财富(或资本)信号。

人力资本配置,实质上是两个所有者之间的契约关系,即现代经济学中的委托人和代理人的关系。其核心内容是委托人在与代理人订立合约时,选择哪些"条款"(信号)才能获得代理人的主要信息(如道德水准、潜在能力等私人信息);签订合约后,用什么样的约束、激励机制将代理人的行为诱导到委托人希望的轨道:努力工作,从而解决"如何使位置上的人不偷懒"的问题。这又牵涉到劳动者的劳动努力程度、劳动行为和劳动质量等问题,最终归结为劳动绩效的高低问题。

相关链接

千里马的悲剧:人力资本错置[①]

一个农场主买了一匹千里马,回到家中发现实在没有什么大事需要千里马去完成,便把马养在那里。时间长了,家里人开始埋怨农场主,说他好草好料养了一匹没用的马。农场主也觉得大家说得有道理,便决定给千里马安排工作。可农场里除了耕田、拉车、拉磨外,根本没有其他工作可以用到马,于是农场主决定用千里马去耕田。

千里马驰骋惯了,一到田里便开始奔跑,把扶犁的农人拉着摔了好几个跟头,再没有人愿意用千里马耕田了。

农场主又用千里马去拉车,可千里马跑得太快,很快就把车轮子拉掉了。看来千里马也不适合拉车。

农场主没有办法,就把千里马送到了磨坊,让它和一头驴子一起拉磨。开始千里马总是走得太快,驴子根本就跟不上,农场主就让伙计们用鞭子抽打千里马。只要千里马走得稍快了一点,伙计的鞭子就落到了千里马身上。慢慢地,千里马适应了拉磨,和那头驴子配合得非常默契了。

农场主看到千里马终于派上了用场,很高兴。可不久他又觉得千里马既然干着和驴子相同的活儿,就要享受与驴子同样的待遇。于是千里马好草好料的特殊待遇没有了,每天吃着和驴子同样的草料。

千里马越来越老实、温顺了,拉磨时也不再高昂着头了。

有一天,农场主上山巡视,不慎被猎人布置的抓狼的夹子夹住了一条腿,随从的人好不容易把他弄回家里。当地的医生说农场主伤势很重,需要立即送到城里救治。农场主当即想起了那匹千里马,他让家人从磨坊里拉出那匹千里马,由医生护送自己去城里救治。

千里马终于又有了驰骋的机会,一上路便开始奔跑,虽然身上载着两个人,但它的速度还是很快的。可没跑出多远,千里马就因为体力不支而放慢了速度,最后索性在原地转起圈来了。

等医生回去找了别的马把农场主送到城里,因为延误了治疗,农场主的那条腿只能被截掉了。从城里治疗回来的农场主做的第一件事情就是宰掉了那匹千里马。

千里马的悲剧也是农场主的悲剧。因为没有合适的岗位,农场主亲手把一匹千里马调教得像驴子一样成了拉磨的役畜,可当需要的时候才想起它是一匹千里马,殊不知因环境及待遇

---

① 资料来源:http://www.chinahrd.net/career-manage/career-arecdotes/2008/0116/46134.html,2009-06-24.

等方面的影响,它已经失去了千里马的特质,成了一匹只会拉磨的马。在日常的企业管理过程中,这种悲剧时有发生。这既是人才的悲剧,也是企业的悲剧。

四、人力资本产权论

人力资本产权是人力资本理论的一个重要研究方向。界定人力资本产权,首先要清楚两个重要概念:产权及人力资本产权的涵义。全面地看,产权的涵义有五个层次。第一,产权是某个行为主体对某个经济物品、某种稀缺资源或某种可交易对象物的一种排他性权利,即财产权。第二,就某一种财产而言,产权不是单项权利,而是一组(束)权利,包括对财产的所有权、使用权、收益权及处置权等。第三,产权是有主体的,而且有相应的权能及利益,可称为利益主体。对财产的各项权利和职能都是通过利益主体来实现的。产权的利益主体既包括产权的归属主体,也包括产权的各种权利在分解条件下的承担者。产权主体不是单一的,而是多元的。第四,产权是有限的,即产权的外部影响使得产权必须有一个界限。第五,产权是被法律认可的行为关系,即产权主体要通过行使财产权利和职能的行为来实现自身的权力和利益。这种行为既体现产权主体的意志和相应的行为能力,同时也是产权主体获得利益的根据和保障。

人力资本就其本质而言是体现在劳动者身上的智力、知识、经验、技能和健康状况等。如果说劳动者本身是有形资源,那么体现在劳动者身上的智力、知识、经验、技能和健康状况等就是无形资源。因此,可对人力资本产权作如下定义:人力资本产权是指对劳动者在社会化大生产中所体现出的无形资源的所有、使用、收益及处置等权利。

与物质资本产权一样,人力资本产权也是一组权利,包括对人力资本的所有权、使用权、收益权及处置权等。但人力资本和物质资本之间的不同特点,决定了人力资本产权也具有一定的特征:

1.人力资本产权所涵盖的所有权,只能作用于依附在劳动者身上的无形资源,而不能作用于劳动者本人;对人力资本的处置权,也是对这些无形资源的处置权,而不是对劳动者即人力资本承载者本人的处置权。

2.人力资本产权主体是多元的,而人力资本承载者本人是人力资本必然的所有者之一。这是由人力资本投资主体多元化以及人力资本承载者是人力资本"天然"投资者所决定的。

3.并非所有的人力资本投资者都追索对人力资本的产权,如社会或政府对人力资本进行的投资更注重人力资本的社会效益和整体经济效益,着眼于全民素质的提高,属于福利性质的投资;而家庭对于人力资本进行的投资,其"应获"产权自然转移给人力资本承载者本人,至于人力资本承载者对其家庭的贡献则属于道德及相关法律规定的范畴。目前,人力资本产权界定的矛盾主要集中在人力资本承载者与从事功利性质投资的人力资本所有者之间。所谓对人力资本进行功利性质的投资,是指以直接获取经济效益或社会效益为目的的投资,其投资者包括个人、企业和其他社会团体。

4.人力资本产权的任何主体所拥有的人力资本产权呈现非完整性,换言之,人力资本产权的任何主体不能拥有完整的人力资本产权。对于非人力资本承载者本人的其他产权主体来说,不可能占有人力资本的智力、健康状况等。对人力资本的使用权还需要人力资本承载者的积极配合,否则其所有权的实现将遇到极大的障碍。对于人力资本承载者本人来说,虽然是人力资本的必然所有者,但其对人力资本的收益权、使用权、处置权必然要受到相关产权主体的制约,譬如使用权,人力资本承载者未经相关产权主体的许可,利用自己的知识、经验、技能为其他主体及自己谋取利益,则要遭受相关产权主体的抵制,甚至惩罚。

5.人力资本承载者的意志和行为对人力资本产权的实现及效能发挥着决定性作用。人力资本效能的发挥受人力资本承载者本人的主观能动性及积极性的影响,没有人力资本承载者意志和行为的支撑,人力资本的效能无从发挥,任何人力资本产权也就失去了意义。

6.人力资本产权不可继承性。人力资本任何产权包括所有权、使用权、收益权及处置权将随着人力资本承载者劳动能力的丧失、退休及死亡而失去意义或灭失。

第五节　委托代理理论

现代意义的委托代理的概念最早是由罗斯提出的:"如果当事人双方,其中代理人一方代表委托人一方的利益行使某些决策权,则代理关系就随之产生。"委托代理理论从不同于传统微观经济学的角度来分析企业内部、企业之间的委托代理关系,它在解释一些组织现象时,优于一般的微观经济学。委托代理理论是过去30多年里契约理论最重要的发展之一。它是20世纪60年代末70年代初一些经济学家深入研究企业内部信息不对称和激励问题发展起来的。委托代理理论的中心任务是研究在利益相冲突和信息不对称的环境下,委托人如何设计最优契约激励代理人。

相关链接

皇帝与功臣的委托代理关系

借用经济理论,我们可将皇帝与功臣间的关系看作一种委托代理关系。皇帝作为帝国的所有者,控制着帝国的产权,但他不可能直接治理国家,必须委托一个或数个代理人来帮助他管理国家。在这样一个委托代理关系下,皇帝给功臣们高官厚禄,对他们的要求是勤奋工作,为皇帝效命。

对任何一个皇帝来说,确保江山万代是至关重要的。因此,功臣们造不造反就顺理成章地成为皇帝们绞尽脑汁来解决的问题。解决功臣们造不造反的问题的关键在于识别到底谁会造反,但这是一个信息不对称的格局:大臣们自己知道自己造不造反,皇帝却不知道谁是奸臣,谁是忠臣。宋太宗有一段名言,大意是国家要么有外患,要么有内忧。外患是有形的,而内忧则无法察觉(原文是"奸邪无状")。一段"奸邪无状"的自白道出了皇帝们的无奈:他必须有什么方法可以鉴别出谁是奸臣,谁是忠臣。根据信息经济学的理论,功臣们必须发出一个信号或皇帝必须用一个信号来确定一个分离条件,来使忠臣、奸臣可以分离而不混同。在经济学里,由于每个类别人的成本和收益不同,还可以根据一个信号制订出分离条件,使该信号能让不同类型的人根据成本收益比较自动地现出原形,但对造反之类的事来说,当皇帝的收益是如此之高,以至于任何成本都相形见绌。只要有些风险偏好,又有可能造反成功,难保有人不起歹心。面对近乎有无限收益的皇帝宝座来说,不可能根据成本—收益情况确定出一个分离条件,皇帝们只能简单地根据某个信号直接判断(不考虑人心会因为时间、情况的变化发生改变以致忠臣变奸臣的情况)。那又有什么信号能让皇帝识别出奸臣呢?

人们首先想到的就是加强惩罚威胁力度,诸如灭九族、凌迟等处罚手段,这样有风险规避行为的人会选择不造反。不过当皇帝的收益是如此之高,风险爱好者在有机会时总是会去尝试一下的。而功臣,尤其是开国功臣本身就意味着他们是风险爱好者,若不然谁会去"提着脑袋干革命"呢?所以,事后惩罚的威胁对以冒险为业的功臣们来说不会有太大的震慑意义。那么以亲戚关系来识别呢？从吕后到李世民，从多尔衮到雍正，亲戚的血缘、亲情约束对争夺帝位来说只是很小的成本，成大事者从不会将其放在心上。那能否根据对皇帝是否恭顺这个信号来识别忠奸呢？毫无疑问，真正要造反的人对皇帝也照样会毕恭毕敬，安禄山对唐明皇的肚里只有一颗赤心的绝对服从令人记忆犹新，这个信号没有任何意义。那能否逆向思维，认为敢和皇帝争辩的就是忠臣，不敢争的就是奸臣呢？可惜，历史上的权臣是敢和皇帝争辩的，不敢争的依然是忠奸难辨。凡此种种，我们用尽心机也无法为皇帝们找到可从功臣中实施忠奸分离的合理信号，当然更不可能找到分离条件。

每个开国皇帝都面临着这样的困境：他无法从功臣集团中分离出忠臣和奸臣，但他又必须想尽办法保证自己的儿孙能顺利继承皇位。为此，皇帝们自然可以通过自己的分离信号来进行分离，将可能造反的人清除出去，确保江山永固。"宁可错杀三千，不可放过一个"，在不能辨别忠奸时，皇帝们选择了实际上也只能是这样一个分离信号：有能力造反的和没有能力造反的。对于皇帝来说，只要把有能力造反的杀掉，剩下的人即使有造反之心，也无造反之力了。每一代皇帝都面临同样的困境，面临着同样唯一的选择，最后都作出了同样的选择，让我们后人见识了一幕幕闹剧。

一、委托代理理论基本模型

近 20 多年来，委托代理理论的模型方法发展迅速。主要有三种：一种是由威尔逊(1969)、斯宾塞、泽克豪森(1971)和罗斯(1973)最初使用的"状态空间模型化方法"。其主要的优点是每种技术关系都很自然地表现出来。一种是由莫里斯(1974,1976)最初使用、霍姆斯特姆(1979)进一步发展的"分布函数的参数化方法"，这种方法可以说已成为标准化方法。另一种模型化方法是"一般分布方法"，这种方法最抽象，它虽然对代理人的行动及发生的成本没有很清晰的解释，但是，它让我们得到非常简练的一般化模型。

在对称信息情况下，代理人的行为是可以被观察到的。委托人可以根据观测到的代理人行为对其实行奖惩。此时，帕累托最优风险分担和帕累托最优努力水平都可以达到。

在非对称信息情况下，委托人不能观测到代理人的行为，只能观测到相关变量，这些变量由代理人的行动和其他外生的随机因素共同决定。因而，委托人不能使用"强制合同"来迫使代理人选择委托人希望的行动，激励兼容约束是起作用的。于是委托人的问题是选择满足代理人参与约束和激励兼容约束的激励合同以最大化自己的期望效用。当信息不对称时，最优分担原则应满足莫里斯—霍姆斯特姆条件，这是由莫里斯(1974,1976)提出、由霍姆斯特姆进一步解释的。

非对称信息情况与对称信息时的最优合同不同。代理人的收入随似然率的变化而变化。似然率度量了代理人选择偷懒时，特定可观测变量发生的概率与给定代理人选择勤奋工作时，此观测变量发生的概率的比率，它告诉我们，对于一确定观测变量，有多大程度是由偷懒导致。较高的似然率意味着产出有较大的可能性来自偷懒的行为；相反，较低的似然率告诉我们产出更有可能来自努力的行动。分配原则对似然率是单调的，因此，使用此原则的前提是似然率对产出是单调的，这就是统计中著名的概念：单调似然率，它是由米尔格罗姆(1981)引入经济学的。

二、委托代理关系的动态模型

把基本的模型扩展到动态的模型有两个原因。(1)在静态模型中，委托人为了激励代理人选择委托人所希望的行动，必须根据可观测的结果来奖惩代理人。这样的激励机制成为"显性激励机制"。现在的问题是:多次的委托代理关系是否能在没有显性激励机制的情况下,用"时间"本身无成本地解决代理问题。(2)把动态分析引入基本模型是否可以得出关于委托代理理论更多的结论。

(一)重复博弈的委托代理模型

最早研究委托代理动态模型的是伦德纳(1981)和罗宾斯泰英(1979)。他们使用重复博弈模型证明,如果委托人和代理人保持长期的关系,贴现因子足够大(双方有足够的信心),那么,帕累托—阶最优风险分担和激励是可以实现的。也就是说,在长期的关系中,其一,由于大数定理,外生不确定可以剔除,委托人可以相对准确地从观测到的变量中推断代理人的努力水平,代理人不可能用偷懒的办法提高自己的福利。其二,长期合同部分向代理人提供了"个人保险",委托人可以免除代理人的风险。即使合同不具法律上的可执行性,出于声誉的考虑,合同双方都会各尽义务。在他们的研究中,以及后来罗杰森(1985)和Lambert(1983)以及Roberts(1982)和Townsend(1982)的研究中,都想说明长期的关系可以更有效地处理激励问题,最优长期合同与一系列的短期合同不同。但是,弗得伯格(1990)等证明,如果代理人可以在与委托人同样的利率条件下进入资本市场,长期合同可以被一系列的短期合同所取代。然而,对委托代理人长期关系的关注和研究,启发人们从其他的角度来分析长期委托代理关系的优势。

(二)代理人市场声誉模型

当代理人的行为很难、甚至无法证实,显性激励机制很难实施时,长期的委托代理关系就有很大的优势,长期关系可以利用"声誉效应"。伦德纳(1981)和罗宾斯泰英(1979)的模型很好地解释了这种情况。但明确提出声誉问题的是法玛(1980)。法玛认为,激励问题在委托代理文献中被夸大了。在现实中,由于代理人市场对代理人的约束作用,"时间"可以解决问题。他与伦德纳和罗宾斯泰英的解释不同,法玛强调代理人市场对代理人行为的约束作用。他为经理人市场价值的自动机制创造了"事后清付"这一概念。他认为,在竞争的市场上,经理的市场价值取决于其过去的经营业绩,从长期来看,经理必须对自己的行为负责。因此,即使没有显性的激励合同,经理也应积极性努力工作,因为这样做可以改进自己在经理市场上的声誉,从而提高未来的收入。霍姆斯特姆(1982)模型化了法玛的思想。虽然该模型是在一些特殊情况(经理人是风险中性,不存在未来收益贴现)下建立起来的,但它证明了声誉效应在一定程度上可以解决代理人问题。并且,它还说明努力随年龄的增长而递减,因为随年龄的增长努力的声誉效应越小。这就解释了为什么越是年轻的经理越是努力。声誉模型告诉我们,隐性激励机制可以达到显性激励机制同样的效果。

(三)棘轮效应模型

"棘轮效应"一词最初来源于对苏联式计划经济制度的研究(魏茨曼,1980)。在计划体制下,企业的年度生产指标根据上年的实际生产不断调整,好的表现反而因此受到惩罚,于是"聪明"的人用隐瞒生产能力来对付计划当局。在中国,类似的现象被称为"鞭打快牛"。当然,这种现象在西方同样存在。委托人将同一代理人过去的业绩作为标准,因为过去的业绩包含着有用的信息。问题是,过去的业绩与经理人的主观努力相关。代理人越是努力,好的业绩可能性越大,自己给自己的"标准"也越高。当他意识到努力带来的结果是"标准"的提高,代理人努力的积极性就会降低。这种标准业绩上升的倾向被称为"棘轮效应"。霍姆斯特姆和RicartCosta(1986)研究了相关的问题。在他们的模型里,经理和股东之间的风险分担存在着不一致性。原因是经理把投资结果看成是其能力的反映,而股东把投资结果看成是其金融资产的回报。人力资本回报和资本回报的不完全一致性,是股东在高收益时,认为是资本的生产率高,从而在下期提高对经理的要求。当经理认识到自己努力带来的高收益的结果是提高自己的标准时,其努力的积极性就会降低。因此,同样是在长期的过程中,棘轮效应会弱化激励机制。

（四）强制退休模型

关于"强制退休"的模型。莱瑟尔（1979）证明在长期的雇佣关系中,"工龄工资"可以遏制偷懒的行为。雇员在早期阶段的工资低于其边际生产率,两者的差距等于一种"保证金"。当偷懒被发现时,雇员被开除,损失了保证金。因此,偷懒的成本提高,努力的积极性提高。该模型解释了强制退休:到了一定的年龄,雇员的工资将大于其边际生产率,当然不会有人愿意退休,因此,必须强制退休。

虽然莱瑟尔的模型需要一些改进,但他启发了人们如何在基本的委托代理模型中引入动态分析,并得出更多的结论。

在简单的委托代理模型中,我们仅考虑了代理人从事单项工作的情况。在现实生活中,许多情况下代理人被委托的工作不止一项,即使是一项,也有多个维度。因此,同一代理人在不同工作之间分配精力是有冲突的。而委托人对不同工作的监督能力是不同的,有些工作是不容易被监督的。如:生产线上工人的产品数量是容易监督的,而产品的质量监督有难度。霍姆斯特姆和米尔格罗姆（1991）证明,当代理人从事多项工作时,从简单的委托代理模型得出的结论是不适用的。在有些情况下,固定工资合同可能优于根据可观测的变量奖惩代理人的激励合同。霍姆斯特姆和米尔格罗姆模型的基本结论是:当一个代理人从事多项工作时,对任何给定工作的激励不仅取决于该工作本身的可观测性,而且还取决于其他工作的可观测性。特别是,如果委托人期待代理人在某项工作上花费一定的精力,而该项工作又不可观测,那么,激励工资也不应该用于任何其他工作。

在简单的委托代理模型当中,我们仅考虑了单个代理人的情况。但是在现实当中,代理人一般有多个。一组代理人,他们独立地选择努力水平,创造一个共同的产出,每个代理人对产出的边际贡献依赖于其他代理人的努力,不可独立观测。解决此类问题的有:"打破预算平衡"的模型;考虑逆向选择的模型;合作型模型;"相对业绩评估"模型。

实际上,在委托代理人的模型中,委托人也同样存在道德风险。在许多委托代理关系中,有关代理人业绩的信息是非对称的。其度量存在很大的主观随意性。代理人可能无法观测到委托人观测到的东西。在这种情况下,就存在委托人的道德风险问题:根据合同,当观测到的产出高时,委托人应该支付给代理人高的报酬,但委托人可以谎称产出不高而逃避责任,把本应支付给代理人的收入占为己有。而如果代理人预计到委托人可能要耍赖,就不会有积极性努力工作。马尔科森（1984）的模型证明:类似于锦标制度的激励合同是解决委托人道德风险的一个有效的办法。

由于委托代理关系在社会中普遍存在,因此委托代理理论被用于解决各种问题。如国有企业中,国家与国企经理、国企经理与雇员、国企所有者与注册会计师、公司股东与经理、选民与官员、医生与病人、债权人与债务人都是委托代理关系。因此,寻求激励的影响因素、设计最优的激励机制,将会越来越广泛地被应用于社会生活的方方面面。

复习思考题

1. 试述麦格雷戈的人性假设理论。

2. 试述超 Y 理论的人性假设及其管理原则。

3. 如何评价雪恩的人性假设理论?

4. 试述马斯洛"需求层次论"和赫茨伯格"双因素论"的主要内容。

5. 简述期望理论、公平理论和强化理论的主要观点和内容。

6. 请简单论述人力资本理论,并结合个人实际,谈谈人力资本的提高对个人、组织和社会有什么影响? 人力资本投资有什么新趋势?

开放式讨论案例

时装大王斯瓦兹的发家之道

纽约的第七街,是美国时装工业的中心。在美国近 5000 家大服装公司的激烈竞争中,约南露珍服装公司居于首位,董事长大卫·斯瓦兹由此而得"时装大王"的美誉。斯瓦兹 15 岁开始做工,19 岁时用储蓄的 3000 美元与人合伙办了一家小服装厂。他感到,老是做和别人一样的衣服是没有出路的,必须有一个好的设计师,能设计出别人没有的新产品,才能在服装业出人头地。他为此终日茶饭无心、精神恍惚。

一天,他到一家零售店推销成衣,30 岁的老板杜敏夫看了一眼他的衣服说:"我敢打赌,你的公司没有设计师。"一下触动了他的心病。

老板从店内请出一位身穿蓝色新装的少妇,并问:"她这件衣服比你们的怎么样?"

"好看多了!"斯瓦兹不禁脱口赞道。

"这是我特地为我太太设计的,"老板骄傲地说,并且不屑地撇了一撇嘴角,"别看我开这么个小店,也没把你们这些大老板放在眼里,你们除了固执、偏狭以外,有几个懂得设计? 连点美的细胞都没有!"

对这种接近侮辱的话,斯瓦兹却毫不在意,仍然笑容可掬地问:"你为何不找一家大公司一展所长呢?"

没想到那老板发泄开了:"我就是饿死,也不再去给别人当伙计了! 我进过 3 家公司,明明是他们不懂,偏偏说我固执。我灰心透了。他们懂什么!"

斯瓦兹感到,这样倔强自信、高傲暴躁的人,往往是才能很高的人,决心争取他做公司的设计师,但被他断然拒绝了。

斯瓦兹以"三顾茅庐"的精神几次三番地登门拜访,诚心相待,杜敏夫终于被感动了,出任斯瓦兹的设计师。在他的建议下,斯瓦兹首先采用人造丝做衣料,一步领先,占尽风头,约南露珍服装公司的业务扶摇直上,在不到 10 年的时间内,就成为令同行瞩目的大公司。

斯瓦兹由此开始大批启用青年人,他认识到,在服装业中,你永远不可能独占衣料、式样,只有不断地跟上潮流,才能抢在最前面。而这只有青年人才容易胜任,基于这种信念,斯瓦兹在功成名就之后,又决定任命他 25 岁的儿子理查任公司总经理,理查成为当时美国大企业中最年轻的领导人。事实已经证明,斯瓦兹的选择是正确的,理查不负众望,使公司获得新的生机。

讨论题：

1.请用人性假设理论说明杜敏夫出任斯瓦兹公司设计师的原因。

2.利用激励理论解释杜敏夫为什么会离开曾待过的 3 家公司。

3.利用人力资本理论谈谈对斯瓦兹大批启用年轻人的看法。

4.利用委托代理理论解释斯瓦兹为什么会任命儿子理查为公司总经理。

测试题

案例面对面

第三章 岗位分析

学习目标

学完本章之后,你应该能够:

1. 了解岗位分析的含义及其意义;
2. 了解进行岗位分析所需收集的信息;
3. 掌握岗位分析的程序和主要方法;
4. 掌握岗位说明书与岗位规范的编写方法;
5. 掌握岗位评价的基本方法。

[导入案例]

QJ 车辆厂的岗位分析

QJ 车辆厂人力资源部在设计本企业薪酬方案的过程中,按照岗位流程先从岗位分析开始,制作了全部岗位的岗位说明书,并且顺利地完成了岗位评价和薪酬方案的设计。但没想到的是,不久后公司又进行了绩效考核方案的设计,当咨询顾问提出要先进行岗位分析时,人力资源部就把前面制作的岗位说明书拿出来以证明进行了分析,但顾问在看过这些说明书后认为说明书的内容过于单一,只满足了岗位评价的要求,不能支撑绩效方案设计,还需要进行补充分析。于是该企业不得不又投入人力财力再对岗位进行补充分析,还延迟了绩效方案的进度。

在岗位分析阶段,确定岗位清单时出现了这样一些岗位,党委书记和质量副厂长分别设岗,但两者由一人担任,还有某工会副主席同时兼任机关支部书记、党办主任等职,而且长期以来一直是这种局面。这样,在岗位工资制的执行时就出现了困难:这些所谓兼职人员该如何执行工资标准?若多个岗位工资一起拿显然过多,若就高不就低又忽略了对其他岗位的贡献,企业不知如何处理。

在人力资源管理整体方案设计过程中还出现了这样的情况,物业部张副经理多次要求修改岗位说明书内容,第一次是要把他下属的电工岗位任职条件降低,以适应现有人员的实际情况,第二次在岗位评价时却要求提高任职条件,第三次是在重新进行岗位聘任时,要求再降低任职条件和绩效难度。类似的情况在部分岗位任职人员及其直接上级身上也有发生,使得人力资源部一度不知所措。

第一节 岗位分析的含义与程序

岗位分析是企业人力资源管理体系中的一项援助性工作,而并非主体性工作,这里的援助性是指在日常人力资源管理工作中没有专门负责该项工作的岗位设置,而是一种阶段性投入的工作。但是并不意味着岗位分析工作本身不重要,恰恰相反,岗位分析是各项人力资源管理工作中的一项基础性工作,一个企业是否进行了岗位分析及岗位分析质量的好坏都对人力资源管理的各环节具有重要的影响。

岗位分析有广义和狭义之分。广义的岗位分析包括组织分析、机构分析和岗位分析三个层次,而狭义的岗位分析就是指岗位分析,我们重点讨论的就是岗位分析。

一、什么是岗位分析

(一)有关岗位的基本概念

岗位分析中涉及的几个主要概念有任务、职责、职位、岗位、工作簇、职业等,清晰的界定并准确地把握这些概念的含义是十分重要的,它可以避免许多在执行岗位分析时由于不理解基本概念而出现的错误。

1. 几个概念的基本含义。具体定义与例子见表 3-1。

表 3-1 岗位分析的基本概念

概念	定义	例子
任务	为了达到某种目的所从事的一系列活动,可以是由一个或多个不可再分解的工作要素组成	◇工人加工工件 ◇打字员打印一份文件 ◇销售员拜访一个客户
职责	一系列相关的任务就可以组成一项职责,它是一个人在本职工作中所承担的若干项任务组成的活动与责任	某编辑部主任多项职责中的一项为定期对编辑部员工进行培训,包括几个任务: ◇设计培训内容 ◇编写培训资料 ◇选择培训方法 ◇实施培训 ◇培训反馈
职位	满足一个人满负荷工作量的一项或多项职责的集合。这个含义主要表现为三个特征,即一是职位的饱和性;二是该职位上的工作内容可能是同一项,也可能是几个不同职责的集合;三是职位和人是一一对应的	某仓储公司共 30 人,由于公司小没有单独设立人力资源部门,于是办公室主任的全部职责有三项: ◆本单位的人事调配 ◇文书管理 ◇日常行政事务
岗位	一个组织内完全相同的职位构成岗位。这就存在两种可能,一是一个职位就是一个岗位,二是多个职位形成一个岗位,一个岗位上可能是一个人,也可能是多个人	◇某公司人力资源部经理下属三个岗位:人员招聘与培训员、薪酬与保险员、员工关系与考核员,职责不同,一人一岗 ◇某车辆厂钣金车间有"钣金工"这一岗位,共有 162 人从事完全相同的工作,都属于这一岗位
工作簇 (或工作序列)	一个组织内工作性质相关的一系列岗位就组成了一个工作簇或工作序列	通常一个企业内部可以分为四种工作序列: ◇生产序列 ◇研发序列 ◇管理序列 ◇营销序列

概念	定义	例子
职业	职业是一个跨组织的概念,是指在不同组织、不同时间、从事相似活动的系列工作的总称	◇如教师是一个职业,但又存在于不同的大学、中学、小学及幼儿园等组织之中 ◇还如工程师、医生等

在企业实际工作中存在着许多对"岗位"这一概念认识上的误区,经常出现所谓一人身兼数"岗"的状况。在正常的岗位设置下,一般不应长期存在一人多岗的现象,而只存在一人一岗或多人一岗的情况。所谓长期一人多岗,事实上是错误地把每项职责理解为一个岗位,从而一个人身兼数"岗"。

因为职位有可能是相同的,若一个职位一个职位说明书,也就是一个人对应一个说明书,就会造成不必要的雷同;而一个组织内岗位是绝不相同的,因此,岗位就成为岗位分析的对象,即一个岗位一个说明书。

2.相互关系。如图 3-1 所示,岗位分析所涉及的一些概念存在着包含与被包含的关系。一系列相关的任务组成一项工作职责,满足一个人工作量的若干职责就构成了一个职位,相同的职位又形成了岗位,而相关的一系列岗位又构成工作簇或工作序列。

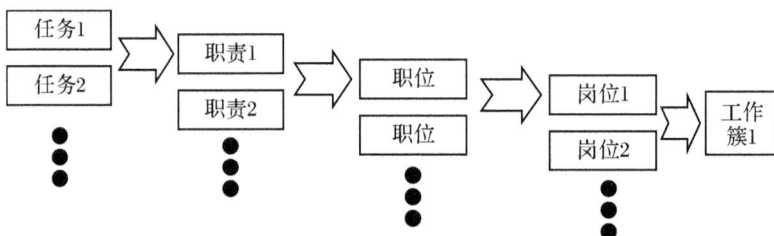

图 3-1　岗位分析基本概念的相互关系

3.岗位分析的含义。岗位分析是指全面了解一项岗位的管理活动,就是对该岗位的工作内容、任职资格条件及相关工作关系等进行描述和研究的过程,即制订岗位说明和岗位规范的系统过程。岗位分析的一个标志性结果就是给每一个岗位制订一份翔实而合理的岗位说明书。

在企业岗位分析实践中总会有人坚持认为自己身兼数岗,而且长期如此,但从岗位的饱和性上可以看出,一个人从事一个岗位就已经饱和了,怎么能长期任职一个以上的岗位呢?所谓身兼数岗,一是有可能把岗位中的某项工作当作了单个的岗位,二是某些"岗位"不饱和,需要把这些"岗位"重新整合为一个岗位,必要时可以重新命名。

(二)岗位体系

一个组织的岗位体系如图 3-2 所示:

那么岗位之间存在着什么样的关系呢? 岗位关系表现为两种方式,一是表面上的岗位关系,二是实质上的岗位关系。

1.表面上的岗位关系。表面上的岗位关系就是一个组织岗位设置所直接反映出的岗位之间的关系,主要有两个方面:上下级关系和同级关系,如图 3-3 所示。

2.实质上的岗位关系。在这种表面的岗位关系下,不同的企业管理会形成不同的实质上的岗位关系,主要有三种情况(见图 3-4)。

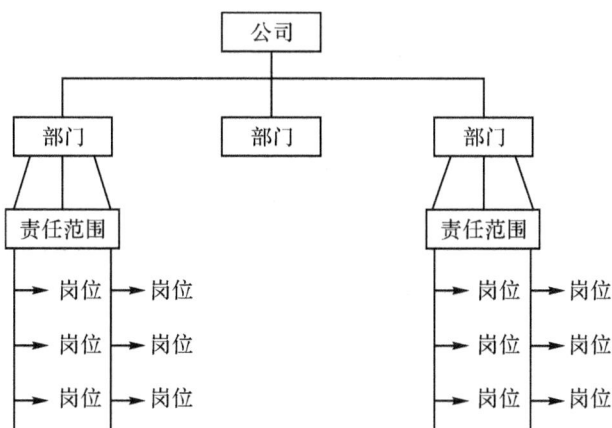

图 3-2 岗位体系示意图

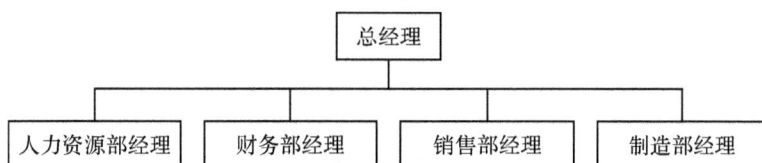

图 3-3 表面上的岗位关系

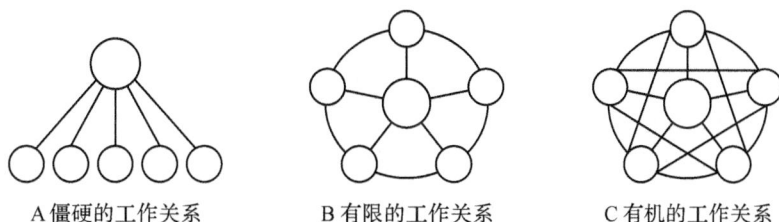

A 僵硬的工作关系　　　　B 有限的工作关系　　　　C 有机的工作关系

图 3-4 实质上的岗位关系

图 3-4 中 A 图所示的岗位关系在实质上和其表面上看起来并没有多大区别,每一个任职者只和其上级主管进行沟通,而在同级之间缺乏必要的沟通,显然不是一种理想的工作关系。而 B 图说明除了上下级之间的沟通外,同级之间也存在着一些沟通,表面上看,这种工作关系优于 A 图所示的关系,但实际上,这种有限的工作关系往往更多地是建立在任职者的个人喜好基础之上,并没有严格地遵循工作本身的要求,因而容易产生管理中的一大困难,即非正式团队的形成,所以这种工作关系也不是理想的工作关系。理想的工作关系如 C 图所示,所有岗位之间除了上下级关系外,各岗位也从工作需要出发,形成有机的沟通,叫做有机的工作关系。

（三）岗位分析的作用

岗位分析过程有助于人力资源管理制度中两个基本制度的建设,即岗位等级制度和任职资格制度,事实上,这两项制度也正是借助于岗位分析才产生的,它们在整个人力资源管理体系中处于核心地位,是其他各项人力资源管理工作的基础,如图 3-5 所示。

岗位分析的具体支持作用体现在以下几个方面:

1.岗位分析对绩效考核的作用。这一作用主要体现在两个方面:一是岗位说明书的必备

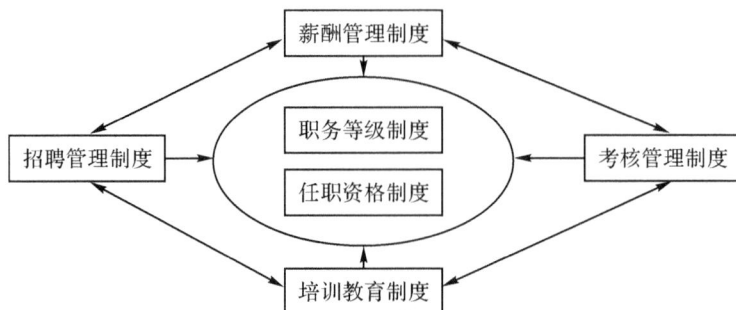

图 3-5　岗位分析的基础性

项目中有"岗位关键业绩指标"这一内容,这些指标指明了对该岗位任职人员应从哪些角度进行考核,也指出了岗位任职人员的努力方向,而绩效考核方案的起点就是部门和岗位考核指标的选择,广义的岗位分析甚至可以提供部门的关键绩效指标;二是岗位说明书如果包含了"沟通关系"这一项目,就可以清晰地指明绩效考核的主体与考核的层级关系,因为沟通关系中明确了汇报、指导与监督关系。

2.岗位分析对人员招聘与录用的作用。岗位说明书的另一项必备内容就是岗位任职资格条件,这些条件既是岗位评价的重要参考要素,又是该岗位人员空缺时设计招聘要求的基础。招聘广告中一般有空缺岗位的学历、工作经验、专业技术水平、能力方向、人格特征等要求,而这些内容在岗位说明书的任职资格条件项目中均可找到。

3.岗位分析对员工培训与职业生涯设计的作用。企业员工培训的一个重要特点是具有强烈的导向性,这个导向的重要依据之一就是岗位说明书所规定的内容,尤其是岗位职责的要求、考核指标要求、能力要求等内容,在新员工培训中,新员工本岗位的说明书甚至能成为其必修教材之一。另外在对员工进行职业生涯设计时,岗位分析还可以提供职业发展的路径与具体要求。

4.岗位分析对人力资源规划的作用。人力资源规划的核心工作是人力需求与供给的预测,在运用技能清单法、管理人员置换图、人力接续计划、马尔可夫矩阵法进行供给预测时,都离不开清晰的岗位层级关系和晋升、岗位转换关系,这些都是岗位说明书所应该规定的。在需求观测时,除了需要对人力资源数量预测,还需要对其质量要求进行预测,说明书中的任职资格条件就成为重要的参考。

5.岗位分析对薪酬设计与管理的作用。工作评价是合理制订薪酬标准的基础,正确的工作评价则要求深入地理解各种工作的要求,这样才能根据它们对组织的价值大小进行排序。岗位分析通过了解各项工作的内容、工作所需要的技能、学历背景、工作的危险程度等因素确定工作相对于组织目标的价值,也可以作为决定合理薪酬的依据。岗位分析为薪酬管理提供相关的工作信息,通过工作差别确定薪酬差别,使薪酬结构与工作相挂钩,从而制订公平合理的薪资政策。

6.岗位分析对组织分析的作用。岗位分析详细地说明了各个岗位的特点及要求,界定了工作的权责关系,明确了工作群之间的内在联系,从而奠定了组织结构设计的基础。通过岗位分析,尤其是广义的岗位分析,可以全面揭示组织结构、层级关系对岗位工作的支持和影响,为组织结构的优化和再设计提供决策依据。另外,岗位分析还与劳动定编和定员工作有着非常紧密的联系。定编是指按照一定的人力资源管理程序,采用科学规范的方法,从组织经营战略目标出发,合理确定组织机构的结构、形式、规模以及人员数量的一种管理方法。定员是在定编的基础上,严格按照组织编制和岗位的要求,为组织每个岗位配备合适人选的过程。在现代企业管理中,只有不断地加强定编定员工作,组织才能实现组织机构的精简与统一,才能避免人力资源的浪费,最终实现组织的经营战略目标。如果组织的定编定员工作没有实际的成效,组织就很有可能出现机构臃肿、人员膨胀、效率低下、人浮于事的现象。

7.岗位分析对直线管理者的作用。岗位分析对人力资源管理者的作用显然是非常重要的,对于直线管理者的作用也是不容忽视的。首先,它有利于直线管理者加深对工作流程的理解,及时发现工作中的不足,并可以及时针对工作流程进行改造创新,从而提高工作的效率或有效性。其次,岗位分析可以使直线管理者更深入地明确工作中完成某项任务所应具备的技能,这有助于直线管理者在辅助人力资源部门进行人员招聘时真正发挥它的效能。最后,直线管理者还担负着对每一位雇员进行绩效评估、及时反馈并督促其改进绩效的职责,而绩效的评定标准以及绩效目标的设定是离不开每种工作所需完成的任务内容的,这也是与岗位分析休戚相关的。

二、岗位分析的信息提供

岗位分析的质量主要取决于三个方面:一是工作信息提供者的选择;二是适当的分析方法的选择;三是合理的分析步骤的设计。在第一点中,工作信息的提供者即岗位分析的主体选择决定了所收集信息的真实性,而人力资源管理专业人员要对各主体提出信息资料的规范性要求。

(一)岗位分析所需的资料

岗位分析所需要信息的类型和范围取决于岗位分析的目的、岗位分析的时间约束和预算约束等因素。资料的连贯性、精确性、可接受性是选择资料来源的决定性因素。因此相关工作的工作专家、工作执行者和管理监督者是主要的资料来源,而与待分析工作相关的下属和其他工作人员、顾客以及岗位分析者则主要是对工作信息进行补充和筛选,另外,还可以参阅相关的岗位分析资料、职业分类辞典等。岗位分析信息的主要类型参见表3-2。岗位分析所需要获得的有关资料包括:(1)工作活动资料,即各项工作实际发生的活动类型,如清洗、打字等;(2)人类行为资料,指与个人工作有关的人类行为资料,如体能消耗情况、行走距离长短、写作能力等;(3)工作器具资料,指工作中所使用的机器、工具、设备以及辅助器械的情况;(4)绩效标准,即用数量或质量来反映的各种可以用来评价工作成绩的方法;(5)相关条件,指工作环境、工作进度、组织行为规范以及各种财务性和非财务性奖励措施;(6)人员条件,指与工作相关的知识、技能以及个人特征等,包括学历、训练背景、工作经验、性格、兴趣和身体特征等。

表 3-2　岗位分析信息

一、工作活动	二、工作中使用的机器、工具、设备和辅助设施
1.工作任务的描述 　工作任务是如何完成的? 　为什么要执行这项任务? 　什么时候执行这项任务? 2.与其他工作和设备的关系 3.进行工作的程序 4.承担这项工作所需要的行为 5.动作与工作的要求	1.使用的机器、工具、设备和辅助设施的清单 2.应用上述各项加工处理的材料 3.应用上述各项生产的产品 4.应用上述各项完成的服务

三、工作条件	四、对员工的要求
1.人身工作环境 　在高温、灰尘和有毒环境中工作 　工作是在室内还是在户外 2.组织的各种有关情况 3.社会背景 4.工作进度安排 5.激励(财务和非财务的)	与工作有关的特征要求 特定的技能 特定的教育和训练背景 与工作相关的工作经验 身体特征 态度

资料来源:转引自张一弛编著,《人力资源管理教程》,北京大学出版社 2003 年版,第 33 页。

(二)岗位分析的主体

决定岗位分析信息质量的还有一个重要因素,就是向谁来获得这些信息,即岗位分析主体的选择。搜集岗位分析信息的工作通常由实际承担工作的人员、工作承担人员的直接上级主管,以及一名人力资源管理专家来共同进行。

1.利用不同主体的顺序。通常的做法是:首先由人力资源管理专家(人力资源管理者、岗位分析专家或咨询人员等)观察和分析正在进行中的工作,然后编写出一份岗位说明书和一份岗位规范,员工及其直接上级主管也要参与此项工作,例如,可能会要求主管人员填写问卷,在问卷中列举出其下属的主要工作活动。最后,由承担工作的员工及其上级主管来审查和修改岗位分析人员所编写出的反映他们工作活动和职责的那些结论性描述。这样,岗位分析活动就需要由人力资源管理专家、组织的主管人员和普通员工通过共同努力与合作完成。

2.不同主体的优劣。实际工作的任职人员、该岗位的直接主管和外部人力资源管理专家这三种主体在提供岗位分析信息时各有优缺点,所以应综合利用,但以岗位主管为主。这三者的优缺点见表 3-3。

表 3-3　岗位分析主体的优缺点

岗位分析主体	优点	缺点
实际工作 的任职人员	◇非常熟悉本部门工作 ◇收集的信息全面、内行 ◇节省成本	◇从人力资源管理的角度看,实施过程中形成的工作分析文件可能不专业
岗位直接主管	◇对工作最熟悉 ◇信息搜集的速度快 ◇能提高他们对岗位分析结果带来的任何工作改变的接受程度 ◇对所要分析的工作包括它的无形方面具有全面而深入的了解 ◇能较公正地表达意见	◇收集信息的标准化程度和工作职责的完整性都比较差 ◇如果负担不平均,会引起那些被要求收集岗位分析信息的员工的抵触 ◇倾向于夸大他们工作的责任和重要性 ◇需要首先对主管人员进行如何开展岗位分析的培训 ◇对主管人员来说,在时间上是一个沉重的负担,进而可能影响信息的客观性
外部人力资源 管理专家	◇最客观公正,保持信息的一致性 ◇所收集信息的专业性和规范性有保证	◇成本太高 ◇可能会因对组织的情况缺乏了解而忽略工作中某些无形的方面

无论是选择收集岗位分析信息的方法还是选择负责收集信息的主体,都要顾及多种因素,包括需要分析的岗位的特点和复杂性,任职者对外部分析人员的接受程度,以及分析的最终目的。其中最重要的是考虑岗位分析的目的。另外,对收集信息的人员的选择要比对收集信息方法的选择更为重要。

三、岗位分析的程序

实施岗位分析要有计划有步骤地进行,而且在针对不同类型的企业进行分析时,所采用的程序有可能会不同。

(一)岗位分析流程图

不同类型的组织可能采用不完全相同的岗位分析程序,影响因素有很多,比如组织的业务类型、不同的岗位分析目的、不同岗位分析方法的选择等,但无论哪种岗位分析,其程序的基本要素是相同的,都要先从确定岗位分析目的出发,选择适当的岗位分析工具,收集并分析整理工作信息,制订岗位说明书并检验评价,如图 3-6 所示。

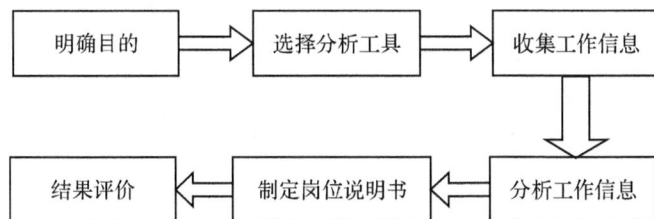

图 3-6　岗位分析流程图

(二)一般组织的岗位分析步骤

岗位分析的过程要解决好两个方面的问题:一是岗位分析的操作程序;二是这些操作程序与组织人事管理活动的关系。

1.准备阶段。

(1)确认岗位分析的目的,即确定所取得的工作资料到底用来干什么,解决管理上的什么的问题。确定岗位分析的目的对于选择分析法、确定分析的规模、信息搜集的范围等有重要意义。

(2)限定所要收集的信息类型和收集方法,以节约时间、精力和费用。

(3)选择被分析的岗位,即选择有代表性、典型性的岗位还是对全部岗位进行分析。

(4)建立岗位分析小组。分配进行分析活动的责任和权限,以保证分析活动的协调。

(5)制订岗位分析规范。规范主要包括的内容有:岗位分析的规范用语;岗位分析活动的进度;岗位分析活动的层次;岗位分析活动的经费。当岗位分析活动规模很大时,注意分批分期有阶段地运行。

(6)做好必要的准备,通过宣讲岗位分析活动的目的,求得岗位信息提供者的合作,以获得真实、可靠的信息。

现代组织的岗位分析活动量很大,一般要提供有关岗位的整体信息,因此准备阶段的工作就非常重要了。

2.设计阶段。这一阶段主要是考虑如何进行分析活动,包括下列几项内容:

(1)选择信息来源。信息的来源有:工作执行者、管理监督者、顾客、岗位分析人员、相关的岗位分析资料、职业分类辞典信息文件等。选择信息来源应注意:不同层次的信息提供者提供的信息存在不同程度的差别;岗位分析人员应站在公正的角度听取不同信息,不要事先存有偏见;使用各种职业信息文件,要结合实际,不可照抄照搬。

(2)选择岗位分析人员。岗位分析人员应具有一定的经验和学历,同时应保持分析人员进行活动的独立性。

(3)选择收集信息的方法。即根据所分析企业的实际情况以及各种分析方法的优劣选择适合的分析方法。

3.收集分析阶段。岗位信息的收集、分析、综合阶段是岗位分析的核心阶段。包括以下三个相关的活动:

(1)按选定的方法和程序收集信息。

(2)对各种工作因素进行分析。主要包括信息描述、信息分类和信息评价。

(3)综合活动,即把所获得的分类信息进行解释、转换和组织,使之成为可使用的条文。

具体来讲,对岗位信息的分析应包括以下内容:岗位名称分析、岗位内容分析、岗位环境分析、岗位执行人员必备条件分析等。

4.结果表达阶段。在此阶段,主要解决如何用书面文件的形式表达分析结果的问题。分析结果的表达形式可以分为两类:一类是岗位说明书,它综合了岗位描述和任职者说明两部分内容,顾及工作性质和人员特性两个方面;另一类是心理图示法,内容侧重于分析任职者的具体特性,这种方式适用范围窄,不经常使用。

5.运用阶段。在此阶段,核心问题在于如何促进岗位分析结果的使用。它包括两个方面的具体活动:制订各种具体应用文件,如提供录用文件、考核标准、培训内容等;培训岗位分析结果的使用者,增强管理活动的科学性和规范性。

6.反馈调整阶段。此项活动是贯穿于全部岗位分析过程的。组织的生产经营是不断变化的,这些变化会直接或间接地引起组织分工协作体制发生相应的调整。在调整过程中,一些原有的岗位会消失,一些新的岗位会产生,而且原有岗位的性质、内涵、外延也会发生变化,因此,及时地对岗位分析文件进行调整和修订就成为必然。另一方面,岗位分析文件的适用性只有通过反馈才能得到确认,并根据反馈来修改其中不适用的部分。

第二节　岗位分析的方法与岗位说明书

保证岗位分析的科学性与有效性的另一个重要方面就是岗位分析方法的选择,岗位分析方法有许多种,但对于不同规模、不同类型的组织,应选用不同的方法和方法的组合,才有可能更好地收集岗位信息。

一、岗位分析的方法

岗位分析的方法有许多种,如问卷法、访谈法、观察法、亲验法、工作日志法等,但最常用的是问卷法和访谈法,而且往往是各种方法综合运用,才能更好地收集岗位信息。

(一)问卷法

为在短时间内收集到大量的信息,有关人员要事先设计出一套岗位分析问卷,把要收集的信息以问题的形式提出,由工作人员或指定的人员填写,再将问卷加以归纳、分析,并作好详细的记录,从相同岗位的问卷中找出共同的具有代表性的回答,并据此写出岗位职责描述,再征求该岗位工作者的意见,进行补充和修改。为了全面系统地进行岗位描述,避免遗漏每一项工作任务,最好将各项任务一一列举,越全越好,然后再归类整理、分析评估。在岗位分析时也可训练各部门的负责人,由他们分别分析本部门的工作,再加以汇总评估,这样做有两个优点:其一,本部门的负责人对其部门内岗位有着最直接和全面的认识,描述的内容参考性最强;其二,可以调动和激发这些部门负责人的积极性和责任感,这对做好岗位分析工作是十分必要的。

1.问卷法的操作要点。问卷法的操作要点可以归结为以下几点。(1)针对不同的组织应设计不同的问卷,切忌照搬某个所谓成功问卷。(2)问卷语言的设计应以组织中最低阅读能力的人能够理解为限,以保证问卷可以被所有人理解。(3)问卷中的问题应语义明确,不能产生歧义,不能有诱导倾向或不同的人有不同的理解。(4)对于任职条件及沟通关系类的问题应尽量使用封闭式的提法,以便于对比统计;对于职责类的问题则可以使用开放式的提法,以避免有用信息的遗漏。(5)问卷的填写者应要求独立完成。

目前流行的问卷有许多种,有从国外引进的,也有在国内企业实践中发展出来的,但在使用问卷法时应注意本着与企业实际情况相结合的原则,有针对性地进行特定问卷的设计,从而避免直接引入别的企业使用过的问卷造成与企业实际脱节的局面。

2.三种典型的国外问卷。

(1)职位分析问卷(PAQ)。美国普度大学(Purdue University)的研究员曾经研究出一套数量化的工作说明法,这就是"职位分析调查问卷(PAQ)",虽然它的格式已定,但仍可用来分析许多不同类型的工作。PAQ 本身要交由熟悉待分析工作的岗位分析员填写。它有 194 个问题,计分为六个部分:

①资料投入(即指职工于进行工作时获取资料的来源及方法)。

②用脑过程(即如何去推理,作出决策、计划及处理资料)。

③工作产出(即职工该完成哪些身体活动,及其使用之工具器材如何)。

④与他人之关系(与本身工作有关人员之关系如何)。

⑤工作范畴(包括实体工作与社交性工作)。

⑥其他工作特征(除去上述,其他有关职务之活动、条件与特征)。

然后从具有决策、沟通与社交能力,执行技术性工作的能耐,身体灵活度,操作设备与器具的技能,处理资料之能力等五个方面来衡量。不过要注意 PAQ 并非岗位说明书的替代品,而是说前者有助于后者的编拟。PAQ 真正的优点有二:第一,由于大多数工作皆可用五个基本尺度加以描绘,因而可以用 PAQ 将工作分为五类(如秘书二处、秘书三处等);第二,因为由它可得每一个(类)工作的数值与等级,因此 PAQ 可用来建立每一个或每一类工作的薪资水准。

(2)管理岗位描述问卷(MPDQ)。该问卷是专门针对管理类型的岗位,这类岗位有两个特点:一是管理者经常试图让本职工作去适应自己的管理风格,而不是让自己去适应工作的需要,因此易模糊真正的客观标准;二是管理类型的岗位工作具有非规范化和非程序性的特点,对于规律性的工作内容的总结较困难。针对这两个特点,托纳和平托在 1976 年设计了 MP-DQ 问卷,包括 208 个问题,由管理人员自己填写,分 6 个标准评分,这些问题总体上可以被划分为战略规划、部门间协调、内部业务控制、产品和服务责任、公共与客户关系、高层次的咨询指导、行动的自主性、财务审批权、雇员服务、监督、复杂性和压力、重要财务责任、广泛的人事责任、组织图、评论和反应 15 个方面。

(3)功能性岗位分析问卷(FJA)。功能性岗位分析问卷是在美国劳工部岗位分析技术的基础上发展起来的。美国劳工部的做法是,假设每一种工作的功能都反映在它与资料、人和事三项要素的关系上,故可由此而对各项工作进行评估。在各项要素中,各类基本功能都有其重要性的等级,数值越小,代表的等级越高;数值越大,代表的等级越低。采用这种方法进行岗位分析时,各项工作都可得出数值,据此可以决定薪酬和待遇标准。

FJA 对美国劳工部的做法进行了改进,主要区别在两个方面:(1)功能性岗位分析法不仅仅是依据信息、人、物三个方面来对工作进行分类,它对工作的分类还考虑以下四个因素:在执行工作时需要得到多大程度的指导;执行工作时需要运用的推理和判断能力应达到什么程度;完成工作所要求具备的数学能力有多高;执行工作时所要求的口头及语言表达能力如何。(2)功能性岗位分析还确定工作的绩效标准以及工作对任职者的培训要求。

3.一份详细的岗位调查问卷(表 3-4)。

表 3-4　岗位调查问卷(部分)

姓名		性别		照片
出生年月		民族		
籍贯		婚姻状况		
参加工作时间		工作地点		
岗位编号		工作职务		
技术职称		学术团体		

	类别	学位	毕业时间	主修专业
教育背景	高中			
	大专			
	本科			
	硕士			
	博士			

	主要工作目标		其他工作目标	
工作目标	1.		1.	
	2.		2.	
	3.		3.	

工作基本情况	备注	

	活动名称	活动内容	活动依据
工作活动程序	1.		
	2.		
	3.		
	4.		
	5.		

资料来源:刘伟、刘国宁主编,《人力资源》,中国言实出版社 2005 年版,第 61—67 页。

4.问卷法的优缺点。问卷法是进行岗位分析所运用最广泛的一种方法,主要是基于以下优点:(1)收集信息量大且速度较快,可以实现在短时期内获取大量岗位信息的目的;(2)标准统一,便于统计分析,问卷设计者可以根据分析的需要进行问卷题目的编排与设计,针对性强,易于发现普遍规律性问题。

当然,问卷也存在着一些不足之处:(1)问卷的设计难度较大,要想全面了解企业岗位状况而又要面对不同的岗位特点与人员特点,对设计者的要求非常高;(2)有些问卷的阅读能力要求较高,限制了问卷的使用范围,也影响了使用效果;(3)没有互动反馈,是一种单向交流,对于开放性问题的反映并不好,不能够深入,且易遗漏信息。

（二）访谈法

访谈法是指以个别谈话或小组访谈方式开展面谈、获取信息资料的一种岗位分析方法。访谈前要准备好详细的结构化提纲,先由工作者本人对所从事工作的内容、目的、方法加以描述,然后再由其上级加以纠正和补充,整个面谈过程要做好详细记录。这里需要指出的是,事先要向面谈对象说明面谈的目的,争取他们的理解与支持。

1.访谈法的操作要点。运用访谈法时要注意几个方面:(1)由于实践中采用全员访谈的可能性较小,所以要对重点访谈对象有计划、分层次地进行;(2)访谈要取得访谈对象的配合,向对方说明访谈的目的和程序,保持访谈气氛的融洽;(3)最好是结构化的访谈,因此要提前设定访谈提纲,以便于统计整理;(4)访谈时间的选择要合理,一是尽量不要干扰访谈对象的正常工作,二是每次访谈最好不要超过2个小时;(5)访谈者的提问与表达要保持中立,不要介入和引导被访者的观点。

2.访谈中经常问到的问题。访谈中常提到的问题如表3-5所示。

表3-5　岗位分析访谈常见问题

一、基本信息类

1.您所在的岗位名称是什么?
2.本岗位属于哪个部门? 部门主管是谁?
3.您从事本岗位多长时间? 您在本单位工作多长时间?
4.在本部门内与本岗位平级的岗位还有哪些?
5.您本人参加工作多长时间? 是否一直从事本岗位?

二、岗位职责类

1.您所负责的日常工作有几大方面?
2.这几块工作中最核心的工作是什么?
3.这几块工作中难度最大的是什么?
4.您所在的岗位还管辖哪些岗位?
5.除了对本岗位工作负责外,哪些工作出了问题也需要您负责?
6.您的工作是定时的还是不定时的? 是否存在负荷不均?

三、任职条件类

1.您认为从事本岗位工作需要什么样的学历水平?
2.您认为从事本岗位工作需要什么样的经验水平?
3.您认为从事本岗位工作需要什么样的专业技术水平?
4.您认为从事本岗位工作还需要什么样的能力特点?
5.您本人在学历、经验、专业技术水平及能力方面的现状是什么?

四、沟通关系类

1.您对谁直接负责,对谁间接负责?
2.您管理的人员和岗位有哪些?
3.在本部门内部,与您合作密切的岗位是什么?
4.在本单位内,与您合作密切的跨部门岗位是什么?
5.您是否需要与本单位以外的单位发生直接联系,双方关系是什么?

五、工作条件类

1.您从事本岗位工作在室内外工作时间的比例如何?
2.您在工作中能否采用比较舒适的工作姿态?
3.您主要使用脑力劳动还是体力劳动?
4.本岗位工作使用什么样的设备?
5.本岗位工作环境中存在什么样的不良因素?
6.从事本岗位工作是否会患职业病?

3.某访谈记录。下面是对北京市某建筑工程公司劳资员岗位任职者的访谈记录。

(1)基本信息。

访谈对象:张××　　　　　　　　访谈主持者:汪××

访谈时间:2012年8月3日下午2:30~3:30

访谈地点:北京市某建筑工程公司第二工程处会议室

(2)访谈主要内容。

汪:请您简单介绍一下自己。

张:我是公司二处第一工程队劳资员张××。

汪:您知道本次谈话的目的吗?

张:知道一些,好像是为了工资改革。

汪:是的,为了设计新的工资制度,我们需要进行岗位分析,与您的谈话是收集岗位信息的重要工作之一,希望您能配合我们的工作。您在本岗位工作多长时间了?

张:三年。

汪:之前在什么岗位工作?

张:我中专毕业后参加工作就在公司二处,开始在工地熟悉工作,定岗后就是劳资员,可以说一直从事本岗位工作。

汪:您的部门主管是谁?

张:一队队长曹××。

汪:您工作是对他负责吗?

张:不是,我行政上直接对一队书记负责,业务上对二处人事劳资部负责。

汪:请具体说明一下。

张:我们队两位主要领导队长和书记是这样分工的,队长全面负责,但主要抓生产,书记主要负责行政后勤事务,我这块工作归书记分管。但劳资工作的业务内容受二处人事劳资部指导,主要工作也都要向人事劳资部汇报,并负责完成人事劳资部分派的任务。

汪:那您所负责的日常工作有哪些?

张：主要有这样几块。一是负责队内考勤统计，编制报表、台账；二是负责发放工资、奖金；三是办理队内各部门之间人员调动的具体事宜；四是做好队内劳动保护及防暑降温工作；另外还负责一些临时性的工作。

汪：这些工作中最主要的是什么？

张：最主要的是前两项工作，这些工作都是对二处人事劳资部负责的。

汪：与其他两个队相比，三个劳资员的工作内容有什么不同吗？

张：基本一样，是同一个岗位的工作。

汪：还有什么岗位归您管辖吗？

张：没有了，我本身做的就是最基层的基础工作。

汪：那和您日常工作联系最多的岗位是什么？

张：队内是核算员，处里是人事劳资部的劳资员，我做的报表都要报送给他，接受工作指派最多的也是他。

汪：您的工作负荷均衡吗？

张：不均衡。尤其体现在有工程和没工程时，还有不同规模的工程也不一样。没工程时，几乎没有什么工作，只做一些日常的考勤统计及工资发放，工作量也小很多。在大规模的工程里工作量却非常大，几乎吃住在工地上，连续一个月不回家也有过。

汪：那么一年中的忙闲有规律吗？

张：不太有规律，总体来说，冬天没什么活，其他时间也不一定有活，要看处里任务的多少。

汪：工程队有自己到市场上承揽业务吗？

张：没有，完全由处里统一安排。

汪：从您刚才说的来看，您与施工人员的工作环境一样，是吗？

张：不完全一样。虽然都是在工地上，工作时间基本差不多，危险性和体力支出比施工人员要小得多。但比起办公室人员环境要差许多，总体来说，有三分之二以上的工作时间在室外。

汪：您本人是中专学历，对吧，有三年工作经验，您的专业技术水平是什么？

张：我目前是员级。

汪：从您的条件来看，您觉得够用吗？

张：我觉得足够了，中专都有些高了，有两年经验积累也就够了。

汪：其他两个队的劳资员和你条件一样吗？

张：有一个比我晚一年参加工作，其他条件一样，另一个工龄长一些，大概有十几年了吧，技校毕业，以前从事施工方面工作的。

汪：您认为这个岗位还需要一些什么特殊的要求？

张：要有很强的责任心，另外还应该有很强的人际关系协调能力，因为工地上人员比较复杂，需要和各种各样的人打交道。

汪：对您的工作还有什么要补充的吗？

张：暂时没有了，有什么问题可以随时找我。

汪：好的，谢谢您的合作。

访谈双方签字：（略）

4.访谈法的优缺点。访谈法作为问卷法的必要补充，是进行岗位分析的重要手段，一般运用普遍问卷结合重点访谈的方法即可基本收集到所需要的信息。

人力资源管理(精华版)

访谈法有很明显的优点。(1)互动性强,由于是一种面对面的交流,增加了反馈,使被了解的问题能够更深入。(2)可以唤起工作者的职责意识,规范其行为,从而有利于以后岗位描述的推行。

访谈法也存在着一些缺点。(1)首先,由于方法本身操作上的需要,这种手段比较占用时间,因而效率不是很高,如果谈话对象很多就很难操作。(2)在岗位分析者不熟悉描述岗位的情况下,可能被访谈对象误导,从而使收集到的信息出现偏差。(3)访谈法对操作者的要求较高,而且结果不易统计对比。(4)访谈法经常会影响被访者的正常工作。

访谈法与问卷法有着很强的互补性,因而两种手段的综合运用一般都会收到比较理想的效果。

(三)观察法

观察法是指有关人员直接到现场,亲自对一个或多个工作人员的工作行为进行观察、收集、记录,包括有关工作的内容,工作时间的相互关系,人与工作的作用,以及工作环境、条件等信息。为了获取所需的信息,这种观察应具有结构性,事先应做好充分的准备,并取得工作者的支持与配合。

1.观察法的操作要点。执行观察法时要注意几个方面:(1)被观察的工作应相对静止、稳定,即在一定时间内,工作内容、工作程序、对工作人员的要求不会发生明显的变化。(2)适用于大量标准化的、周期较短的以体力活动为主的工作,不适用于脑力活动为主的工作。(3)要注意工作行为样本的代表性,有时,有些行为在观察过程中可能未表现出来。(4)观察人员尽可能不要引起被观察者的注意,不应干扰被观察者的工作。(5)观察前要有详细的观察提纲和行为标准,如表3-6所示。

表3-6　某企业生产车间的岗位分析观察提纲

被观察者姓名:_____　日期:_____
观察者姓名:_____　观察时间:_____
工作类型:_____　工作部门:_____
观察内容:
1.什么时间开始正式工作?
2.上午工作多长时间?
3.上午休息多长时间?
4.第一次休息时间从_____到_____。
5.第二次休息时间从_____到_____。
6.上午完成产品多少件?
7.平均多少时间完成一件产品?
8.与同事交谈几次?
9.每次交谈约_____分钟。
10.室内温度_____度。
11.抽了几次烟?
12.喝了几次水?
13.什么时候开始午休?
14.出了多少次品?
15.搬了多少原材料?
16.噪声分贝是多少?

资料来源:张佩云主编,《人力资源管理》,清华大学出版社2004年版,第93页。

2.观察法的优缺点。这种方法的优点有:(1)操作较灵活、简单易行;(2)直观、真实,能给岗位分析人员直接的感受,因而所获得的信息资料也较准确;(3)可以了解广泛的信息,如工作活动内容、工作中的正式行为和非正式行为、工作人员的士气等。

但此方法的运用受到很大的局限,主要缺点有:(1)时间成本很高,效率低下;(2)观察周期不易确定,对于生产操作岗位较适合,对于管理型和技术型岗位就不适合了;(3)由于专业所限,岗位分析人员不能准确地对所观察的信息做出正确的判断;(4)关于任职人员的任职资格条件不能由观察得出;(5)在观察中,被观察者的行为可能表现出与平时不一致的情况,从而影响观察结果的可信度。

(四)亲验法

亲验法,顾名思义,就是岗位分析人员到被分析的岗位中实际体验岗位工作特点,获得岗位信息的一种方法。但这种方法的局限性非常大,观察法所具备的限制条件它都存在,因而这是一种用得很少的方法,经常作为其他方法的一种补充,对难以用语言表达的一些特殊岗位或验证一些信息时才使用。

1.亲验法的操作要点。主要有:(1)亲验的岗位是岗位分析人员能够理解和从事的;(2)在岗位亲验时不能给实际工作造成障碍;(3)较危险的岗位不适合亲验;(4)对岗位的体验要保证一定的周期,以对岗位的相关信息有完整的认识。

2.亲验法的优缺点。优点:(1)准确了解工作的实际任务和在体力、环境、社会方面的要求;(2)直接、直观,信息的可靠性高;(3)可以弥补不善表达的员工对岗位信息提供的不足;(4)可以收集到观察法所不能体会到的内容。缺点:(1)时间成本很高,效率低下;(2)对于岗位分析人员的专业性要求太高,许多岗位根本无法亲验;(3)体验周期和时间都不易确定。

(五)工作日志法

由工作者本人记录每日工作的内容、程序、方法、权限、时间等,同时还记录相关的责任、权利、人际关系、工作负荷及感受等。工作日志一般有两种类型:对于生产型的岗位叫生产日志;对于管理和技术型的岗位叫工作日记。采用工作日志法,可在一定时间内获取第一手资料。

1.工作日志法的操作要点。主要有:(1)工作日志的记录必须是在确定岗位分析目标前就已完成的,这样才能尽可能避免选择性信息的出现,保证其客观性;(2)工作日志必须是有关岗位工作的一切信息,包括有利和不利的信息;(3)为保证所取信息的可信度,要求工作日志的记录必须持续一段时间,以保证所取信息的完整与客观;(4)工作日志表的填写应每日一份,以免雷同;同时,应根据各岗位的实际情况规定填写的时间段,如规定十分钟填写一次或二十分钟填写一次。

表 3-7 工作日志表

姓名	年龄	性别	所在部门	职务	上级负责人	编号	日期

起始时间	工作内容	所用工具	工作地点	合作人	完成情况 (完成总任务的比率)	未完成的原因

说明	签名

2.工作日志法的优缺点。工作日志法是进行岗位分析所依据资料的重要来源,它具有几个优点:(1)由于工作日志应是在工作不自觉状态下的忠实记录,因而资料来源比较可靠;(2)工作记录本身非常翔实,提供的信息充分。同样,此方法也有局限性:(1)需要积累的周期较长,时间成本高;(2)资料口径可能与岗位分析的要求有出入,因而整理的工作量较大;(3)工作日志往往有夸大的倾向,不利于信息的收集。

二、岗位说明书

(一)岗位说明书的基本概念与主要项目

1.岗位说明书的基本概念。岗位说明书是岗位分析最主要的结果,是通过岗位分析过程,用规范的文件形式对组织各类岗位的工作性质、任务、责任、权限、工作内容和方法、工作条件,以及岗位名称、编码、层级和该岗位任职人员的资格条件、考核项目等做出统一的规定,它一般包括岗位描述和岗位规范两部分。

岗位描述一般用来表达工作内容、任务职责、环境等,主要以"事"为中心,而岗位规范是对员工完成某项工作必备的基本素质和条件的规定,表达任职者所需的资格要求,主要以"人"为中心。从内容涉及的范围来看,岗位说明书的内容十分广泛,既包括岗位有关事项的性质、特征、程序、方法和要求的说明,也包括对承担本岗位工作人员的资格条件的说明。岗位规范的内容比较简单,主要涉及对岗位人员的任职资格条件的要求,因此,岗位规范是岗位说明书的一个重要组成部分。

2.岗位说明书的主要项目。

(1)岗位基本信息。包括:岗位名称;直接上级岗位名称;所属部门;岗位编码;工资等级;定员人数;岗位性质。同时也可选择性地列出岗位分析人员姓名、人数和岗位分析结果的批准人等栏目。

岗位名称应标准化,以求通过名称就能使人了解岗位的性质和内容,主要是命名准确、美化,切忌粗俗和冗长。

(2)岗位职责概述。即用最简练的语言说明岗位的性质、中心任务和责任。比如:

总裁:受公司董事会委托,执行董事会的决策、决议,对公司的生产经营实施全面的监控和最高行政管理。

运营管理部部长:拟定公司中长期发展战略及年度经营计划,组织考核,对公司经营活动进行分析;组织部门职责范围内的其他工作。

人力资源部部长/经理:组织向各部门提供人力资源管理专业性服务,调动公司员工工作的积极性,使其工作绩效不断提高。

生产计划部部长/经理:负责公司年度生产业务计划的编制、审核、综合、平衡工作。

(3)岗位职责详述。这是岗位说明的重点之一,要逐项列出本岗位所应负有的职责。较为理想的格式是首先把岗位工作内容归为几个大类,然后再分点说明。

(4)关键业绩指标。这个内容指明各项工作内容所应产生的结果或应达到的标准,以定量化为最好。最常见的关键业绩指标有三种:一是效益类指标,如资产盈利效率、盈利水平等;二是营运类指标,如部门管理费用控制、市场份额等;三是组织类指标,如满意度水平、服务效率等。

值得注意的有两点:关键业绩指标最好同第三项的岗位职责详述对应起来;各项指标最好能够量化,从而有利于执行。

（5）岗位关系。岗位关系描述包括：此岗位受谁监督；此岗位监督谁；此岗位可晋升的岗位；可转换的岗位；可升迁至此的岗位；与哪些岗位发生联系及联系的密切程度；有时还应包括与企业外部的联系。

（6）岗位环境。主要包括五个方面：①工作场所，在室内、室外，还是其他的特殊场所；②工作环境的危险性，说明危险性存在的可能性，对人员伤害的具体部位、发生的频率，及危险性原因等；③工作时间特征，如正常工作时间、加班时间等；④工作的均衡性，即工作是否存在忙闲不均的现象及经常性程度；⑤工作环境中的不良因素，即人员是否在高温、高湿、寒冷、粉尘、有异味、噪声等工作环境中工作，工作环境是否使人愉快。

（7）任职资格条件。常见的任职资格条件有：①学历及专业要求；②所需资格证书；③经验，如一般经验、专业经验、管理经验；④知识，如基础知识、业务知识、政策知识、相关知识；⑤技能要求，即完成本岗位工作所需要的专业技术水平；⑥一般能力要求，如计划、协调、实施、组织、控制、领导、冲突管理、公共关系、信息管理等能力及需求强度；⑦个性要求，如情绪稳定性、责任心、外向、内向、支配性、主动性等性格特点。

需要注意的是，任职资格条件是指完成岗位工作所需要的最低要求，而不应人为地提高。另外为了体现先进的导向性，可以分为两栏，一栏是必备条件，即最低要求，另一栏是期望条件，即适度偏高的要求。

（二）岗位说明书的格式与要求

1.岗位说明书的格式。岗位说明书的格式没有统一要求，可以用表格方式，也可采用叙述，但以表格方式最为常见，要体现统一、协调、美观的原则。如表3-8所示。

表3-8　岗位说明书表格（部分）

岗位名称： （POSITION）	所在部门： （DEPT）
岗位编码： （CODE）	编制日期： （DATE）
岗位概要：	
岗位职责（DUTY AND RESPONSIBILITY）	
1. 1.1 1.2	
2. 2.1 2.2	
3. 3.1 3.2	
关键绩效指标（KPI）	

续表

任职资格(REQUIREMENT)		
项目(CATEGORY)	必备要求(JUNIOR)	期望要求(SENIOR)
学历及专业要求		
所需资格证书		
工作经验		
知识要求		
技能要求		
能力要求		
个性要求		

2.岗位说明书的编写要求。岗位说明书在企业管理中的地位极为重要,不但可以帮助任职人员了解其工作,明确其责任范围,还可为管理者的某些重要决策提供参考。一份好的岗位说明书应具备以下特点:

(1)清晰。整个岗位说明书中,对工作的描述清晰透彻,任职人员读过以后,可以明白其工作内容,无需再询问他人或查看其他说明材料。避免使用原则性的评价,专业难懂词汇须解释清楚。

(2)具体。在措词上,应尽量选用一些具体的动词,如"安装""加工""传递""分析""设计"等。应指出工作的种类,复杂程度,任职者需具备的具体技能、技巧,应承担的具体责任范围等。一般来说,由于基层工人的工作更为具体,其岗位说明书中的描述也更具体、详细。

(3)内容可根据岗位分析目的进行调整,可简可繁。

(4)为建立企业岗位分析系统,须由企业高层领导、典型职务代表、人力资源管理部门代表、外聘的岗位分析专家与顾问共同组成工作小组或委员会,协同工作,完成此任务。

复习思考题

1.岗位分析中相关术语的含义。

2.岗位分析对人力资源管理的作用。

3.比较各种岗位分析信息收集方法的优缺点。

4.如何编制岗位说明书?

开放式讨论案例

如何消除岗位分析中员工的恐惧心理

Dean进入某公司后有点找不到北。有事,A部门说"归B部门管",B部门称不知道,让他找C部门。Dean觉得有必要对岗位和责任进行梳理,建议HR部门进行岗位分析。HR经理却摇摇头告诉他,员工对此发怵,不配合,岗位分析很难进行。原因何在呢?

【症状1】准备不充分

人力资源专员小V接到指示,公司在这个月将开展岗位分析。人力资源部的每个成员自然成为岗位分析小组成员,小V负责销售部门各个岗位的岗位分析。他决定先从普通的销售员开始,从下往上分析,把销售经理摆在最后。事实上,普通员工的态度并没有像小V预期的那样配合。"岗位分析?干吗用的?你们人力资源部还真是吃饱了没事干。"资历深厚的直接质疑小V。"哦,是不是要裁人啦?怎么突然要分析工作了呢?"胆小者支支吾吾,疑心重重。"真抱歉,手头忙,等过一阵再谈吧。"态度冷淡不配合的更不在少数。一周下来,小V精疲力竭,却收获寥寥。

思考:你认为员工为何对小V工作或质疑或冷淡?小V应该怎么办?

【症状2】事后大地震

人力资源经理Luna,刚从某外企跳槽到一家民营企业,发现企业管理有些混乱,员工职责不清,工作流程也不科学。她希望进行岗位分析,重新安排组织架构。一听是外企的做法,老板马上点头答应,还很配合地做了宣传和动员。Luna和岗位分析小组的成员积极筹备一番后开始行动。不料,员工的反应和态度出乎意料地不配合。"我们部门可是最忙的部门了,我一个人就要干3个人的活。""我每天都要加班到9点以后才回去,你们可别再给我加工作量了。"多方了解后,Luna才知道,她的前任也做过岗位分析,不但做了岗位分析,还立即根据分析结果进行了大调整,不但删减了大量的人员和岗位,还对员工的工作量都作了调整,几乎每个人都被分配到更多活。有了前车之鉴,大家忙不迭地夸大自己的工作量,生怕岗位分析把自己"分析掉了"。

思考:你认为Luna的前任在进行岗位分析时为什么会出现以上问题?你认为现在Luna应如何做?

【症状3】问题大而无当

"请你谈谈你这份工作对公司的价值。"听到这样的问题,Carol愣住了,该怎么回答呢?当然要说价值很大啦,怎么大呢?思索了半天,她也不知道该如何回答,只能说"我的工作是公司正常运转不可缺少的一个环节",心里暗想,这回答还真是废话。不仅仅是Carol,还有不少员工都在面谈中遭遇这样的"宏观"问题。原本以为岗位分析,人力资源部在了解情况后会对每个人的工作做个评价,谁知道,上来就让员工自己谈价值。这下可把大伙难住了,说高了,一听就是空话;自谦一下,不是等于让人家来"炒鱿鱼"?只好统一口径,简单几句话把进行岗位分析的人打发走了。

思考:

1.你认为在进行岗位分析的面谈环节中,Carol及其他员工为什么会出现这种情况?

2.如果你是人力资源部门的工作人员,应该怎么办?

测试题

案例面对面

第四章　人力资源规划

学习目标

学完本章之后,你应该能够:

1. 了解和掌握人力资源规划的含义;
2. 掌握制订人力资源规划的程序;
3. 了解影响人力资源需求与供给的各类因素;
4. 掌握人力资源需求与供给的预测方法;
5. 了解平衡人力资源需求与供给的政策和措施。

〔导入案例〕

五金制品公司的人力资源规划

李智先生几天前才调到人力资源部当助理,就接受了一项紧迫的任务,领导要求他在 10 天内提交一份公司的人力资源规划,为公司全年各项人力资源管理活动的执行打下基础。

虽然他进这家公司已经有 3 年了,但面对桌上那一大堆文件、报表,仍然一筹莫展。经过几天的资料整理和思考,他觉得要编好这个计划,必须考虑下列各项关键因素。

首先是公司现状。公司共有生产与维修工人 825 人,行政和文秘性白领职员 143 人,基层与中层管理干部 79 人,工程技术人员 38 人,销售人员 23 人。

其次,据统计,近 5 年来员工的平均离职率为 4%,没理由会有什么改变。不过,不同类别的员工的离职率并不一样,生产工人离职率高达 8%,而技术人员和管理干部则只有 3%。

再次,按照既定的扩产计划,白领职员和销售员要新增 10%—15%,工程技术人员要增加 5%—6%,中层、基层干部不增也不减,而生产与维修的蓝领工人要增加 5%。

有一点特殊情况要考虑:最近本地政府颁发一项政策,要求当地企业招收新员工时,要优先照顾妇女和下岗职工。公司一直未曾有意地排斥妇女或下岗职工,只要他们来申请,就会按照同一种标准进行选拔,并无歧视,但也未特殊照顾。如今的事实却是,只有一位女销售员,中、基层管理干部除两人是妇女外,其余也都是男的,工程师里只有三位是妇女,蓝领工人中约有 11% 是妇女或下岗职工,而且都集中在最底层的劳动岗位上。

李智还有 5 天就得交出计划,其中包括各类干部和职工的人数、从外界招收的各类人员的人数,以及如何贯彻市政府关于照顾妇女与下岗人员政策的计划。

此外,五金制品公司刚开发出几种有吸引力的新产品,所以预计公司销售额 5 年内会翻一番,李智还得提出一项应变计划以应付这种快速增长。

第一节　人力资源规划概述

人力资源规划是组织战略规划的重要组成部分,它为组织战略目标的实现提供了人力资源的保证,另外,人力资源规划还指导着整体的人力资源管理工作。

一、什么是人力资源规划

(一)人力资源规划的含义

一个组织的总体规划是由涉及人、财、物等多个方面的子规划有机组成的,例如财务规划、市场开发规划、技术开发规划等,人力资源规划就是其中之一。因此,人力资源规划就是为了实现组织目标而从人力资源的角度提供的长期安排。其具体含义可以表述为:组织适应周围环境的变化,为了实现组织的总体目标,在现有人力资源状况分析的基础上,对未来较长周期内(一年或一年以上)人力资源的供给与需求做出预测,并制订实施计划来满足组织发展对于人力资源的需要。可以从四个方面来把握这一含义:

1.人力资源规划是组织对应内外环境变化的需要。组织所处的内外环境是不断变化的,这就必然影响到组织人力资源的需求和供给变化,人力资源规划就对这些变化进行科学的预测和分析,从而保证组织在近期、中期和远期都能获得必要的人力资源补充。

2.组织的人力资源供需不平衡是经常的,所以人力资源规划要用稳定的政策措施来应对。组织中经常会出现新的业务拓展或原有业务规模的扩大,这都会在绝对数上产生对外部人员的提出需求,也可能会在某些方面收缩业务或发生技术对人员的替代,这又会产生过剩人员,即使在问题平衡时,正常的人员调动、升迁、退休、离职等也会产生结构性不平衡,因此人力资源规划要落到实处。

3.人力资源规划是组织总体规划的一个组成部分,因此要以组织战略目标为导向。组织战略规划要先行,人力资源规划要服从和服务于组织战略规划。

4.对组织目标的服从不能以牺牲员工利益为代价,应综合平衡。组织的人力资源规划要为员工的自我发展创造良好的条件,组织应该充分发挥每个员工的积极性、主动性和创造性,要不断提高员工的工作效率,从而最终实现组织的经营目标。在考虑组织经营目标的同时,组织应该关心每一个员工的利益和发展要求,要引导他们在实现组织目标的同时实现个人的自我价值。只有这样组织才能获得所需要的人力资源。

(二)对人力资源规划的要求

人力资源规划本身的质量好坏不但影响其执行的状况,而且会影响到组织目标的实现,因此,好的人力资源规划既要符合组织的利益,又要有很强的可操作性。张佩云认为,人力资源规划要符合四个要求:

1.人力资源规划必须与组织的经营目标相结合。组织的经营目标是指组织在一定时期内的经营方向和经营计划,组织的各项活动必须围绕着经营目标的实现而进行。人力资源管理同样必须以此为基础,组织的人员配置、培训和教育必须与经营目标决定的岗位设置、人员素质要求及各种协作、合作关系配合,而且对组织员工的激励必须与工作目标相结合。只有这样,才能充分调动员工的积极性、主动性和创造性,从而保证组织目标的实现。

2.人力资源规划必须与组织的发展相结合。组织员工的智慧和创造性是促进组织发展的根本源泉,而组织的发展也必须以一定数量和质量的人员为基础。组织人员的招聘、培养等都必须考虑到组织长期发展的要求。

3.人力资源规划必须有利于吸引外部人才。现代化组织的竞争是人才的竞争,但对一个组织来说,单从组织内部很难配齐组织竞争和发展所需要的各种人才,因此必须向外招聘优秀人才。组织只有招进所需要的各种优秀人才,才能在激烈的市场竞争中立于不败之地。

4.人力资源规划必须有利于增强组织员工的凝聚力。人是组织的主体,能否把员工团结在组织总目标的周围,是人力资源管理的关键,这就要求组织必须建立"以人为中心"的组织文化,真正关心员工、爱护员工,充分挖掘员工的潜能,使组织的总体目标和个人目标同组织文化紧密结合在一起,增强组织员工的凝聚力。

除此之外,编者认为还要符合两个要求:第一,人力资源规划要与其他组织子规划相配合。例如人力资源规划想要获取某高级人才,但财务规划中没有相应的人工成本支出,那这个规划就不能实现。第二,人力资源规划必须具备操作性和现实性,而不能成为空谈。人力资源规划要从战略出发,但要落实在战术层面,无论是质还是量的分析及对未来的安排必须要与组织的现实相结合,不做不能实现的空想。

二、人力资源规划的作用

人力资源规划的作用体现在两个方面,一是在整体组织运营中具有重要作用,二是在人力资源作业活动中起着统辖的作用。

(一)人力资源规划对组织整体的作用

1.人力资源规划可以有效地应对组织发展中的人员短缺。组织所处的外部环境始终处于变化之中,例如新的政府用人政策、人工成本计量办法、最低工资标准的限制等,都会对组织的人力资源需求与供给产生影响。组织内部条件也在不断变化,如技术的变化与提高、管理模式的改变等也对人力资源的需要与供给产生影响,准确地把握这些变化并做出预见性的安排是人力资源规划的本意所在。一般来说,低技能的一般员工容易通过劳动力市场获得,或通过对现有员工进行简单培训即可满足工作需要,但那些对企业起关键作用的技术人员和管理人员却无法立即获得来满足组织的需要。当今组织员工的流动率比较高,组织的人力资源管理部门就必须在很短的时间内匆忙地招聘新员工,这很容易导致录用标准的下降,结果会招收一些勉强胜任和容易跳槽的员工,又会导致以后的流动率上升。

对于规模比较大的组织来说,事先进行人力资源规划的必要性更大,原因有二:一是在大规模的组织中,员工分工明细,工作的专业化程度比较高,新进员工的适应期比较长;二是规模大的组织岗位空缺数额一般也比较大,要做到及时填补,必须提早准备。

2.人力资源规划有利于促进组织战略目标的实现。组织的高层管理者在制订战略目标和发展规划以及选择决策方案时总要考虑组织自身的各种资源,尤其是人力资源的状况。如果有科学的人力资源规划,就有助于高层领导了解组织内目前各种人才的余缺情况,从而在一定时期内进行内部抽调、培训或对外招聘,有助于他们进行决策。人力资源规划要以组织的战略目标、发展规划和整体布局为依据,但反过来,人力资源规划又有助于战略目标和发展规划的制订,并可以促进战略目标和发展规划的顺利实现。

3.人力资源规划有利于调控人工成本。人工成本控制是成本控制中的一个重要环节,人工成本中最大的支出项目是工资,而企业工资总额在很大程度上取决于企业的人员分布状况,即人员在不同岗位和不同级别上的数量状况。在组织发展的最初阶段,相对来说,低工资的人数较多,但随着组织的发展和员工任职能力的提高,工资成本就会逐渐上升,加上其他因素的影响,人工成本很可能超过组织的承担能力。人力资源规划就是要对组织内的人员结构、岗位分布等进行合理的调整,从而在一定范围内很好地控制人工成本。

另外,在进行人力资源规划时,应对外部劳动力市场进行详细的调查,如劳动力的供需状况、哪种人力资源稀缺、哪种人力资源很容易获得、各部门和各岗位的人员数量及其分布如何,为组织劳动力定价提供依据。保持人员适当的流动率,造成一定的竞争压力,可以提高员工的工作效率和劳动生产率,通过降低招聘成本、安置成本和培训成本使人力资源总成本降低,推动了组织的发展、扩大和进步。

4.人力资源规划有利于稳定员工的预期。人力资源规划可以为员工提供较为明确的发展前景与路线,使员工知道该如何在组织的成功中去发展自身,例如职业生涯规划本身就是针对员工的个性化发展方案,可以有效地激励员工长期打算,只有员工预期稳定,对组织保持长期的信心,才能调动其主动性与积极性。

(二)人力资源规划在人力资源管理作业活动中的作用

人力资源规划在人力资源管理作业活动中处于一个统领的地位,虽然在人力资源管理部门的岗位设置中不会专设负责该工作的岗位,但它的制订需要全体人力资源管理乃至各级管理人员的参与,因此在人力资源管理体系中,它是一项全局性的工作。

1.人力资源规划有利于人力资源管理活动的有序化。人力资源规划是组织人力资源管理的基础,它由总体规划和各种业务规划构成,为管理活动如确定人员的需求量、供给量、调整岗位和任务、培训等提供可靠的信息和依据,进而保证管理活动的有序化。如果没有人力资源规划,那么,企业什么时候需要补充人员、补充哪个层次的人员、如何避免各部门人员提升机会的不均等以及如何组织培训等,都会出现很大的随意性和混乱。

2.人力资源规划是其他人力资源管理业务规划的总纲。在实际制订人力资源规划时,各人力资源管理人员可能会从各自不同的作业活动分工去提出各种业务规划,但总规划是人力资源管理部门的整体安排,所以既要反映各作业活动的内在逻辑联系,防止衔接不上,又要避免重复。例如,如果本规划周期内有外部人员补充规划,那么在培训规划中就必定要有对应的设计,即要安排新员工培训。同理,晋升规划、职业生涯规划往往也伴随着各种不同的培训规划,这种衔接要靠总体的人力资源规划来统筹。

3.人力资源规划与其他作业活动的具体关系。

(1)与薪酬管理的关系。人力资源需求的预测结果可以作为企业制订薪酬规划的依据,由于需求的预测不仅包括数量而且还包括质量,这样企业就可以根据预测期内人员的分布状况,并结合自身的薪酬政策进行薪酬总额的预测,或者根据预先设定的薪酬总额调整薪酬的结构和水平。此外,企业的薪酬政策也是预测供给时需要考虑的一个重要因素,人员供给的预测是针对有效供给来进行的。先来看外部供给,如果企业自身没有吸引力,那么再大的外部供给市场对它来说也是没有意义的,因此在进行外部供给预测时需要衡量企业自身的吸引力,而薪酬就是衡量吸引力的一个重要指标。对内部供给来说,各职位的薪酬水平会影响供给的情况,薪酬水平高的职位供给量肯定会大于薪酬水平低的职位。

(2)与绩效管理的关系。人力资源规划中,绩效考核是进行人员需求和供给预测的一个重要基础,通过对员工工作业绩以及态度能力的评价,企业可以对员工的状况做出判断,如果员工不符合职位的要求,就要进行相应的调整,这样造成的职位空缺就形成了需求预测的一个来源;同时,对于具体的职位来说,通过绩效考核可以发现企业内部有哪些人能够从事这一职位,这也是内部供给预测的一个重要方面。

（3）与员工招聘的关系。人力资源规划与员工招聘有着直接的关系,当预测的供给小于需求,而企业内部的供给又无法满足这种需求时,就要到外部进行招聘,招聘的主要依据就是人力资源规划的结果,这其中包括招聘的人员数量和人员质量。

（4）与员工配置的关系。员工配置就是在企业内部进行人员的晋升、调动和降职,员工配置的决策取决于多种因素,如企业规模的变化、组织架构的变动以及员工绩效的表现,等等。而人力资源规划也是其中一个重要的因素,员工配置的一项很重要的作用就是进行内部的人力资源供给,当然这种供给只是针对某个层次而言的。在需求预测出来以后,企业就可以根据预测的结果和现有的人员状况制订相应的员工配置计划,来调整内部的人力资源供给以实现两者的平衡。

（5）与员工培训的关系。人力资源规划与员工培训的关系更多地体现在员工的质量方面。企业培训工作中关键的一项内容就是确定培训的需求,只有培训的需求符合企业的实际,培训才有可能发挥效果。而供需预测的结果则是培训需求确定的一个重要来源,通过对现有员工的质量和所需员工的质量进行比较,就可以确定出培训的需求,这样通过培训就可以提高内部供给的质量,增加内部供给。

（6）与员工解聘的关系。人力资源规划与员工解聘的关系是比较明显而直接的,如果需求长期小于企业内部的供给,就要进行人员的解聘辞退以实现供需的平衡。

相关链接

扁鹊的医术

扁鹊医术高明众人皆知,一次,魏文王的臣子病重,请来扁鹊医治,结果扁鹊却做了临床诊断:该臣子的病已入膏肓,他也无法挽回他的生命。魏文王听言,非常气愤。

"你家是医药世家,三兄弟都精于医术,你的医术尤为高明,怎么连你也说无能为力? 在几个月前,你的兄弟说他有些小毛病,我当时念及这位臣子对国家有贡献,想请你亲自为他医治,怎么才过了几个月,当时的小毛病变成了你说的绝症了?"

扁鹊说:"大王,您说错了。我们三个兄弟中,我大哥的医术最高明,二哥次之,我是最差的,如果你当时请我的兄弟来医治,这位臣子的病也许还能痊愈。"

魏文王很诧异:"既然你兄弟医术最高明,为什么你最出名呢?"

"我大哥治病,是在病情发作之前治。由于一般人不知道他能事先铲除病因,所以他的名气无法传出去,只有我们家的人才知道。我二哥给人治病,是在病情初起的时候治。一般人以为他只能治轻微的小病,所以他的名气只是在乡里流传。而我扁鹊治病,是在病情严重的时候治,人们看到我在经脉上穿针管放血、在皮肤上敷药,所以以为我的医术高明,名气因此而传遍全国。"扁鹊答道。

魏文王听了扁鹊的话感到愕然。

如文中扁鹊所说的:防治疾病的往往没有治疗疾病的名气大,这种现象在现实生活中和企业里都非常常见。

在企业里,由于没有进行人力资源规划,许多人力资源部在招聘员工时,也总是等到已经发生员工离职,才匆匆去寻找这个岗位的人。由于时间短,用人部门又急着要人,只好主动降低选人的标准,选择次一点的人,最后招进来的人不能胜任本职工作,在很短的时间内离开;再要么就干脆是连次一点的人也招不到。

三、人力资源规划的主要内容

人力资源规划主要有两种，一是组织人力资源的总体规划，它是根据人力资源管理的总目标而制订的组织总体人力资源数量、质量及岗位供需状况的安排；二是在总体规划指导下的各种专项业务规划，常见的有补充规划、晋升规划、配备规划、培训开发规划、绩效管理规划、收入分配规划、职业生涯规划七种，详见表4-1。

表 4-1　人力资源规划的内容

名称	定义	作用	与其他规划的关系
总体规划	根据人力资源管理的总目标而制订的组织总体人力资源数量、质量及岗位供需状况的安排	◇从总体上满足组织发展对于人力资源的需求	◇统筹、指导其他业务规划 ◇其他业务规划要服从总体规划的安排
补充规划	根据组织运转的情况，合理地在中长期把组织所需数量、质量的人员填补在可能产生空缺的岗位上	◇应对正常的人力损耗 ◇可以改变组织的人力资源结构	◇包含晋升规划（内部补充） ◇包含配备规划（水平补充） ◇必然涉及培训规划 ◇与职业生涯规划交叉
晋升规划	根据组织人员分布状况和层级结构所制订的人员提升的政策和方案	◇体现组织注重能力的思想 ◇改善劳动投入的经济性 ◇可以激励员工	◇是一种垂直的补充 ◇需要培训规划先行 ◇可能与职业生涯规划交叉
配备规划	对中长期内处于不同岗位或工作类型但属于同一层级的人员分布状况的规划	◇保证组织保持一定强度的水平流动 ◇可以培养多面手 ◇工作轮换激励人员，等待上层空缺 ◇超员时平均工作负荷	◇是一种水平的补充规划 ◇必然涉及培训规划（转岗位培训） ◇可能与职业生涯规划交叉
培训开发规划	为了对某些岗位进行人才储备和提高岗位适应能力而设计的规划	◇为重点岗位储备人才，空缺时可迅速填补 ◇改善个人与岗位要求的匹配关系	◇是所有业务规划都会涉及的内容 ◇发生在补充、晋升及配备规划之前 ◇是职业生涯规划的重要实现手段 ◇是保证绩效管理规划实现和解决不良绩效问题的手段
绩效管理规划	管理者和员工关于工作目标和标准的契约制订及执行过程	◇确保组织绩效的实现 ◇给员工努力提供导向和辅导	◇多次涉及培训规划 ◇为职业生涯规划提供参考建议
收入分配规划	对组织未来一个周期内工资总额及分配、结构、增长率等做出的安排	◇有效控制人工成本 ◇保持工资增长率低于劳动生产增长率 ◇有效地激励员工	◇伴随着晋升规划而发生 ◇受绩效管理规划结果的制约 ◇是职业生涯规划的重要通道之一
职业生涯规划	对员工工作生涯的人事程序的规划	◇稳定员工预期，提高忠诚度 ◇开发员工潜力 ◇把个人发展与组织发展结合起来	◇会经历补充、配备、晋升等多种规划 ◇其实现需要培训开发规划来保证

第二节　人力资源规划的程序与方法

一、人力资源规划的程序

(一)人力资源规划流程图

人力资源规划流程是人力资源管理的几个基本流程之一,它从流程的起点"组织内外人力资源信息的收集"开始,经历一个并行的阶段"人力资源供给与需求预测",再根据供需平衡的需要制订实施计划并执行,最后是对人力资源规划的反馈与评估,如图 4-1 所示。

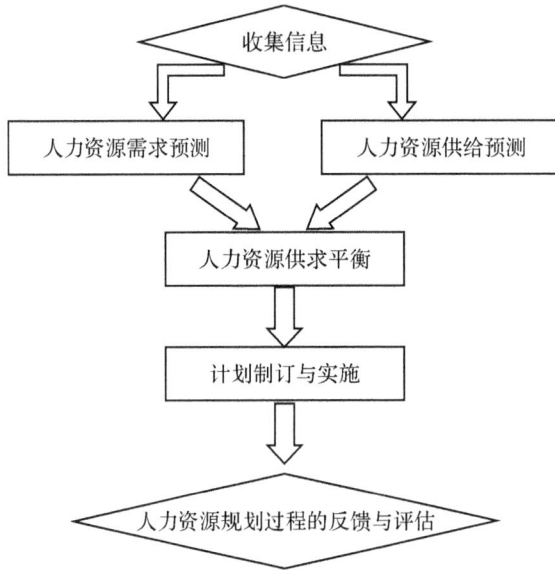

图 4-1　人力资源规划流程图

(二)人力资源规划步骤详解

1. 收集信息阶段。人力资源规划的信息要靠人力资源信息系统来提供,拥有这一系统的组织收集和分析信息的效率要高一些。无论有无人力资源信息系统,信息的收集都要从组织内、外两个环境入手来进行分析。如表 4-2 所示。

(1)外部环境分析。所谓外部环境,就是影响组织正常经营的外部因素。如组织所在地的政治、经济、文化、法律、人口以及社会环境等。外部环境中最重要的因素是劳动力市场因素、政府相关法律法规以及劳动者的自主择业情况。外部环境因素会直接影响人力资源供给状况,如劳动力市场的缩小会直接导致企业人力资源的外部供给减少。

(2)内部环境分析。内部环境主要包括组织的经营战略、组织的人力资源结构以及组织的环境等。组织的经营战略是组织的宏观计划,对组织内所有的经营活动都有指导作用。组织的环境主要包括组织现有的组织结构、管理体系、薪酬设计以及企业文化等,只有对组织现有的组织结构有了充分的了解,才能预测组织未来的组织结构。组织的人力资源结构就是现有的人力资源状况,包括人力资源数量、素质、年龄、工作类别、岗位等,有时也涉及员工价值观、员工潜能等。只有对现有人力资源进行充分了解和有效利用,人力资源规划才能真正实现它的价值。

表 4-2 人力资源规划信息

外部环境信息	内部环境信息
宏观经济形势	组织战略规划
行业经济形势	战略规划的战术计划
技术的发展状况	战略规划的行动方案
产品市场的竞争性	组织结构
劳动力市场	组织文化
人口和社会发展趋势	其他部门的规划
政府管制情况	人力资源现状

2. 人力资源的供需预测。人力资源的供给和需求预测是人力资源规划的核心部分,也是技术要求最高的部分,供需预测的准确性直接决定着人力资源规划的成败。

(1)人力资源需求预测。需求预测主要是根据组织战略规划和组织的内外条件选择预测技术,然后对人力资源需求结构和数量进行预测。影响人力资源需求预测的因素主要有:①组织的业务量或产量;②预期的人员流动率;③提高产品或劳务的质量以及进入新行业的决策对人力需求的影响;④生产技术水平或管理方式的变化对人力需求的影响;⑤组织所能拥有的财务资源对人力需求的约束。通过需求预测可以得出组织在员工数量、组合、成本、新技能、工作类别等方面的需求,以及为完成组织目标所需的管理人员数量和层次的列表。

最简单的人力需求预测是先要预测组织产品或服务的需求,然后将这一预测转化为满足产品或服务需求而产生的对员工的实际需求。例如,对一个生产个人计算机的企业来说,满足产品或服务需求的活动,可以被描述为生产产品的数量、销售访问的数量、加工订单的数量,等等。假设预测企业的生产率为每周生产 1000 台计算机,按每周 40 个工作小时计算,可能需要 10000 个装配工时。10000 个工时除以 40 小时,得出需要 250 名装配工。更复杂的预测方法将在下面的内容中介绍。

(2)人力资源供给预测。人员供给预测也称为人员拥有量预测,是人力预测的又一个关键环节,只有进行人员拥有量预测并把它与人员需求量相对比之后,才能制订各种具体的规划。人力资源供给预测包括两部分:一是内部拥有量预测,即根据现有人力资源及其未来变动情况,预测出各规划时间点上的人员拥有量;二是对外部人力资源供给量进行预测,确定在各规划时间点上的各类人员的可供给量,主要考虑社会的受教育程度、本地区的劳动力的供给状况等。

供给预测通过分析劳动力过去的人数、组织结构和构成,以及人员流动、年龄变化和录用等资料,预测出未来某个特定时刻的人力资源供给情况。预测结果为组织现有人力资源状况,以及未来在流动、退休、淘汰、升职及其他相关方面的变化。其作用可归结为四个方面:①检查现有员工填充企业中预计的岗位空缺的能力;②明确指出哪些岗位的员工将被晋升、退休或者被辞退;③明确指出哪些工作的辞职率、开除率和缺勤率高得异常或存在绩效、劳动纪律等方面的问题;④对招聘、选择、培训和员工发展需要作出预测,以能够及时地为工作岗位的空缺提供合格的人力补给。

3. 人力资源供需平衡。在充分掌握了人力资源的供求预测后,可以根据组织的具体情况制订相应的措施,以实现组织人力资源供求的平衡。人力资源供求平衡问题直接涉及组织经营目标能否实现的问题,因此在处理的过程中要尽量小心谨慎。通常来说,人力资源供给与需求之间可能有四种较为典型的情况存在:人力资源供不应求;人力资源供大于求;人力资源供给与需求之间的结构关系失调;人力资源供给和需求基本保持平衡。但人力资源供给和需求基本保持平衡的这种情形相对较少,且都是短期行为,任何一个组织都不可能存在长期的均衡,这是由组织内外环境的复杂性所决定的。但是,由于不同组织的生命周期不同,因此他们的变动趋势也不尽相同,不同竞争格局的组织所选择的应对战略也不同。组织应该根据具体情况制订供求平衡规划。

4.人力资源规划的制订与实施。人力资源规划的制订就是根据前面对供需的平衡需要制订各种具体的规划,包括前面提到的七种规划,但重点要做好三个方面。(1)设计新的组织结构,能够吸引、容纳、保留、激励员工,以服务与规划目标。这种组织应该具有以下特征——员工拥有更多的工作自主权利参与决策与管理的机会;畅通的全方位的沟通网络;内部激励与外部激励有机结合的激励系统与机制;更进步的工作设计;将员工工作生活质量与生产率并重;全面考虑员工的技能、知识、个性、兴趣、偏好及组织特征之间的相互匹配等。(2)设计有效的替换计划和继任计划。替换计划主要适用于一般员工,并关注近期需要,包括:随着新技术、新产品、新市场的发展,哪些不适应的人员需要替换;替换计划表要标明各个任职者的姓名、需要替换的人员姓名、可能替换该任职者的人员的姓名以及需要从外部招聘的人员资质特征等。继任计划主要适用于管理者,具有长期性、开发性和弹性;强调继任的及时性、代际之间的年龄梯次性和能力的递升性;注重继任者的储备性、差额性。(3)设计裁员计划。裁员是企业由于各种原因在人力资源供大于需或供不适应需时的重要活动,是人力资源计划的重要组成部分。裁员计划要适当、适度、适时。它包括:提前退休、外部安置、工资清算、工作技能再培训、提供工作转换机会、员工职业生涯计划设计以及有关的咨询服务等。

在人力资源规划政策的指导下,确定具体的实施方案。一般来说,供求情况和相应的政策确定后,执行的具体操作和技术就不成问题,问题是企业要重视这些工作,明白人力资源规划对企业经营的影响程度,按科学程序进行管理。人力资源规划实施过程需要注意以下几点:(1)必须要有专人负责既定方案的实施,要确保这些人拥有保证人力资源规划方案实现的权利和资源;(2)要确保不折不扣地按规划执行;(3)在实施前要做好准备;(4)实施时要全力以赴;(5)要有关于实施进展状况的定期报告,以确保所有的方案都能够在既定的时间里执行到位,并且保证方案执行的初期成效与预期的情况一致。

5.人力资源规划过程的反馈与评估。对人力资源规划实施的效果进行评估是整个规划过程的最后一步,由于预测不可能做到完全准确,因此人力资源规划也不是一成不变的,它是一个开放的动态系统。人力资源规划的评估包括两层含义,一是指在实施的过程中,要随时根据内外部环境的变化来修正供给和需求的预测结果,并对平衡供需的措施做出调整;二是指要对预测的结果以及制订的措施进行评估,对预测的准确性和措施的有效性做出衡量,找出其中存在的问题以及有益的经验,为以后的规划提供借鉴和帮助。

二、人力资源供给预测的方法

人力资源供给预测可以分为外部供给预测和内部供给预测。

(一)外部供给预测

外部供给预测是指组织以外能够提供给组织所需要的人力资源的质和量的预测,主要的渠道是外部劳动力市场。外部供给是解决组织人员新老更替和改变人员结构的根本出路,是任何组织都必须面对和采用的人力资源补充渠道。因此,合理地对外部供给进行预测是保证组织正常发展、节省人力购置成本的重要手段。但是外部供给有一个特点,即不能为组织所掌控,而只能通过信息的收集分析加以利用。

1.外部人力资源供给的影响因素。外部人力资源供给的影响因素主要有:(1)宏观经济形势和失业预期;(2)当地劳动力市场的供求状况,其中大中专毕业生的数量与质量及就业意向是很重要的因素;(3)行业劳动力市场的供求状况;(4)人们的就业意识;(5)组织的吸引力;(6)竞争对手的动态;(7)政府的政策、法规与压力。

2.外部劳动力市场的主要分类。一般意义上,外部劳动力市场可以分为四类:(1)蓝领员工市场;(2)职员市场;(3)专业技术人员市场;(4)管理人员市场。

我国现阶段并没有建立起统一的劳动力大市场,因此劳动力市场的分类也较为混乱,主要是不同主体举办的劳动力中介组织:(1)政府主办的劳动力市场,主要是劳动部门主办的职介机构和人事部门主办的人才市场;(2)行业、团体主办的;(3)大型企业主办的;(4)街道社区主办的;(5)民营中介组织。

(二)内部供给预测

当组织出现人力资源短缺时,优先考虑的应该是从内部进行补充,因为内部劳动力市场不但可以预测,而且可调控,以有效地满足组织对人力资源的需求。影响内部供给的因素主要有:(1)组织现有人力资源的存量;(2)组织员工的自然损耗,包括辞退、退休、伤残、死亡等;(3)组织内部人员流动,包括晋升、降职、平职调动等;(4)内部员工的主动流出,即跳槽等;(5)组织由于战略调整所导致的人力资源政策的变化。人力资源内部供给预测的方法主要有以下三种。

1.人事资料清查法。这种方法通过对组织现有人力资源质量、数量、结构和在各职位上的分布状况进行检查,掌握组织拥有的人力资源状况。通过一些记录员工信息的资料,可以反映员工的工作经验、受教育程度、特殊技能、竞争能力等与工作有关的信息,以帮助人力资源规划人员估计现有员工调换工作岗位的可能性大小和决定哪些员工可以补充当前空缺岗位。这一方法常作为一种辅助性的方法,对管理人员置换、人力接续等提供更为详细的质量上的参考。如表 4-3 所示。

表 4-3　人事资料表

姓名:		部门:	科室:	工作地点:		填表日期:
到职日期:		出生年月:	婚姻状况:		工作职称:	
教育背景	类别	学位种类	毕业日期	学校		主修科目
	高中					
	大专					
	本科					
	硕士					
	博士					

续表

训练背景	训练主题		训练机构	训练时间
技能	技能种类		证书	
志向	你是否愿意担任其他类型的工作?		是	否
	你是否愿意调到其他部门去工作?		是	否
	你是否愿意接受工作轮调以丰富工作经验?		是	否
	如果可能你愿意承担哪种工作?			
你认为自己需要接受何种训练?	改善目前的技能和绩效:			
	提高晋升所需要的经验和能力:			
你认为自己现在就可以接受哪种工作指派:				

2.人力接续法。根据岗位分析的信息,明确岗位对员工的要求和任职者情况,安排接续/继任计划。

(1)继任卡方法,主要用于管理者的内部接续管理,一般的继任卡如图 4-2 和表4-4所示。

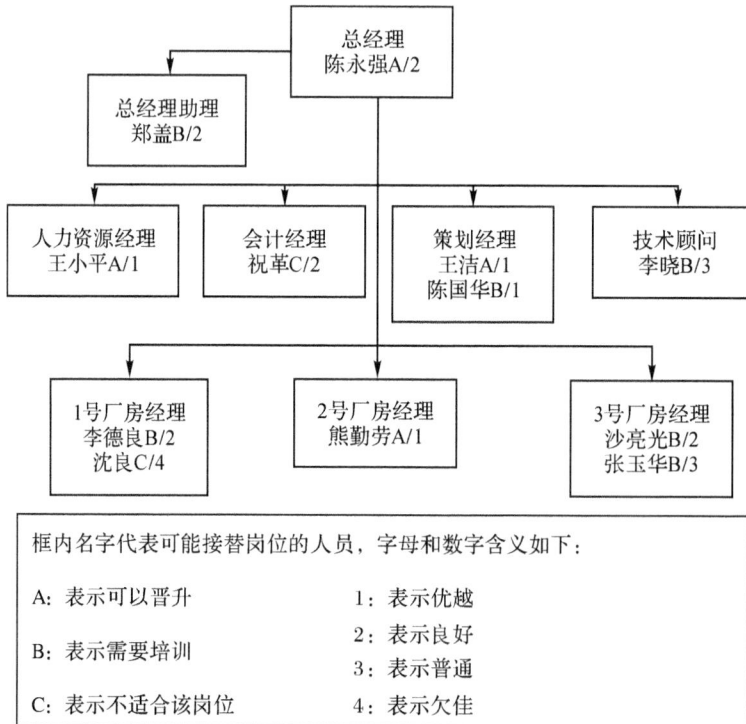

图 4-2　人员替代图[①]

———————

① 资料来源:张佩云:《人力资源管理》,清华大学出版社 2004 年版。

表 4-4　继任卡

本格填写现任者晋升的可能性,可以用符号或颜色表示。如 A(红色)表示应该立即晋升;B(黑色)表示随时可以晋升;C(绿色)表示 1—3 年内可以晋升;D(黄色)表示 3—5 年内可以晋升。

本栏填写现任者的年龄,以确定何时退休		本栏填写现任者的职务。如 CEO、部门经理、客户经理等	
		本栏填写现任者的姓名	本栏填写现任者任现职的年限
继任者	继任者 1　姓名　年龄	现任职务	晋升可能性(用符号或颜色表示)
	继任者 2　姓名　年龄	现任职务	晋升可能性(同上)
	继任者 3　姓名　年龄	现任职务	晋升可能性(同上)
紧急继任者　姓名　年龄		现任职务	列入晋升计划的时间

这一方法将每个岗位均视为潜在的工作空缺,而该岗位下的每个员工均是潜在的供给者。人员替代法以员工的绩效为预测的依据,当某位员工的绩效过低时,组织将采取辞退或调离的方法;而当员工的绩效很高时,他将被提升替代他上级的工作。这两种情况均会产生岗位空缺,其工作则由下属替代。通过人员替代图可以清楚了解到组织内人力资源的供给与需求情况,为人力资源规划提供了依据。

(2)员工接续计划,主要用于一般员工的接续管理,以进行供给预测,如表 4-5 和图4-3所示。该方法强调计划的整体性和一致性,即计划要与组织内外部各个方面协调一致。

表 4-5　员工接续表

人力资源输入		组织或职位上现有员工人数	人力资源输出							
外部招聘	内部晋升		辞退	辞职	退休	病残	死亡	晋升	降职	其他
X	Y	M	A	B	C	D	E	F	G	N

表 4-5 表明,该组织或职位上员工的内部供给量＝M－(A＋B＋C＋D＋E＋F＋G＋N)＋(X＋Y)。

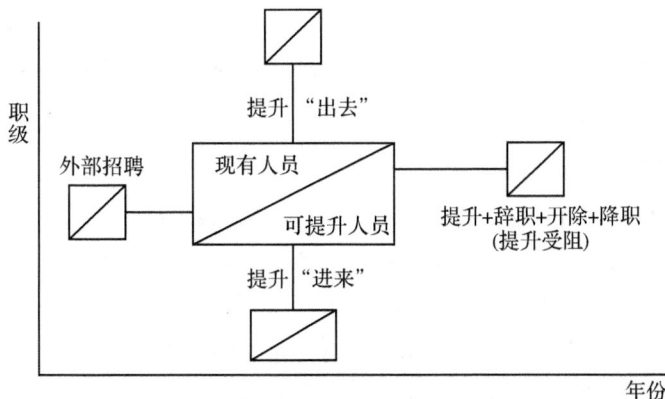

图 4-3　员工接续图

3.马尔可夫分析法。马尔可夫人力资源供给预测法通常也称为转换矩阵方法,主要用于组织内部人力资源供给预测。其思路是找出过去人力资源供给变化的规律,根据得出的规律来预测人力资源变化趋势;通过不同工作岗位的变动情况来调查员工的发展模式,显示员工留任、升降职、进出比率的人数。对人员变动概率的估计,一般以5到10年的长度为一个周期来估计年平均百分比,周期越长,这一百分比的准确性越高。这种方法的第一步是构建员工变动矩阵(表4-6、表4-7所示)。其中A到D由高到低,可以是职务类别、工资级别、业绩考核、学历水平等。起始时间到终止时间的选择也相对比较灵活。表4-6所示:AA对应数据为0.70,指A在该时间内留住70%的员工;A流动到B的员工占10%;A流动到C的员工为5%;流出企业的员工为15%;依此类推。从流动趋势来看,D流出的员工最少,晋升到C为5%;B流出的员工最多,仅仅留住了60%,晋升到A为15%,也最多,降级到C为5%,到D为10%;流出企业为10%。表4-7中,A原有员工62人,留住44人,到B有6人,到C有3人,流出9人。依此类推。

表4-6 流动可能性矩阵

工作状态		终止时间(目标状态)				流出率
		A	B	C	D	
起始时间 (原有状态)	A	0.70	0.10	0.05	0	0.15
	B	0.15	0.60	0.05	0.10	0.10
	C	0	0	0.80	0.05	0.15
	D	0	0	0.05	0.85	0.10

表4-7 现任职者矩阵

	原有员工数	A	B	C	D	流出人数
A	62	44	6	3	0	9
B	75	11	45	4	8	7
C	50	0	0	40	2	8
D	45	0	0	2	38	5
终止员工数		52	51	49	48	29

马尔可夫法虽然在一些国际性的大公司中得到广泛应用,但其所估计的人员流动概率与预测的实际情况可能有差距,因此使用这种方法得到的内部人力资源供给预测的结果也就可能会不精确,其最大的价值在于提供了一种内部人员流动的分析框架。

三、人力资源需求预测的方法

人力资源需求预测的影响因素一般包括以下几个方面:(1)企业的业务量或产量,由此推算出人力需要量;(2)预期的流动率,指由于辞职或解聘等原因引起的职位空缺;(3)提高产品或劳务的质量或进入新行业的决策对人力需求的影响;(4)生产技术水平或管理方式的变化对人力需求的影响;(5)企业所能拥有的财务资源对人力需求的约束;(6)外部人力资源市场的竞争状况,主要是对同类组织人力配备和人力储备的影响。

人力资源需求预测根据预测的精确程度可以分为经验预测和数学预测,前者强调运用预测者的主观经验,后者强调运用数学和统计的方法来计算。

(一)经验预测

1.管理者决策法。这种方法是组织的各级管理者,根据自己工作中的经验和对组织未来业务量增减情况的直接考虑,分别汇总决策确定未来所需人员的方法。其操作要点为:(1)先由基层管理者根据自己的经验和对未来业务量的估计,提出本部门各类人员的需求量并报上一级管理者;(2)由上一级管理者估算平衡,再报上一级的管理者,直到最高层管理者作出决策;(3)然后由人力资源管理部门制订出具体的执行方案。这是一种非常简便、粗放的人力资源需求预测方法,主要适用于短期的预测。如果组织规模小,生产经营稳定,发展较均衡,它也可以用来预测中、长期的人力需求。但这种方法除了对各级管理者的经验及判断要求较高外,还会出现基层管理者倾向于扩大需求量的现象,即所谓的"帕金森定律",这就对高层的决策提出了更高的要求。

2.德尔菲法。德尔菲(Delphi)预测技术也称集体预测方法。德尔菲法是发现专家对影响组织发展的某一问题的一致意见的程序化方法。这里的专家可以是基层的管理人员,也可以是高层经理;他们可以来自组织内部,也可以来自组织外部。总之,专家应该是对所研究的问题有发言权的人员。德尔菲法是20世纪40年代在兰德公司的"思想库"中发展起来的。这种方法的目标是通过综合专家们各自的意见来预测某一领域的发展状况,适合于对人力需求的长期趋势预测。

德尔菲预测技术的操作要点是:(1)在组织中广泛地选择各个方面的专家。这些专家都拥有关于人力预测的知识或专长,每位专家可以是管理人员,也可以是普通员工。(2)主持者向专家们说明预测对组织的重要性。这一任务一般由人力资源部门来完成,目的是取得专家对这种预测方法的理解和支持,同时通过对企业战略定位的审视,确定关键的预测方向,解释变量和难题。(3)发放调查问卷。主持者列举出预测小组必须回答的一系列有关人力预测的具体问题,然后使用匿名填写问卷等方法来设计一个可使各位预测专家在预测过程中畅所欲言地表达自己观点的预测系统,例如邮件、网络等。使用匿名问卷的方法可以避免专家们面对面集体讨论的缺点,因为在专家组的成员之间存在着身份或地位的差别,较低层次的人容易受到较高层次的专家的影响而丧失见解的独立性,同时也存在一些专家不愿意与他人冲突而放弃或隐藏自己正确观点的情况。(4)第一轮意见汇总与反馈。人力资源部门需要在第一轮预测后,将专家们各自提出的意见进行归纳,并将这一综合结果反馈给他们。(5)重复汇总反馈3—5轮。重复第四步,让专家们有机会修改自己的预测并说明原因,直到专家们的意见趋于一致。

运用德尔菲预测技术时要注意几个问题:(1)在预测过程中,人力资源部门应该为专家们提供充分的信息,包括已经收集的历史资料和有关的统计分析结果,目的是使专家们能够做出比较准确的预测;(2)所提出的问题应该尽可能简单,以保证所有专家能够从相同的角度理解员工分类和其他相关的概念而不产生歧义;(3)对于专家的预测结果不要求精确,但是要专家们说明对所做预测的肯定程度;(4)组织者要保证专家表达意见的独立性。

(二)数学预测

1.转换比率法。这种方法是根据过去的经验,把组织未来的业务活动水平转化为人力需求的预测方法,其原理是借助劳动生产率和组织业务总量之间的关系来对所需的人力资源数量进行折算的一种方法,三者之间存在以下关系:

业务总量＝人力资源数量×劳动生产率　　　　　　　　　　　　　　　　(公式一)

对应于不同的业务,公式一可以变为不同的类型,例如:

产量＝人力资源数量×人均生产率或销售收入＝人力资源数量×人均销售额

那么,把公式一进行移项,就可得到我们需要的对人力资源需求的公式:

$$人力资源需求量 = \frac{业务总量}{劳动生产率} \tag{公式二}$$

公式二假定劳动生产率不变,那么要考虑劳动生产率的变化,则要进一步修正公式:

$$计划期人力资源需求量 = \frac{现业务总量 + 计划期业务的增长量}{现劳动生产率 \times (1 + 劳动生产率的增长率)} \tag{公式三}$$

例如:假设某商学院在 2009 年有 MBA 学生 1500 人,在 2010 年计划招生增加 150 人,目前平均每个教师承担 15 名学生的工作量,生产率保持不变,那么,在 2010 年该商学院就需要教师:

$$2010 年教师需求量 = \frac{1500 + 150}{15} = 110 人$$

如果生产率提高 10%,则需求量变为:

$$2010 年教师需求量 = \frac{1500 + 150}{15 \times (1 + 10\%)} = 100(人)$$

但需要指出的是,这种预测方法存在着两个缺陷:一是进行估计时需要对计划期的业务增长量、目前人均业务量和生产率的增长率进行精确的估计;二是这种预测方法只考虑了员工需求的总量,没有说明其中不同类别人员需求的差异。若考虑到不同类别人员需求,其具体做法是:先根据过去的业务活动水平,计算出每一业务活动增量所需的人员相应增量,再把实现未来目标的业务活动增量计算出的比例关系,折算成总的人员需求增量,然后把总的人员需求量按比例折成各类人员的需求量。例如,某炼油厂根据过去的经验,为增加 1000 吨的炼油量,需增加 15 人,预计 1 年后炼油量将增加 10000 吨,折算人员需求量为 150 人。如果管理人员、生产人员、服务人员的比例是 1 : 4 : 2,则新增加的 150 人中,管理人员约为 20 人,生产人员为85 人,服务人员为 45 人。

2.回归分析法。在计量分析模型中经常会用到回归分析法,这是一种统计分析的方法,其原理就是找出那些与人力资源需求关系密切的因素,并依据过去的相关资料确定出它们之间的数量关系,建立一个回归方程,然后再根据这些因素的变化以及确定的回归方程来预测未来的人力资源需求,其关键在于所找到的与人力资源需求相关的变量的准确性,在统计上要通过相关的一些假设检验,才能有更好的预测效果。但在实践中由于管理上数据容量的限制和人心理因素的高度不确定性,所以管理回归模型的效果远不如宏观经济中的计量模型有效。

最简单的回归分析法是趋势分析法,回归时只考虑一个变量因素,也就是一元回归分析。而多元回归由于涉及的变量较多,所以建立方程时要复杂许多,但是它考虑因素比较全面,所以预测的准确度往往要高于一元回归。下面举一个一元线性回归的例子。假设一个学校对教师的数量影响最大的因素是学生的数量,经过若干年份的积累,得到以下统计数据(表4-8):

表 4-8 某学校学生数与教师数统计数据

学生数量	200	240	300	360	390	450	520	550	590	620	680	740	800
教师数量	17	19	27	30	36	42	50	51	56	62	69	73	80

设学生数量是 X,教师数量是 Y,假设两者之间线性相关,回归方程为:

$$Y = a + bX$$

则系数 a 和 b 的计算公式分别为:

$$a = \frac{\sum y}{a} - b\frac{\sum x}{n} \qquad b = \frac{n\left(\sum xy\right) - \sum x \sum y}{n\left(\sum x^2\right) - \left(\sum x\right)^2}$$

代入本例中得：$a = -6.32$，$b = 0.11$，则回归方程为：

$Y = -6.32 + 0.11X$，其中，系数 a 的 t 检验值为 -5.5，系数 b 的 t 检验值为 49.6，方程相关系数检验值为 $R^2 = 0.996$，D－W 检验值为 2.01，均取得了较好的检验效果，假设成立。所以如果预测未来学生数量增长为 1000 人时，教师的需求量为：

$$F_1 = -6.32 + 0.11 \times 1000 = 103.68 \approx 104（人）$$

四、人力资源预测结果的平衡

当人力资源需求和供给被预测出来后，就需要比较这两项预测结果，会出现四种情况：一是总量与结构都平衡；二是供大于求；三是供小于求；四是虽然总量平衡，但结构不平衡。这四种情况除了第一种外，都需要在人力资源规划中采取一些措施来解决不平衡。

1.供大于求。也就是当预测未来人力资源供给大于需求时，可以从供和需两个方面采取措施：

需求方面：(1)企业要扩大经营规模，或者开拓新的增长点，以增加对人力资源的需求，例如企业可以实施多种经营吸纳过剩的人力资源供给；(2)对富余员工实施培训，即增加培训人员的需求，减少对现有岗位的人员供给。这相当于进行人员的储备，为未来的发展做好准备。

供给方面：(1)裁员或者辞退员工，在我国还有提前退休、内退、待岗等做法，这种方法虽然比较直接，但是由于会给社会带来不稳定因素，往往会受到政府的限制；(2)冻结招聘，就是停止从外部招聘人员，通过自然减员来减少供给；(3)缩短员工的工作时间、实行工作分享或者降低员工的工资，通过这种方式也可以减少供给。

2.供小于求。也就是当预测未来人力资源供给小于需求时，也可以从供和需两个方面采取措施：

需求方面：(1)提高现有员工的工作效率，这也是减少需求的一种有效方法，提高工作效率的方法有很多，例如改进生产技术、增加工资、进行技能培训、调整工作方式，等等；(2)提高员工的积极性，鼓励员工加班加点；(3)可以将企业的有些业务进行外包，这其实等于减少了对人力资源的需求。

供给方面：(1)从外部雇用人员，包括返聘退休人员，这是最为直接的一种方法。可以雇用全职的也可以雇用兼职的，这要根据企业自身的情况来确定，如果需求是长期的，就要雇用全职的；如果是短期需求增加，就可以雇用兼职或临时的员工。(2)降低员工的离职率，减少员工的流失，同时进行内部调配，增加内部的流动来提高某些职位的供给。

3.总量平衡，结构不平衡。实际上不管问题平不平衡，组织的人力资源往往存在着结构的不平衡，即有的岗位供大于求，有的岗位供小于求，对于这种情况可以采取以下措施：(1)进行人员内部的重新配置，包括晋升、调动、降职等，来弥补那些空缺的岗位，满足这部分的人力资源需求。(2)对人员进行有针对性的专门培训，使他们能够从事空缺岗位的工作。(3)进行人员的置换，释放那些组织不需要的人员，补充组织需要的人员，以调整人员的结构。

复习思考题

1.什么是人力资源规划? 它包括哪些内容?
2.人力资源规划具有什么意义? 与人力资源管理其他职能的关系如何?
3.预测人力资源需求和供给的方法有哪些?
4.应当怎样平衡人力资源的供给和需求?

开放式讨论案例

"人才楼"为何人去楼空

北京市顺义区一家乡镇企业——顺义阀门厂为外聘大学生盖的"人才楼"最近出现了一种非常奇怪的现象:过去住着30多名大学生的"人才楼"里却住进不少租房户,大学生却只剩下1人。这家企业为吸引人才而专门盖一座楼,可谓用心良苦。那么,为何会形成如今人去楼空的结局呢?

北京顺义阀门厂曾被评为农业部先进企业、全面质量管理达标先进单位。为了寻求大的发展,2008年,该企业雄心勃勃地启动了"换三茬人"的计划:第一茬:基层领导班子100%换上引进人才;第二茬:中层管理要害部门的第一把手50%换上外聘高级人才;第三茬:招聘、培养年轻骨干充实到厂级副职的位置上。换人的原因,用厂长周青的话讲:企业发展的速度很快,自1994年开始,产量以每年翻三番的速度提高,但随着产品在社会上占有量越来越多,充实技术力量、增强发展后劲成为当务之急。

2008年底,"人才楼"盖成了,班车开通了,ISO9000国际质量认证拿下了,招聘来的30多名有工作经验的大学生充实到了管理、技术和营销岗位上。一年之后的2009年底,人们听到的消息竟是:厂里外聘的高级工程师已经走了几拨,而新聘的30多名大学生除剩1人外,集体递交了辞职报告并陆续离厂。目前,外聘人才的岗位已被一些从大单位退休返聘的人员和从社会上临时招聘的人员代替。现在与工厂仅一路之隔的"人才楼"显得出奇得冷清,其绿瓦白墙漂亮的外貌也被村里其他建筑衬得很不协调。

离去原因各有说法。大学生们为何离去?厂长周青不无惋惜地告诉读者:一是因为招聘的大学生们大多数来自外地,到了北京以后,随着接触面的扩大,有了更好的选择,所以就跳槽了;二是由于厂里在管理上没有经验;三是由于内部老职工的排斥。厂里的老职工们却认为这是意料之中的事情,理由是厂里在待遇、政策上的一贯偏爱宠坏了他们。

为这项人才战略招兵买马的原该厂人事部部长荆先生则认为:"厂长的任务不是发现人才,而是建立一个可以出人才的机制。但顺义阀门厂却始终没有建立起来。"荆先生认为,公司应该明确各个职位的工作内容、资格和升迁要求、待遇水平,使每个职工都了解自己的奋斗目标。此外,企业还要制订一项特殊的人才计划,专门奖励表现优异的员工,大家公平竞争,谁干得好就用谁。

大学生们却认为,与其他公司相比,他们在顺义阀门厂并没有得到特殊的待遇。他们把对企业的种种抱怨归结为一点:看不到发展的前途。这也是他们集体辞职的根本原因。据介绍,顺义阀门厂当初在招聘时不是根据岗位的要求,对不同的人才做能力界定。而是用同一把尺子丈量所有的应聘者,用完全一样的能力模式面试同一批员工,盲目性较大。被招聘来的大学生王小姐认为,造成人才离职的关键是没有用好。王小姐充满感情地说:"其实这个厂有许多优势,地理位置好,在同行业中硬件也很好,但是经营总是在原地踏步,厂里的主业收入还不如出租房屋收的租金多。其主要原因是由于乡镇企业里的大部分职工都是以前当地的农民、厂长的乡亲们,素质跟不上企业发展的需要,中层领导有不少也存在类似情况,虽然厂长很辛苦,但一时也改变不了现状。最让人不满意的是来该厂都4年时间了,至今劳动合同没签、保险没上。"面对这种状况,王小姐表示只要有合适的地方即会离去。

从首钢聘请来的吴主任也对顺义阀门厂的情况感到惋惜:"顺义阀门厂现在可以说是占尽了天时、地利,发展前景非常好,但是企业要发展最主要的是人才;而乡镇企业由于受自身素质所限,没能建立起一套完善的企业管理制度,也没有一套行之有效的管理办法。"其实,吴主任已为该厂想出了许多企业该落实的制度措施,却没能用上。

有意思的是,几位高薪外聘的老人们虽然对厂里给的待遇感觉不错,却齐声感叹厂里的管理是个大问题。他们认为,长此以往,这个厂很危险。目前厂长虽然意识到了这一点,但根深蒂固的乡亲观念,却左右着他对人才的使用。由于外部竞争的压力,想招聘人才提升技术含量和员工素质,却因为内部环境而留不住人,是目前许多乡镇企业的通病。如何利用好人才为企业做出大的贡献,如何处理好人才与本企业的关系,正是乡镇企业领导们一直头疼和思考的问题。中国人民大学工商管理学院现代企业制度专业的邓荣林教授认为,这种现象长期得不到解决,是由四个方面的原因造成的:一是产权不明晰,乡镇企业是公有制、私有制还是别的什么制,没有严格的界定;二是所有者和经营者的问题,不少企业没有建立合理的法人治理结构;三是人事制度不合理,大多没有建立起公平竞争、没有透明度的人事制度,没有按市场规律去运作;四是内部环境存在问题,企业因外部竞争激烈急于招聘人才,却没有解决内部人员的裙带问题。邓教授认为,上述几个方面因素都会影响到乡镇企业的健康发展。要改变现状,最重要的是以规范的公司制度来运作,建立起规范的法人治理结构,这也是乡镇企业走出困境的唯一出路。

思考题:

1.试分析顺义阀门厂外聘人才30名大学生集体辞职的原因。

2.从案例中分析应如何做好人力资源规划。

3.请为顺义阀门厂拟定解决问题的办法。

测试题

案例面对面

第五章　人力资源招聘与配置

学习目标

学完本章之后,你应该能够:

1.了解员工招聘的目标与原则;

2.熟悉员工招聘工作的一般程序;

3.掌握内部征召与外部征召的利弊;

4.掌握各种征召渠道与方法的优缺点;

5.理解各种征召渠道的适用范围。

〔导入案例〕

亚华公司的招聘

亚华公司是一家民营企业,主要经营软件开发,几个月前将一家颇具实力的软件公司收购过来。为了今后企业的发展,总经理王伟决定启用原公司的人。他先将项目工程部的小李提升为人力资源部的经理,原人力资源部的经理提升为副总经理。他认为小李在公司工作了三年,虽然没有人力资源管理工作经验,但至少他的人品自己是了解的,至于经验,可以在实践中慢慢学习。小李一上任便写报告要求给总经理招聘秘书。王总经理在小李上任的第三天便看到了小李亲自起草并加班打印出来的招聘启事:

亚华公司现诚聘秘书一名,要求:正直、诚实、勤奋、肯干。年龄30岁以下,女,名牌大学毕业,本地户口,有三年以上工作经验,符合条件者,请将简历寄到公司。合则约见,勿电勿访。资料概不退回。

经过筛选,确定了两名候选人,通过文化课考试,录用了其中的一个。

请评价亚华公司的招聘存在哪些方面的问题。

第一节　人力资源招聘与配置概述

招聘是人力资源规划和岗位分析的深化和发展,是根据人力资源规划中人员配置数量和职务说明书中对任职者的素质要求为企业挑选员工的过程。招聘在整个人力资源管理流程中起着承上启下的关键作用,只有通过招聘为企业获取到合适的人员,企业生产才能够进行,才能实施激励、考核、薪酬管理、培训开发和职业生涯设计等管理手段,才能通过有效的管理方法进一步调动员工的积极性,提高劳动生产率,提升企业的经营业绩。招聘工作是企业通过劳动力市场和人才市场与社会沟通的一个重要纽带,也是企业衡量自身实力的一个环节,企业的实力与吸引到的人才是一个互动的过程,所以,招聘工作的好坏直接关系到其他管理环节的效果和人力资本投资的收益率,直接影响到企业的兴衰。招聘的效果是由企业文化决定的招聘理念和招聘者所掌握的招聘技术共同作用形成的,这就要求我们在工作中将两者结合起来为企业招聘到合适的员工。

一、招聘的作用

招聘是指根据组织发展的需要,通过各种途径吸引大批应聘者,从中挑选适合本组织需要的人员的过程,是企业补充人员的主要途径。它包括征召、筛选和聘用三个阶段。招聘不仅是为企业挑选合适的人员的过程,而且对企业的发展还具有很重要的作用。

(一)招聘对于企业的作用

1. 补充人员,维持人力,保证企业正常的经营。维持企业正常的运行必须有一定的人员作为保障,但是在任何一个企业中都存在着人员的流动。随着经济的发展,人员的流动率是不断变化的:工作充裕时,员工流动率比较高;工作稀缺时,员工流动率则比较低。企业保持适度的流动率有利于为企业注入新的活力。同时,企业内部正常的人员退休、人员调动及人员辞退都需要及时补充新的员工;在企业业务规模扩大时,有新的分公司成立时,内部结构调整及企业转产时,都必须进行招聘。所以,招聘工作是保证企业正常运转的重要手段。

2. 吸引人才,提升企业经营业绩。现代市场竞争日益激烈,企业之间的竞争归根到底是人才的竞争,哪个企业能够在人才的竞争中获胜,哪个企业就会在市场竞争中立于不败之地。企业的经营业绩是靠全体员工共同创造的,通过招聘得到优秀的人才是确保员工队伍良好素质的基础,只有这样才能在今后的开发中保持员工的整体素质水平。为了提升企业的经营业绩,在人才竞争中占有主动地位,进行人才储备是非常有效的方法。

3. 宣传企业,树立企业形象。招聘过程是向全社会展示企业风采的过程,尤其是用广告招聘、参加大型的人才交流会和校园招聘时是树立企业形象的最好机会,这比单纯的做产品广告效果要好得多,而且成本很低。许多企业正是认识到了这一重要性,所以在招聘时非常注重广告的设计和美观,在进行招聘者的挑选时也非常慎重,因为招聘者的一言一行都代表着企业的形象,而应聘者正是通过这些点点滴滴的"小事"来感受这一企业的。所以对招聘者进行培训是非常必要的,只有树立企业的良好形象才能吸引到更多的人才。

(二)招聘在人力资源管理作业活动中的作用

招聘在人力资源管理作业活动中起着十分重要的基础作用。如果没有人员的补充,其他管理活动也无从谈起。招聘与人力资源其他管理流程的关系如图5-1所示。

企业的发展战略和文化是招聘的依据,将企业发展战略细化为业务量,从而确定招聘人员的数量和质量。人力资源规划中的招聘计划是招聘工作的具体落实,同时招聘结果也是制订人力资源规划的依据。通过岗位分析制订的岗位职责和任职资格是筛选和录用工作的标准。招聘工作的质量直接决定着所招人员的工作绩效;完善的绩效标准要求也是招聘的依据,同时,员工绩效水平也是对招聘工作的一个检验。薪酬标准是企业吸引人才的有力武器之一,薪酬的高低直接决定着所招人员的素质高低。招聘中对应聘者综合素质的考虑结果是今后培训与人力资源开发的依据。

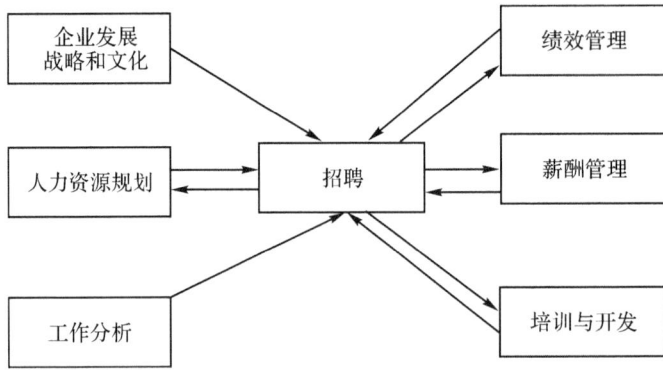

图 5-1　招聘与人力资源管理其他流程的关系

二、招聘时应注意的问题

招聘是关系到企业生存和发展的大事,也是企业一项非常困难复杂的工作。因为它的效益只有通过使用了一段新员工以后才能显现出来并得到证实。为了把这一工作做好,应注意以下问题:

1.节约成本,提高效率。招聘是有成本的,招聘费用包括广告费用、场地费用、交通费用、电话费用、宣传材料费用等。如果因招聘不慎重而使招聘来的新员工难以胜任工作岗位或马上流失,使机会成本增加,必须再重新招聘,就增加了重置费用。所以应严格把握招聘的各个关口,充分了解应聘者的求职心理,把握应聘者的求职动机,运用先进科学的方法,如计算机招聘软件,节省人力和物力,节约挑选时间,提高招聘效率,为企业降低招聘成本,在众多的求职者中挑选出可靠的人选。

2.符合国家的法律法规。招聘中应遵守劳动法的有关规定,坚持平等就业、双向选择、公平竞争、择优录取的原则,树立企业的诚信,取信于求职者。同时,在与应聘者签订劳动合同时,应对求职者与原用人单位所签订的劳动合同的情况进行核实,以防订立无效的劳动合同。

3.为企业找到合适的人。在众多的求职者中,求职者的素质是不一样的,尤其是应聘同一职位的人,其工作经验、教育水平、个性品德、技术能力、工作效率及人际关系等方面更是参差不齐,有高有低。这就要求招聘者能够把握本企业的发展方向和目前人员的总体水平,找到真正适合本企业的人。因为,如果招聘到过于优秀的员工,远远高于本企业职务说明书中对人员的要求,有可能不仅会加大企业的开支,而且也不能充分发挥其能力而造成人才流失,反而增加招聘成本;如果招聘到素质较差的员工,则其难以胜任工作,不仅会增加培训成本,而且有可能影响劳动生产率,甚至贻误工作。所以,对求职者进行详细的了解,明确其真正的需求,才能为企业找到合适的人。这种人能在企业中稳定地工作下去,可以降低离职率,稳定员工队伍,增强凝聚力,充分发挥团队精神。

三、招聘人员的选择

企业招聘工作是由人力资源部门根据人力资源规划和职务说明书制订招聘计划,由各部门负责人和人力资源部门及企业高层参与而共同完成的。有时还要请人力资源专家进行指导。具体分工如表5-1。

表 5-1　各部门招聘职责划分

招聘过程	人力资源部门的职责	用人部门的职责
招聘前期	拟订招聘计划,确定各类人员的招聘方式,与企业外的相关机构联系(如人才市场、劳动力市场、招聘会等),收集整理应聘资料	提供所需人员的岗位和数量及质量要求
招聘中期	根据应聘者的资料对应聘者进行初步筛选,组织面试及面试前培训,并参加面试	部门负责人参加面试
招聘后期	组织笔试,进行背景调查,确定录取名单,回复参加招聘者,确定报到时间,总结招聘工作	确定录取者

四、招聘过程要素的选择

招聘过程即招聘程序。招聘过程要素的选择主要指招聘时间、地点的选择及成本的核算,招聘人员来源的评价,劳动合同的签订等内容。

(一)招聘时间、地点的选择及成本的核算

招聘时间的确定、招聘地点的选择及招聘的估算是招聘计划的内核。三者的恰当选择,是成功的招聘计划的关键。

1.招聘时间的确定主要考虑两个因素:一是人力资源需求因素,二是人力资源供给因素。从人力资源需求因素考虑,其方法是:

招聘日期＝用人日期－准备周期＝用人日期－培训周期－招聘周期

其中,培训周期是指对新招员工进行上岗培训花费的时间;招聘周期指从开始报名、确定候选人名单、面试直到最后录用的全部时间。

如某公司用人日期为 2019 年 1 月 1 日,培训周期为 2 个月,招聘周期为 1 个月,则按上述公式计算,应从 2018 年 10 月 1 日开始招聘。

从人力资源供给因素考虑招聘时间,则主要是大中专学校毕业前三四个月。

2.招聘地点选择。招聘的地域范围要根据人才分布规律、求职者活动范围、人力资源供求状况及招聘成本大小等确定。一般的招聘地域选择规则是:高级管理人员和专家是全国(甚至跨国)招聘,专业人员跨地区招聘,一般办事员及蓝领工人常在组织所在地招聘。

3.招聘成本的估算。招聘成本的分析是决定招聘工作何时何地及如何开始的重要因素。一般来说,招聘成本是指平均招收一名员工所需的费用,其计算公式为:

$$每招聘一人所需费用＝\frac{招聘总费用}{招聘人数}$$

此外,招聘费用还包括如下内容:

(1)人事费用,即招聘人员的工资、福利及加班费等。

(2)业务费用,包括电报、电话费、差旅费、生活费、专业服务费、广告费(广播电视报刊、实地调查费)、录用前体检费、信息服务费(如介绍公司及其环境的小册子等)、生活用品及邮资费等。

(3)企业一般管理费,如租用临时设备、办公室等的费用。

(二)招聘金字塔

为了保证招聘的质量,应从足够的候选人中选拔员工,候选人的样本空间越大,所选出的

人质量越高,但是,候选人越多,挑选的工作量也越大。根据国外的一些统计资料显示,招聘金字塔可以确定为了雇用一定数量的新员工需要吸引多少人来申请工作,在逐步筛选过程中相应的人数和比例,供我国企业参考。如图 5-2 所示:

图 5-2　招聘金字塔

五、招聘方式

从应聘者的来源来看可以分为内部招聘和外部招聘两种,从节约成本的角度来看,在出现职位空缺时,一般先进行内部招聘,尤其是管理人员,大部分都是从企业内部晋升的。当从企业内部挑选不到合适的人选时,则从外部招聘。内部招聘和外部招聘的优缺点如表 5-2 所示。

表 5-2　内部招聘和外部招聘比较

	内部招聘	外部招聘
优点	可以提高和增强员工的工作积极性和进取心;内部候选人对组织的目标认同感强,不易流失;定位过程短,需要的培训少	可以为企业注入新的活力,融入不同的思想,有利于创新;可以增强竞争力
缺点	近亲繁殖,不利于创新;竞争力不强或有时会造成恶性竞争	新员工需要参加培训来完成定位过程,新员工对企业的认同感较低,会造成流失,不利于员工队伍的稳定

从具体的招聘方式来看,有九种方法:

1.广告招聘。广告招聘是通过在报纸、杂志、电视等传统媒体刊登广告吸引求职者,从中挑选人员。

在报纸上通过广告招聘的优点是广告的大小和费用可灵活选择,可根据招聘的职位选择不同的报纸,由于其发行量大,所以吸引的求职者较多。其缺点是印刷质量一般较差,企业不得不为大量无用的读者付费。

杂志广告的优点是专业性较强,可供特定的职业群体阅读。杂志的印刷质量较高,可借助于好杂志的声誉扩大企业的声誉,且广告的时限较长。它的缺点是由于发行的地域太广,故在某一特定区域招聘时不能使用;广告的预约期较长,所以不适用于招聘急需的人员。

广播电视招聘的优点是可以吸引那些不是很积极的求职者。可以将求职者来源限定在某一特定地域;生动灵活,效果较好。它的缺点是商业设计和制作不仅耗时而且成本很高,还需为无用的信息接收者付费。

此外,还可以通过在一些特殊场合,如为劳动者提供就业服务的就业交流会、公开招聘会、定期举行的就业服务会上散发零散的招聘广告。这种方式成本低,广告效应大,灵活性很强。但有时大量发行,而求职者不能到招募现场时,会造成极大的浪费。

广告招聘设计的原则:(1)从内容上看,要用简洁的语言说明企业的优势和特点,招聘的原因和所需职位的名称、数量及对应聘者的要求,工作地点和工作内容等较优厚的条件,吸引大量的应聘者。(2)从形式上看,应根据招聘职位的多少决定版面的大小和位置。既要醒目,又要节省空间;符合广告设计的要求,又有独特的创意。对创意好的招聘广告,要收集起来,以做参考。

相关链接

NLC公司的人员招募

NLC化学有限公司是一家跨国企业,主要以研制、生产、销售医药、农药为主,耐顿公司是NLC化学有限公司在中国的子公司,主要生产、销售医疗药品。随着生产业务的扩大,为了对生产部门的人力资源进行更为有效的管理开发,2000年初始,分公司总经理把生产部门的经理于欣和人力资源部门经理田建华叫到办公室,商量在生产部门设立一个处理人事事务的职位,工作主要是生产部与人力资源部的协调工作。最后,总经理说希望通过外部招募的方式寻找人才。

在走出总经理的办公室后,人力资源部经理田建华开始一系列工作,在招募渠道的选择上,他设计了两个方案:一个方案是在本行业专业媒体上做专业人员招募,费用为3500元。好处是对口的人才比例会高些,招募成本低。不利条件是企业宣传力度小。另一个方案为在大众媒体上做招募,费用为8500元。好处是:企业影响力很大。不利条件是非专业人才的比例很高,前期筛选工作量大,招募成本高。拟初步选用第一方案。总经理看过招募计划后,认为公司在大陆地区处于初期发展阶段,不应放过任何一个宣传企业的机会,于是选择了第二种方案。

其招募广告刊登的内容如下:

您的就业机会在NLC化学有限公司下属的耐顿公司

1个职位:希望发展迅速的新行业的生产部人力资源主管——主管生产部和人力资源部两部门协调性工作。

抓住机会!充满信心!

请把简历寄到:耐顿公司人力资源部

2.熟人引荐。熟人引荐是指本企业的雇员及其朋友、同学、亲戚等为企业推荐人选。

这一来源渠道的优点是:企业和应聘者双方能迅速相互了解,从而节省部分招聘费用;某些较难找的专业技术人员,通过其他渠道往往难以如愿以偿,而通过"熟人"介绍是行之有效的方法;"熟人"推荐的应聘者一旦被录用,碍于"熟人"面子,一般不会表现太差。

这一来源渠道的缺点是:易造成各方心理负担,推荐者怕丢面子,应聘者也怕丢面子,从事部门害怕影响未来的发展,这样有可能妨碍招聘中公平竞争、择优录用原则的实现;推荐录用者过多,易形成"帮派"小团体或裙带关系网。一旦雇员所推荐的人被拒绝,其本人就有可能会产生不满。

3.专门机构推荐。"专门机构"指各种职业介绍所(包括政府办的公共职业介绍机构、私人或民间的职业介绍所)、人才交流中心、各级教育机构(大中专学校)、行业工会及猎头公司。

这一来源的优点是:可以公事公办,依旧需要公开考核,择优录用;可以从这些"专门机构"直接获得应聘者的有关资料,如其学历、经历、偏好等,一方面节省招聘费用,另一方面也缩短了招聘周期。

这一来源的缺点是:寻求职业介绍机构帮助的求职者主要是熟练和非熟练工人或一般办

事员,而专业技术人员一般难以在这里聘到。从我国人才中心的统计资料来看,其招聘成功的百分比也不高;由于必须支付给这些中介机构费用,尤其是私人职业介绍所收取的费用较高,增加了招聘成本。

与就业服务机构合作应注意的问题是:向就业服务机构提供一份精确而完整的职务说明书,限定就业机构在筛选过程中所使用的程序或工具,定期地审阅那些被接受或否决的候选人员的材料,最好能跟一到两家就业服务机构建立长期性的关系。

对于高级技术和管理人才的招聘,猎头公司提供的服务比较有效。因为这些高级技术和管理人才往往都有比较好的职业,所以求职动机不强,猎头公司可以应用他们的挖人技术给企业找到优秀的人才。它们保守企业的秘密,一直到职位候选人搜寻过程的最后阶段为止。这种方法的优点在于:由于猎头公司承担了为这些空缺职位所做的一些初期性广告工作,并且对一开始可能是数百人的申请者进行预先筛选,所以企业的高层管理人员节约了用于招聘的大量时间。它的缺点是:利用这类机构进行招募活动支付的费用较高。但是这些人才为企业所做的贡献和企业高级管理人员所节约的时间远远超出了这笔费用。

在与猎头公司合作时应注意的问题有:选择一家信誉好的猎头公司,并与这一公司中直接负责本企业业务的人见面;明确收费情况如何;向这一公司提供服务过的顾客了解一些情况。

4.同业推荐。它指同等公司(企业)建立人事部门联谊及合作组织,彼此推荐适用人员的活动。

这一人员来源渠道的优点是:被推荐的人员一般情况已被了解,素质较差的一般不会被推荐,减少了招聘初选工作量;同业彼此推荐人员,可以沟通同行企业间的关系,促进彼此间的相互合作。

其缺点是:被推荐人员往往不会是第一流的。

5.招聘会。招聘会包括劳动力市场、人才市场的定期招聘及专业性的招聘会。从地域范围来看,有全国的大型招聘会、跨地区的及全省的招聘会,还有按专业划分的招聘会。

参加招聘会是企业招聘的一个主要渠道,也是展示企业风采的一个机会,所以许多企业都乐于参加。这种方式一方面可以增强企业的广告效应,另一方面可以在同行的人才竞争中处于有利地位。甚至有的企业参加招聘会的目的并不在于招人,招不到人也没有关系。招聘会的优点还在于成本较低,应聘者的来源较广,总体素质较好。

它的缺点是:招聘过程时间较长,人力资源部门的人员需要花费大量的时间去分析大量的应聘者的材料,挑选效率较低。

参加招聘会应注意的问题:应慎重选择参加招聘会的人,并对其着装、仪表、态度等方面进行规范,以免影响企业形象;提前准备好各类宣传材料,如企业简介、具有广告效应的大型牌幅,在设计上既要美观、具有吸引力,又要醒目,使应聘者对企业需求的职位一目了然;在与应聘者接触时,应简单询问一下应聘者的基本情况,同时向应聘者介绍一下本公司的情况,对明显不符合职位的应聘者以适当的方式婉言谢绝,以减少求职申请表的印刷成本和阅读大量求职申请表所浪费的时间。

6.校园招聘。企业去学校(大中专学校)招聘是一些著名的大公司常用的招聘方法。校园招聘可以在应届毕业生中形成良好的企业宣传作用,有助于吸引到刚刚毕业的优秀人才。这些刚毕业的学生具有很大的开发潜能,可塑性强,今后能为企业做出很大的贡献。另外,在招聘中可以向学校了解到毕业生的真实情况,招聘的准确度较高。

其缺点是:当毕业生在工作理想和现实的矛盾中得不到统一时,就会因不适应社会而辞职,企业必须为应届毕业生的社会适应性而付出代价。

校园招聘应注意的问题是:应选择好去哪一类大学招聘,直接关系到招聘的成本和效果。决定在哪一所校园招聘时应考虑的因素如表 5-3 所示。招聘前应制订好时间表,准备好公司手册、面试记录,如表 5-4 所示。然后确定哪些人有进一步考虑的价值。对那些给招募者留下深刻印象的求职者一般都将会被邀请去企业的办公室或工厂做一次工作现场访问。邀请函的设计应当热情而友好,要富有商业味道。

招待参观者的午餐应安排在工厂的餐厅或公司附近的餐馆、俱乐部中,最好能派一两个企业新近雇用的大学毕业生来招待求职者用餐,求职者同他们在一起会感到自在一些;录用决定应尽快通知求职者。

表 5-3　选择去一所大学招募的决定性因素

项目	重要性
在关键技能领域的声望	6.5
学校的总体声望	5.8
原来从该校录用的雇员的工作绩效	5.7
学校的地理位置	5.1
先前的录用比例及就职比例	4.6
过去的经验	4.5
潜在招募对象的数量	4.5
满足公平就业机会要求的可能性	4.3
成本	3.9
对学校教职工的熟悉程度	3.8
学生的 SAT 和 GRE 成绩等	3.0
总经理及其他管理人员的母校	3.0

表 5-4　校园面试评价表

面试评价	优秀	良好	一般	较差
教育:与工作相关的课程有哪些?				
在班上的成绩是否表明其具有良好的工作潜力?				
外表:求职者的穿着是否整齐得体?				
沟通技能是否机敏?表达意思是否清晰?				
积极性:求职者是否有较充沛的精力?其兴趣是否与工作相符合?				
态度:求职者是否乐观,易于与人相处?				

总体评价:

7.申请人自荐。个别求职者常常毛遂自荐,以信函、电话或上门的形式谋求工作。这些人当中不乏优秀者。这种方法对计时工的招募效果非常好。

这种方法可以减少广告费和招募代理费,从而削减企业的招募成本。

8.临时性招聘。临时招聘是在企业突然出现某些岗位的人员短缺或由于生产的季节性特点而定期或不定期雇用的临时工。如满足某些短期项目的售货员的需要;满足短期内对于某些特殊技能的需要。大多数非全日制雇员都被用作承担办公室、一般事务性生产、服务性工作。临时就业服务机构可以通过向雇主提供一些临时性的雇员来弥补这种供求之间的差距,其中有的雇员可能是因为种种原因而不愿与某一固定的雇主签订长期劳动合同的人。在让临时性机构招聘人员时,企业人力资源部门应向该部门提供所需人员岗位的职务说明书和所需人员数量、工作时间表、由临时工转为正式工的政策、临时就业人员的招募与福利等信息。

9.网上招聘。在网络技术高度发达的今天,在网上进行招聘是一种成本低、时间短、信息量大的有效招聘手段。尤其是有自己网页的公司,长期设置招聘栏目吸引求职者浏览自己企业的网站,不仅为企业招聘服务,而且增加了企业的产品广告效应和企业的知名度。

网上招聘还可将本企业的招聘广告放在其他网站上,或从专门的人才和招聘网站上的求职者中挑选出符合本企业相关岗位的人员,进行进一步的筛选。不管以哪种方式进行招聘,发布信息的时间性非常重要。有的企业在网上发出招聘信息并且已经招到了合适的人以后,就应将信息删除,以免引起应聘者的误会,不利于企业形象。

网上招聘的缺点是会失去一些不上网的求职者。所以这种方法适合于大型企业、外资和合资公司、高新技术企业和计算机、通讯行业的人才及中高级人才。

实践证明,电子招聘管理系统可以把人力资源部门从繁琐的招聘工作操作中解放出来,招聘管理的电子化是未来发展的趋势。

相关链接

51job.com

方正集团公司已使用 51job.com 提供的"网才"软件,这是一种面向 HR 经理、专用于高效处理求职者简历的系统。通过"网才"软件,方正集团公司实现了真正意义上的招聘工作网络化。除了在线发布招聘信息外,"网才"软件这个电子招聘助手,能够出色地完成求职者身份验证、简历的初步筛选、来信回复、信息分档存储等一系列工作。通过"网才"软件,方正集团公司 90% 的招聘程序可以在互联网上完成,同时招聘周期也缩短了 90%。

像方正集团公司一样,目前开始借助"网才"软件进行招聘工作管理的公司有惠普、英特尔、汉高、西门子、松下、四通等国内外著名企业,目前国际上 HR ASPS 的应用已非常流行,而国内的自动招聘技术还处于起步阶段,市场上的一些相关产品的质量还不是很完善。比较而言,"网才"软件更加适用,因为"网才"是以易于处理的标准化的数据方式出现的,它能很方便地和企业现有的系统结合起来,建立符合企业需要的筛选机制。比如,HR 经理可根据特定职位的要求定制查询方式,找出自己认为是最好的候选人,并设置几种回信格式,让系统自动地给申请人回信,告诉他们目前的情况,同时让公司了解一个人处于招聘过程中的哪个阶段,从而防止申请由于中间发生过失而中断。而所得到的求职者信息也可以根据事先的设置,进入不同的分类地址……

另外,"网才"不同于其他产品的一个明显特点是通过互联网运行,客户端没有硬件设施需要维护,也不需要专人监管网络系统。这样在无须企业 HR 经理和 IT 部门做任何人手和资金投入的情况下,就可以设置成与用人企业组织结构完全吻合的职位库。无论分公司还是部门需要用人,都可以直接在"网才"上发送,改变了过去用人申请在企业内须层层递交的麻烦,使各个用人企业对本公司即时招聘需求得到体现和管理。同时,51job.com 提供的专业队伍,包括站务维护、数据库管理员和软件工程师保证系统一天 24 小时、一周 7 天运转正常,使 HR 经理们能够更大程度地享受网络招聘带来的便利。

从上述九种招聘方式来看,各有其长处与不足,在使用时,各企业可以根据自己的实际情况选择不同的招聘方式。

第二节　内部招聘与外部招聘

一、内部招聘的方式和流程

内部招聘是指通过企业内部去获取企业新需要的各种人才。企业本身是一个人才的蓄水池,由于工作和岗位的原因,很多人才的优点未能被发现,因此内部获取的最重要方式是竞聘上岗。

(一)竞聘上岗的原理

当前,国内的大、中型国有企业人事制度改革正在向前推进,其中之一就是中层干部的竞聘上岗。干部竞聘上岗是与干部任期制和能岗匹配制密切相连的,能岗匹配原理是竞聘上岗的理论基础,干部任期制是竞聘上岗的制度基础,这三者的结合使国有企业人事制度改革成为操作性很强、威力也很强的一项行之有效的改革。

目前干部竞聘上岗有以下几种情况:规定所有干部的任期,任期一到,全部下岗,而后在企业内部范围内重新公开竞聘上岗;对现有空缺岗位与新增岗位竞聘上岗;对部分岗位作竞聘上岗的试验,以求逐步推广。

竞聘上岗的原理是:具有一定学历和一定经历的人群均可能具备担任某一岗位职务的能力,谁是这一岗位最适合者,必须通过公开竞聘的方式,从这一组人群中挑出最适合、最匹配的人,使职得其才,才得其用,能岗匹配,效益最佳。

目前试行的竞聘上岗正是基于追求人才合理地开发、人才合理地配置、人才的最佳使用为目的。同时是对传统的人事任免制度的改革,是极大鼓舞斗志、广开才路的好方法。

竞聘上岗应属于内部获取人才的主要方法,是当前形势下的一个特例,具有创新性、竞争性和科学性。

(二)竞聘上岗的操作规程

竞聘上岗是当前人事制度改革的一个新生事物,代表传统的人事管理向新型的更注重能力开发的人力资源管理的转变,竞聘上岗应符合一定的操作规程,否则,不仅影响了改革的权威性,而且也直接影响了改革的效果。

1.竞聘上岗的岗位必须事先公布,必须使所有员工周知。

2.为保证竞聘上岗的公正、公开、公平,必须成立竞聘上岗领导小组,小组内应至少有一人是企业外部专家,负责指导较专业、较科学的竞聘工作,同时监督其公正性。

3.所有竞聘岗位无一例外地不能有定选对象,领导不能参与推荐、暗示或个别谈话。

4.竞聘岗位均要有科学完整的岗位说明书，并公告企业员工周知，对应聘条件的设计必须具有普遍性，不能针对某些个体或小群体，应结合企业实际情况，确定合适的基本条件。

5.要注意"申请池"的大小规格，一个岗位，不能只有一两个人申请，一般比例不应低于1：6。"申请池"太大也不好，应聘者的希望过于渺茫，竞聘成本也高。"申请池"的大小，通常与竞聘条件的选择有关，一旦出现"申请池"太小，可考虑放宽竞聘条件或放弃该岗位的竞聘，待条件成熟时再竞聘。

6.竞聘的步骤可按以下方法进行，部分企业可根据具体情况采用其中的若干步骤。

（1）发布竞聘公告：包括竞聘岗位、职务、职务说明书、竞聘条件、报名时间、地点、方式等。

（2）对"申请池"进行初步筛选，剔除明显不符合要求的申请者，使"申请池"变小。

（3）组织相关的"文化考试"或"技能考试"，组织必要的与竞聘岗位有关的其他测试。

（4）情景模拟考试。

（5）组织"考官小组"进行综合全面的"诊断性面试"，面试的指标体系的设计和权重体系的设计是至关重要的，一定要有针对性，不同的企业应采用不同的指标体系和权重体系。

（6）辅以一定的组织考核，对应聘者以往的工作业绩、实际的工作能力、群众对其的认可度等进行考核，按1：3的比例推荐给企业领导。

（7）按德、才、能、识、体进行全面衡量，在符合企业运作的决策会议上作出决策。

（8）公布决策，宣布任命。

二、内部获取的优点

（一）能激发员工的内在积极性

随着社会的进步和经济的发展，人们的需求已逐步地把对货币报酬的狂热转移到一些非货币报酬上来。在非货币报酬中，有工作本身的报酬（包括工作的挑战性、先进性、趣味性等）和工作环境的报酬（包括企业的知名度和社会美誉度、企业的发展前景、个人的发展空间、有能力而公平的领导、健康环保舒适的工作环境、融洽的人际关系等），其中人们最关心的是"个人发展空间"和"工作的挑战性"。"内部获取"的方法本身就存在着极大的鼓舞员工内在积极性的功能。企业一旦启动内部招聘，员工就感受到企业真正提供给自己的发展空间，存在着晋升的希望和推销自己、引起组织注意和信任的希望。

（二）能迅速地熟悉工作和进入工作

"上岗"和"入岗"始终是我们招聘工作中不可忽视的两个方面，既保证有合适的人实实在在地"上岗"，还要保证他能迅速地进入角色，即"入岗"。内部获取的人力资源由于熟悉企业的工作环境和工作流程，熟悉企业的领导和同事，了解并认可企业的文化、核心价值观和其他的硬件环境。因此，他们能迅速地"上岗"，又能迅速地"入岗"，减少了由于陌生而必须缴纳的各种"学费"，包括时间、进度和可能的失误。

（三）保持企业内部的稳定性

新员工和老员工、新员工和企业，碰撞最多的是企业文化和企业核心价值观，当然也有一些非主流方向的碰撞。无论是何种碰撞，其结果都有两个方面的作用，一是促进企业思考和发展，一是扰乱了企业的日常秩序和日常运作，可能出现不稳定。而内部获取使企业在补充优质人力资源到重要岗位和合适岗位时，不会出现任何的不稳定因素，保持了企业内部的稳定性。

（四）尽量地规避了识人用人的失误

日本采用企业内部谨慎而缓慢的提升制度是有一定道理的，其主要作用是尽量多地规避了用人失误的风险,尽量少地承受了识人用人失误的代价。内部获取由于对员工较长时间的了解,就可以有效地规避识人、用人的失误。

(五)人员获取的费用最少

一次大规模的公开招聘,总要消耗企业相当多的时间和财力。其中包括招聘前的准备,招聘中的运作、评价、测试和背景资料的收集,招聘后人员到位的一系列安排,均需消耗企业的财力、物力。内部获取可以节省各个环节相当多的财力开支,使人员获取的费用降到最小值。

三、内部获取的缺点

(一)容易形成企业内部人员的板块结构

人员流动少以及内部晋升的途径和方法均容易形成企业内部人员的帮派和板块结构,即可能有因袭的重负:如同乡、同学、师兄弟、同班组等;也可能有利益群体的形成,当内部晋升渠道畅通时,非正式组织想推举自己小圈子的人员就成为一种必然。

(二)可能引发企业高层领导的不团结因素

用人的分歧历来是企业高层领导各种分歧可能中最容易引起断裂的分歧,因为这涉及权力的分配,涉及个人核心班子的组成和个人的威信。因此,当用人出现分歧时,可能引发企业高层领导原本存在的不团结因素走向高潮,而这种状况的产生是内部人员获取过程中最大的损伤。

(三)缺少思想碰撞的火花,影响企业的活力和竞争力

内部晋升,被晋升的人和企业群体原本是和谐的,观念、文化、价值观彼此认同。因此,那种"新官上任三把火"的状态不会存在,企业不会因为这种人事变更产生思想碰撞,也不会产生由于这种碰撞出现的不平衡,而引发深层思考和继续碰撞,企业在这一过程中明显地缺少活力。

(四)当企业高速发展时,容易以次充优

不少企业为了规避识人与用人的失误,几乎所有的干部均由内部选拔。由于身边的人是总经理最了解和最信任的人,所以每次内部晋升时,总裁办或秘书群总是晋升的主要对象,以至于不少企业的员工说,总经理身边的人个个都"鸡犬升天"。当企业高速发展时,这种由内部晋升的方法不仅不能满足工作的需要,而且"以次充优"的现象将会十分普遍和严重,这就大幅度地降低了企业的竞争力和向上发展力。

(五)营私舞弊的现象难以避免

由于彼此的熟悉和了解,当一个崭新的机会来临时,不可避免地会出现托人情、找关系的现象,这种找关系的结果就会出现徇私情、走后门、官官相护或利益联盟,这就有可能败坏企业内部的肢体。

(六)会出现涟漪效应

内部的每一次提升,会出现一连串的提升和调动,这种"牵一发而动全局"的涟漪效应会使企业领导不得不去接受本不应该移动的岗位和个人,从而给企业工作带来伤害。

(七)近亲繁殖使后续发展力度受到影响

师带徒的形式始终是企业"人才流"形成的主要形式,内部晋升容易出现"近亲繁殖",犹如人类的发展一样,近亲繁殖容易产生痴呆儿和智力发育不够好的弱智儿。因此,智力的近亲繁殖、企业经营理念和方法的"近亲繁殖"都可能给企业后续发展带来不良的影响。

内部获取的方式对于国有企业而言,将日益地得到普及和重视,原有的任命制将随着改革的深入、市场经济的要求、入世后的挑战而逐渐退隐,代之而起的是内部的竞聘上岗。我们还将继续深入地研究竞聘上岗的方法和竞聘之后的选择与决策,这对于国有企业葆有生存的生机和发展的动力均是十分重要的。

四、外部获取的方法

1.人力资源规划。在前面我们已经详细地研究分析了人力资源规划。人力资源规划对劳动力市场环境要有充分的认识,对内部的需求和内部的人员分布状况、知识结构、年龄结构、性别结构应有相当充分的分析,在此基础上,提出稀缺的岗位和人数,同时为战略人力资源考虑,对企业人力资源的储备作出必要的决策。

2.岗位分析。岗位分析包含两个方面,一是工作是什么,二是谁适合这个工作。前者是对工作本身的描述,包括工作内容、工作职责、工作关系、工作本身在企业中的重要程度、工作赋予工作者的权利、荣誉等。后者是对"门槛"的界定,即怎样的人可以进入竞争,其中包括学历、经历、能力、知识、智商、情商等个人的"硬件"和"软件"。岗位分析是外部获取时重要的准备。

3.确立招聘领导小组和招聘工作小组。领导小组应包含企业的主要领导、人力资源部门的领导和需求部门的领导,工作小组则应由有招聘经验的若干人员组成,同时在招聘的全过程中应有人力资源专家的参与指导。

4.确立招聘的方式是内部招聘还是外部招聘。

5.确定广告的形式、广告覆盖的地区、广告覆盖的广度。一般来说,招聘越高层次的领导,所需的人才越少,质量越高,广告的覆盖面越大;招聘层次较低的人员,所需的人员多,质量较一般,广告的覆盖面小。

6.制订招聘所需的各类表格,确立招聘的时间、地点、方式。

五、外部获取的优点

(一)带来新思想、新观念,补充新鲜血液,使企业充满活力

企业引进一个人,这个人必然会风风火火地进入企业,因为多数应聘者是想有所为、有大为,才会积极参与应聘的,他们必然给企业带来新的观念、新的信息、新的思想方法、新的文化和价值观,甚至新的人群和新的社会关系。这种引进,必然给企业带来思想碰撞,带来新的活力。

(二)加强战略性人力资源目标的实现

战略性人力资源目标是紧扣企业战略目标而设定的,具有战略性、前瞻性、科学性和系统性,因此,选人的标准就必须符合战略性要求,高层次的人才、高新技术人才、管理人才、稀缺人才等,都要有计划、分阶段地引入,包括成本核算、岗位匹配、能力培养、职业规划等均需有计划,并在一个大系统中运行。

(三)可以规避涟漪效应产生的各种不良反应

当企业由于工作发展而需要增设一个领导岗位时,或者因为退休、离职、调动、流动、生病等各种原因产生人才需求时,内部晋升的涟漪效应,即动一岗则动多岗、动一人则动多人的现

象使企业被迫接受许多不应接受的岗位和人员变动,外部招聘则完全规避了涟漪效应,按图索骥即可,无需动其他岗位和人员。

（四）规避过度使用内部中不成熟的人才

以次充优和过度使用内部人才是内部招聘的主要弊端,外部获取保护和完善了"能岗匹配"的原理,使内部人员能获得必要的培训和充足的成熟时间,规避了过度使用不成熟的人才。

（五）大大节省了部分培训费用

"按图索骥"使企业能获得高素质人才,他们符合企业所要求的学历和经历。这样,企业节省了部分培训费用。外部招聘是"拿来主义",不仅节省了培训费用,而且节省了培训时间;它节省了学历教育所付的费用,更重要的是节省了为获取经验所交的"过失费用",这种社会学校和商业战场的"学费"常常较之学校学历教育所付的费用更加昂贵。

六、外部获取的缺点

（一）招聘成本高

招聘高层人才,所需的人才少,招聘的覆盖区域却要宽得多,有时甚至覆盖全国或者一个大片区;招聘人才层次低,所需人才多,招聘的覆盖区域却可以相对小,有时甚至在一个县区或一个地区即可,但无论是招聘高层次人才,还是中、基层人才,均须付相当高的招聘费用,这包括招聘人员的费用、广告费、测试费、专家顾问的费用等。

（二）可能会选错人才

虽然招聘的过程经过层层把关,又因为有专家顾问的参与,选才的准确度大大提高,但仍无法排除选错人的风险。因为任何事物均有其规律性,有些应聘者是应聘场上的"老运动员",具备应付临场考试的各种能力,却偏偏不具备实践工作中所要求的那些能力,这种人比例虽小,但也有可能会被某些企业所误用。这样,选错人的风险依然存在,不仅浪费了人力、物力、财力,而且影响了企业的正常运作,这些被耽误的时间可能会直接导致企业耽误了发展的良机。

（三）给现有员工以不安全感

每当企业由于某个原因出现干部需求时,企业内部的员工就会渴望获得它。每当这种机会出现时,企业就从外部招聘合适的人员来补充,这必然会使内部员工感觉到自己"永远漂泊在河流中",不能泊岸,也没机会泊岸,会逐步产生对现有职业的不安全感,员工的不安全感必然导致工作的情绪低落,员工队伍的稳定性受到挑战。

（四）文化的融合需要时间

引入的人才会带来新观念、新思想、新信息,同时也带来对现有企业文化的挑战和思考,文化和价值观的融合需要时间,彼此的认同和相互吸引是事业成功的基础,而融合的时间会部分地影响工作的进展。

（五）工作的熟悉以及与周边工作关系的密切配合也需要时间

新引入人才的"上岗入位"是一件不容易立刻办到的事情,对本职工作的熟悉,对企业工作流程的熟悉,对与之配合的工作部门的熟悉,与领导、下属、平级同僚的工作默契均需假以时日培养,对企业外界相关工作部门的熟悉和建立良性关系,这些也同样需要时间,这种时间成本的投入也是必须考虑的不利因素。

七、内部获取与外部获取的比较分析

以上分析了内部获取与外部获取各自具备的优点和缺点,对于一个企业,把握人力资源获取必须注意以下几个方面:

1.外部获取是企业补充人员的主渠道。

2.高层管理人才应畅通外部获取与内部获取两个渠道。

3.高新科技人才应主要考虑从外部获取,应委托专门的猎头公司或从专门科研机构获取。

4.中层管理人员可考虑以内部获取为主。在企业高速发展时,应着眼于战略人力资源储备,此时应采取内部获取与外部获取相结合。

5.无论是内部获取还是外部获取,都应争取企业外部专家顾问的帮助。

6.无论何种渠道获取,均应注意公平、公开、公正。这既是企业文化的锤炼,也是企业形象的锻造,同时也是增强企业凝聚力、创造力的关键所在。

7.人力资源的获取,既是人力资源管理部门的主要工作,同时也是企业领导的核心工作,企业领导必须亲自关心、关注和参与。

第三节　招聘流程及技术

一、招聘流程

招聘流程是指从招聘计划开始到录用的整个过程,它是利用各种先进的技术吸引应聘者,反复挑选测试,最后决定人选的一系列程序。具体步骤如下(如图 5-3 所示):

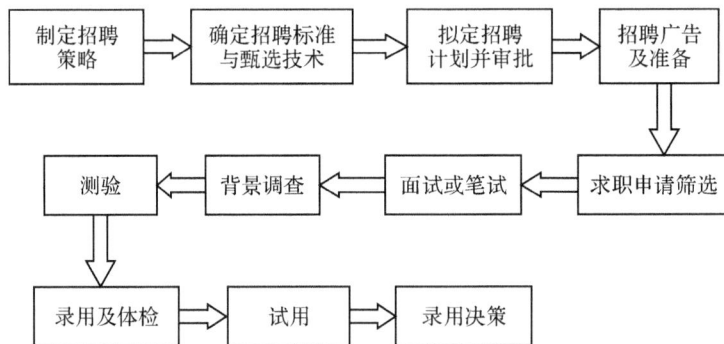

图 5-3　招聘程序

1.根据企业发展战略和人力资源规划,确定人员的净需求量,并制订人员招聘策略。在企业的中期经营规划和年度经营计划指导下制订出不同时期不同人员的补充规划、调配计划、晋升计划。

2.依据职务说明书,确认职位的任职资格及招聘选拔的内容和标准。据此再确定招聘甄选的技术。

3.拟定具体招聘计划,上报企业领导批准。

4.人力资源部门开展招聘的宣传广告及其他准备工作。

5.审查求职申请表进行初次筛选。

6. 面试或笔试。

7. 背景调查。

8. 测验。

9. 录用及人员体检。

10. 试用。

11. 录用决策。

二、招聘技术

(一)求职申请表的设计

求职申请表是企业人力资源部门在招聘中经过精心设计的、由应聘者填写的、反映应聘者实际情况的表格,如表5-6。

表 5-6 求职申请表

应聘职位					
第一职位期望薪酬			第二职位期望薪酬		
姓 名		性别	年 龄	出生日期	
身 高		婚否	民 族	血 型	
政治面貌		是否参加过社保	到岗时间		
籍 贯			户口所在地		
现住址			E-mail		
联系电话			身份证号码		
计算机技能			英语能力		

受教育情况

年 月— 年 月	毕 业 院 校	专 业	学 历

最高学历、学校、学生处联系人及电话	

工作履历(从最近的工作写起)

公司1名称		工作时长合计 个月	
工作内容 (详述)			
入职日期		入职职位	入职薪酬
离职日期		离职职位	离职薪酬
离职原因			
人力资源部负责人		联系电话	
公司2名称		工作时长合计 个月	

工作内容（详述）					
入职日期		入职职位		入职薪酬	
离职日期		离职职位		离职薪酬	
离职原因					
人力资源部负责人		联系电话			
公司3名称		工作时长合计		个月	
工作内容（详述）					
入职日期		入职职位		入职薪酬	
离职日期		离职职位		离职薪酬	
离职原因					
人力资源部负责人		联系电话			
若还有其他工作经历请简单介绍					
如您没有工作的时间超过2个月请简单说明					

主要受培训情况

受训时间	受训内容	受训地点	所获证书

家 庭 情 况

姓　　名	关　系	工作单位	职　　位	联系电话

(二)面试

面试是一种经过精心设计,在特定场景下,以面对面的交谈与观察为主要手段,由表及里测评应试者有关素质的一种方式。

1.面试的优点。

(1)内容的灵活性。面谈的内容主要包括：仪表与风度、工作动机与愿望、工作经验、经营意识、知识水平、专业特长、精力、活力、兴趣、爱好、思维能力、分析能力、语言表达能力、反应能力、应变能力、工作态度、诚实性、纪律性、自知力、自控力等。

根据岗位的不同，可以选择有针对性的问题作为提问的重点，进行深入的调查，充分把握应聘者的总体素质水平。面谈可以测评个体的任何素质。

(2)信息的复合性。面试是通过问答的形式进行交流的。在面谈中，主试者除了根据应试者的回答内容做出判断之外，还可以根据应试者的体态语言做出判断。面试中的体态语包括：手势、身势、面部表情、眼色、人际空间位置等一系列能够揭示内在意义的动作。这样，主试就可以通过问、听、观等多种信息的综合对应聘者做出比较准确的判断。研究表明，在所有测评方式中面试的信息最多、利用率最高。

(3)交流的直接互动性。面试中被试的回答及行为表现，与主试的评判是相连接的，中间没有任何转换形式；面试中主试与被试的接触、交谈、观察是相互的，是面对面进行的，应聘者没有时间充分思考后再作答，所以在一定程度上避免了回答的非真实性，使面试的效度保持在70％以上。面试可以有效地避免高分低能者或冒名顶替者入选，也可以弥补笔试的失误。

2.常用的面试技术。

(1)充分做好面试前的准备工作。

①在面试前首先应确定面试小组的成员。其成员一般由人力资源部门的人员、部门负责人、企业高层领导及外请的人力资源专家构成。

②确定面试的形式。常用的面试形式有：结构化面试、半结构化面试及非结构化面试三种。

A.结构化面试。此类面试要先制订好所提出的全部问题，然后一一提问。这样有准备的系统式的提问有利于提高面试的效率，了解的情况较为全面，但谈话方式程式化，不太灵活。

B.非结构化面试。面试者在面试中可随时发问，无固定的提问程式。针对不同应聘者所提的问题也不同，这种面试可以了解到特定的情况，但缺乏全面性，效率较低。

C.半结构化面试。将结构化面试和非结构化面试结合起来，称为混合式面试。这种方法可以取二者之长，避二者之短，所以是常用的一种方法。

③布置好面试的场景。面试的场景要安静、明亮，有一定的音响设备和摄像设备，以便于其他人员了解应聘者，同时模拟的电话等音响可用于在应聘者长篇大论而不切题时有礼貌地打断他的回答。所以，面试的场景是经过精心设计的。另一方面，要设计好主试与被试的位置。一般情况下，主试与应试者的距离在1米到1.5米之间。过近，易造成应试者紧张；太远，看不到应试者的体态语言，易导致对应聘者判断不准确。

(2)提问的技巧。开始与应试者接触，提问应自然、亲切、渐进、聊天式地导入；所问的问题应通俗、简明、有力。同时，应注意选择适当的提问方式。常用的提问方式有：

①收口式。这是一种只要求应试者做"是""否"一个词或一个简单句的回答。

②开口型。所谓"开口型"提问，是指所提出的问题应试者不能只用简单的一个词或一句话来回答，而必须另加解释、论述，才能圆满回答问题。

③假设式。虚拟式的提问一般用于了解应试者的反应能力与应变能力。

④连串式。这种提问一般一次提三到五个问题，让应试者一起回答。往往用于考查被试者的注意力、瞬时记忆力、情绪稳定性、分析判断力、综合概括能力等。

⑤压迫式。这种提问方式带有某种挑战性,其目的在于创造情景压力,以考查应试者的应变力与忍耐性,一般用于压力面试中。这种提问多是"踏被试者的痛处"或从应试者的矛盾谈话中引出。

⑥引导式。这类提问主要征询应试者的某些需求或获得一些较为肯定的回答。如涉及薪资、福利、待遇、工作安排等问题,宜采取此类提问方式。问题安排要先易后难循序渐进。

在应试者回答问题时,应注意善于恰到好处地转换、收缩、结束与扩展。所谓收缩与结束,指的是当应试者滔滔不绝而且离题很远时制止的一种方式。直接打断当然是一种方式,然而采取下列方式进行收缩与结束,效果会更好些:先可以假装无意之中掉下一枚硬币、钥匙、烟卷、打火机、笔记本、钢笔等东西,利用声音打断被试者的思考及话头,然后再抓住机会说:"说得不错,让我们谈下个题目。"

提问时还应坚持问准问实原则。美国劳动保护著名工程师约卡普提出的八步问题交谈法是用于测评工程技术人才的,可以作为提问的一个标准。具体步骤如下:

第一步:询问被试者是否具备某种创造才能。一般情况下,对象回答时持慎重态度。但是也不能排除某些外向的、急于显露身手的人作出肯定性回答。

第二步:请被试者提供有关方面的论文、著作,了解其数量和质量。如对象获得过专利,或受到某种表彰、奖励也应予以记录。

第三步:考察其思维独立性。尤其对刚参加工作的应试者,可以让他回忆一下,在校读书期间,哪些实验给他留下了深刻的印象。还可以让他谈谈当前的工作情况。通过谈话可以判断,对象喜欢钻研难题,还是宁肯驾轻就熟。注意:一个有才干的人,比较倾向于谈论弄不明白的问题和棘手的事,而一味奢谈确定无疑的东西,则是才智平庸的表现。

第四步:考察其想象力。因为它是创造活动中一项基本的因素。

第五步:摸清个性倾向。不同的职业对从业者有不同的个性要求。如具有喜好感情活动(如音乐美术)个性倾向的人,将有益于其技术才能的发展。

第六步:深入专业领域。在这样的交谈中,有的应试者喜欢引经据典,但不大能表达自己的见解与判断。这种人,智商或许较高,但不一定能承担创造性高的工作。

第七步:给应试者出一个具体的试题。可以结合其所学专业提出一个要求多思路回答的问题,有才能的人提出的解题办法多,并且不怕提出假设性的想法。

第八步:请一位有关的专家与应试者交谈,并请他发表意见。

注意为应试者提供弥补缺憾的机会。

(3)听的技巧。在倾听应试者回答时,主试者的目光大体要在应试者的嘴、头顶和脸颊两侧这个范围活动,给对方一种你对他感兴趣、在很认真地听他回答的感觉,同时伴以和蔼的表情与柔和的目光与微笑。要正确应用目光和点头的作用。不要在应试者回答的开始时随意点头、摇头、皱眉等,以免对应试者有暗示的作用,泄露答案。要注意从言辞、音色、音质、音量、音调等方面区别应试者的内在素质。要善于把握与调解应试者的情绪。

(4)观察的技巧。观察时防止以貌取人、先入为主。要坚持目的性、客观性、全面性与典型性原则。所谓目的性原则,就是主试者事先要明确面试的目的、面试的项目以及观察的标志与评价的标准,面试中要使自己的面试活动紧紧围绕面试目的进行。所谓客观性原则,就是主试者在面试中不要带着任何主观意志,一切本着实事求是的原则,从应试者实际表现出发进行测评。所谓全面性原则,就是主试者应该从多方面去把握应试者的内在素质,而不能仅凭某一个行为反应就下断言。所谓典型性原则,就是要求主试者要抓准那些带有典型意义的行为反应。

面试中应试者对主试者的提问会做出许许多多的行为反应,实际上其中真正能够从本质上揭示素质的行为反应非常少,我们把部分行为反应叫做典型行为反应。

另外,应充分发挥感官综合效应与直觉效应。

(5)评的技巧。对应试者的评价,要坚持定性和定量相结合的方法。定性方法是指评价时要注意应试者行为反应中具有典型意义与客观识别的行为。如"出汗""回答拖泥带水""眼睛不敢正视主试"等。定量的方法是将面试的内容进行量化处理,给每一个应试者的每一项回答打分,最后记总分。评判表如表5-7所示。

表5-7　面试评判表

时间　　年　月　日	应试者姓名	考官姓名
(评定)　　总分	优秀　　很好　　普通	较差　　差
评定项目	着眼点	评定分数 (1 2 3 4 5)
协调性	合作意识 自我本位感	
积极性	进取心 朝气 活力	
诚实性	责任感 忍耐力 坚强	
表现性	正确性 逻辑性	
态度	认真 自然 沉着	
创造性	新方法 新思维	
BD问题的回答评价	对于事实的陈述	
求职动机及价值观	动机 目的	
仪表风度等外观总体评价		
总体判定		
对于拟任职务的适合性		

3.提高面试质量的方法。

面试,从设计、组织、实施到最后录用,是一个系统的工程,要提高面试的质量应该按一定的程序进行。面试的组织与实施可参考以下程序进行：

(1)精选面试官；

(2)对面试官进行培训；

(3)给每个面试官提供一份好的职位说明书；

(4)告诉每个考官观察什么；

(5)告诉每个考官注意听什么；

(6)告诉每个考官如何有效地利用所"看"到与"听"到的信息,正确、客观地解释应试者的反应；

(7)采取评判表的形式使各个考官的评判方式趋于一致；

(8)对整个的面试操作提出统一的原则性的要求。

(三)背景调查

背景调查最好安排在面试结束与上岗前的间隙,此时,剩下的佼佼者数量已经很少,进行背景调查的工作量相对少一些,并且根据几次面试的结果,对他们介绍的资料已经熟悉掌握。此时调查内容应以简明、实用为原则,内容简明是为了控制背景调查的工作量,降低调查成本,缩短调查时间,以免延误上岗的时间而使用人部门人力吃紧,影响业务开展。再者,优秀人才往往几家公司互相争夺,长时间的调查是给竞争对手制造机会。内容实用指调查的项目必须与工作岗位需求高度相关,避免查非所用,用者未查。调查的内容可以分为两类,一是通用项目如毕业学位的真实性、任职资格证书的有效性；二是与职位说明书要求相关的工作经验、技能和业绩,不必面面俱到。

背景调查可以委托中介机构进行,选择一家具有良好声誉的咨询公司,提出需要调查的项目和时限要求即可。如果工作量较小,也可以由人力资源部操作,建议根据调查内容把目标部门分为3类,分头进行调查。一是学校学籍管理部门,在该部门查阅的教育情况,能够得到最真实可靠的信息,"真假李逵"即可分辨,持假文凭者此时就现原形。二是历任雇佣公司,从雇主那里原则上可以了解到应聘者的工作业绩和表现。有的雇主为防止优秀员工被挖走,而故意低调评价手下干将,以打消竞争对手的意图,所以应加以识别。三是档案管理部门,一般而言,从原始档案里可以得到比较系统、原始的资料。目前档案的保管部门是国有单位的人事部门和人才交流中心,按照规定他们对档案的传递有一套严格保密手续,因此,档案的真实性比较可靠,而员工手中自带的档案参考价值大打折扣。但目前人才中心保管的档案存在资料更新不及时的普遍缺陷,员工在流动期间的资料往往得不到补充,完整性较差。相比较而言,国有单位的人事部门对自己员工的资料补充较好,每年的考评结果都会入档。但源于国有单位知道跳槽的动机,在新单位决定录取之前不愿与原单位摊牌,怀有很多实际的顾虑,在背景调查时一定要考虑应聘者的心理压力,如何与其人事部门联系需要一定的技巧与艺术。

(四)心理测验

心理测验是行为样组的客观和标准化的测量。它是一种标准化的、力求客观化的测量。

根据测验的具体对象,可以将心理测验划分为认知测验与人格测验。认知测验测评的是认知行为,而人格测验测评的是社会行为。认知测验又可以按其具体的测验对象,分为成就测验、智力测验与能力倾向测验。成就测验主要测评人的技能,这是对认知活动结果的测评；智力测验主要测评认知活动中较为稳定的行为特征,是对认知过程或认知潜在能力的测评,是对认知活动的深层测评。人格测验,按其具体的对象,可以分成态度、兴趣与品德(包括性格)

测验。

心理测验的目的在于从人的素质方面来把握求职者的能力结构是否符合所招聘岗位的要求，并能预测到应聘者在今后的工作中的发展趋势，从而提高招聘的准确度。

常用的量表测验或已转化成测评软件的量表有：

基本个性测验：个性品质测验、DISC 个性测验、卡特尔 16 因素人格测验、管理人员人格测验、艾森克个性问卷、明尼苏达多项个性问卷、气质测验。

职业能力测验：职业适应性测验、职业兴趣测验、多项能力与职业意向咨询、普通能力倾向成套测验（GATB）。

一般能力测验：能力测验、数量分析能力测验、创造性思维测验。

智力测验：瑞文标准推理测验、团体智力测验。

人际关系测验：敏感性沟通能力测验、人际敏感能力测验、人际关系管理测验、沟通技能测验。

管理能力测验：管理人员逻辑推理测验、面向高绩效管理的测验、团队指导技能测验、XYZ 管理方式测验、基本管理风格测验、管理情境技巧测验、管理变革测验。

其他测验：生活特性问卷、需求测试、个体行为评估、领导行为评估、团体行为评估、基于情境的测验、自我实现测验、组织绩效测验。

在面试中常用的心理测验往往是几种量表的组合，常用于企业中较高的职位，但其成本较高，尤其是请外部专家来做，费用更高。

在面试中应用心理测验，应注意量表的效度和信度。效度是指测评结果对所测素质反映的真实程度。对这种真实性的具体衡量有三个指标：一是从内容性质方面分析其内容效度，二是从效标相关性方面分析其关联效度，三是从实证方面分析其结构效度。信度是指测评结果反映所测素质的准确性。对于这种准确性的衡量有四个指标：①再测信度，指测评结果与以同样的测评工具、测评方式与测评对象再次测评结果间的差异程度；②复本信度指测评结果相对于另一个非常相同的测评结果的变异程度；③一致性信度指所测素质相同的各测评项目分数间的一致性程度；④评分者信度指测评者个体的主观误差而引起的差异程度。

（五）评价中心技术

评价中心技术是一种测评被测管理素质中心标准化的一组评价活动。它具有信息量大、形象逼真的特点，但其成本最高，需要有专门的场所，一般只用于管理人员的选拔。常用的评价中心技术有：

1.公文处理。公文处理是评价中心用得最多的一种测评形式，其使用频率高达 81％。被试者假定为接替或顶替某个管理人员的工作，在其办公室的桌上堆积着一大堆亟待处理的文件，包括信函、电话记录、电报、报告和备忘。它们分别来自上级和下级、组织内部和外部的各种典型问题和指示。所有这一切信函、记录与急件都要求在 2—3 个小时内完成（美国电话电报公司要求 3 小时内处理 25 件公文）。处理完后，还要求被试者填写行为理由问卷，说明自己为什么这样处理。对于不清楚的地方或想深入了解应试者，评价者还将与应试者交谈，以澄清模糊之处。然后主试者把有关行为逐一分类，再予评分。

通过以上一系列测评活动，主试者观察应试者对文件的处理是否有轻重缓急之分，是有条不紊地处理并适当地请示上级或授权下属，还是拘泥于细节、杂乱无章地处理。由此测评应试者的组织、计划、分析、判断、决策、分派任务的能力和对于工作环境的理解与敏感程度。

公文处理的形式，按其具体内容，又可以分为三种形式：

（1）背景模拟。这种形式在正式开始前,便告诉应试者所处的工作环境,在组织中所处的地位,所要扮演的角色,上级主管领导者的方式、行为风格,情景中各种角色人物的相互需求等信息,用以测评应试者的准备与反应的恰当性。

（2）公文类别处理模拟。在这种形式中,所要处理的文件有三类。第一类是已有正确结论的并已经处理完毕归档的材料。因这类文件已有结论,容易对应试者处理的有效性作出判断;第二类是处理条件已具备,要求应试者在综合分析的基础上进行决策;第三类是尚缺少某些条件和信息,看应试者是否善于提出问题和获得进一步信息的要求。

（3）处理过程模拟。这种形式要求应试者以某一领导角色的身份参与公文处理活动,并尽量使自己的行为符合角色规范。当应试者在规定时间内阅读完背景材料后,主试即宣布测评活动开始,并告诉应试者递交处理报告的时间,讨论中应试者可自由发表观点,并为自己决策辩护。在讨论中不仅是要讨论出答案,而且主试者要让应试者去预测自己的想法可能会带来的后果,并自我纠正自己的错误观点和决策,以激发其潜在的智能。

2. 小组讨论。小组讨论中典型的形式是无领导小组讨论,主试者一般是坐在讨论室隔壁的暗室中,通过玻璃洞或电视屏观察整个的讨论情形,通过扩音器倾听着组员们的讨论内容(当然若有条件也可以录音录制),看谁善于驾驭会议,善于集中正确意见并说服他人,达到一致决议。

在这种形式下,评分的依据标准是:发言次数多少,是否善于提出新的见解和方案,敢于发表不同意见,支持或肯定别人的意见,坚持自己的正确意见;是否善于消除紧张气氛,说服别人,调解争议问题,创造一个使不大开口的人也想发言的气氛,把众人的意见引向一致;看能否倾听别人意见,是否尊重别人,是否侵犯他人发言权。还要看语言表达能力如何,分析问题、概括或总结不同意见的能力如何,看发言的主动性、反应的灵敏性如何等。

小组讨论的形式有两种,一是角色指定形式,二是无角色自由讲座形式。前者的代表是有领导小组讨论,后者的代表是无领导小组讨论。

3. 管理游戏。管理游戏也是评价中心常用的方法之一。在这种活动中,小组成员各被分配一定的任务,必须合作才能较好地解决它。比如购买、供应、装配或搬运。有时引入一些竞争因素,如三四个小组同时进行销售或进行市场占领,以分出优劣。

例1:小溪任务。给一组应试者一个滑轮及铁管、木板、绳索,要求他们把一根粗大的圆木和一块较大的岩石移到小溪的另一边。这个任务只有通过应试者的努力协作才能完成。可以在客观的环境下,有效地观察应试者的领导特征、能力特征、智慧特征和社会关系特征等。

管理游戏的优点是:首先,它能够突破实际工作情景时间与限制,许多行为实际工作情形中也许要几个月甚至几年才会发生一次,这里几小时内就可以发生;其次,具有趣味性,由于它的模拟内容真实感强,富有竞争性,又能使参与者马上获得客观的反馈信息,故能引起应试者们的浓厚兴趣;再次,具有认知社会关系的功能,它能帮助应试者对错综复杂的组织内部各单位之间的相互关系有一个更加深刻的了解。

但是管理游戏本身也存在某些缺点。首先,应试者专心于战胜对方从而会忽略对所应掌握的一些管理原理的学习;其次,压抑了应试者的开创性,因为富有开创性精神的经理,会在游戏中遭受经济上的惩罚、亏本;再次,操作不便、难于观察。

4. 角色扮演。角色扮演主要是用以测评人际关系处理能力的情景模拟活动。在这种活动中,设置了一系列尖锐的人际矛盾与人际冲突,要求应试者扮演某一角色的情景,去处理各种问题和矛盾,通过对应试者在不同人员角色的情景中表现出来的行为进行观察和记录,确定应试者的素质潜能。

三、招聘效果的评估

招聘工作的效果是通过评估方法来体现的,常用的评估方法有三种:成本效益评估、数量与质量评估及效度与信度评估。

1.成本效益评估。成本效益评估是对招聘效率的评价,通过对招聘中的各项费用进行审核,与招聘计划中的预算进行对比分析,来评判招聘的效果。招聘成本可以分为直接成本和间接成本。直接成本包括招募费用、选拔费用、安置费用等。间接费用包括内部提升费用、工作流动费用等。计算方法如下:

总成本效用＝录用人数/招聘总成本

招募成本效用＝应聘人数/招募期间的费用

选拔成本效用＝被选中人数/选拔期间的费用

人员录用效用＝正式录用的人数/录用期间的费用

招聘收益成本比＝所有新员工为组织创造的总价值/招聘总成本

2.数量与质量评估。数量与质量评估是对招聘过程的控制管理评价,这不仅可以体现招聘的工作质量,而且可以检验人力资源规划的准确性。计算公式如下:

录用比＝录用人数/应聘人数×100％

招聘完成比＝录用人数/计划招聘人数×100％

应聘比＝应聘人数/计划招聘人数×100％

3.效度与信度评估。效度与信度评估是对招聘中所用的各种招聘方法的正确性和有效性的检验。效度是指测评结果的有效性程度。即想要测评的应聘者的特征对其实际特征反映的真实程度。效度有三种:内容效度、结构效度与关联效度。

内容效度是指实际测评到的内容与所想测内容的一致程度。内容效度一般用于知识测评和实际操作测评。

结构效度是指实际测评的结果与所想测评内容的同构程度。在具体应用时可以选取一些具体的行为测评来推断应试者实际的素质水平。

关联效度是指在对应试者实施的某种测试结果与应试者被录用后的实际工作绩效之间的相关性。若两者的相关系数很大,则说明此测试效度很高。

信度是指测评结果反映所测内容的准确性。信度有四种:再测信度、复本信度、一致性信度和评分者信度。

再测信度指测评结果与以同样的测评工具、测评方式与测评对象再次测评结果间的差异程度。

复本信度指测评结果相对另一个非常相同的测评结果的变异程度。

一致性信度是指所测内容相同的各测评项目分数间的一致性程度。

复习思考题

1.为什么能岗匹配原理是招聘必须遵循的黄金法则? 请结合自己的经历,谈一个个人能力很强但能岗不匹配的例子。

2.你认为甄选过程有哪些步骤是最重要的? 你能否根据自己的理解和经验谈谈每次申请池变小的比例?

3.甄选有哪些测试你认为是有效的?

4.请你各出一道结构化面试题去测试人力资源部经理和市场部经理的应聘者。

开放式讨论案例

麦肯锡招聘员工

麦肯锡非常注意招聘"尖子"员工,总是尽力寻找具有特殊品质的人。麦肯锡的目标之一是"建立一个能够吸引、培养、激发、激励和保持杰出人才的企业"。达到这一目的的第一步就是招聘最优秀的可能人选加入公司。

麦肯锡试图寻找的是精华,是名牌商学院、法学院以及经济学和金融学研究生等专业尖子中的尖子。同时公司还将其招聘范围扩大到了"非传统"的候选人,从商学领域之外(医生、科学家、政界人士,还有其他人士)招聘人才。

麦肯锡公司在招聘员工时最注重分析能力。

麦肯锡总是在寻找具有分析思考能力的人。为此,他们先把问题分解成几部分。然后考察他们如何把问题组织起来。麦肯锡在面试时总是通过案例来考察应聘者的商业判断能力以及解决问题的能力。

案例是麦肯锡在面试时进行挑选的武器。它们的范围从一般的麦肯锡实际案例的翻版到一些稀奇古怪的类型都有。例如:"美国有多少加油站""为什么下水道的盖子是圆的"……

许多面试题目并非有什么"真正的答案",而是通过这些题目了解应试者的分析能力、判断能力和实际解决问题的能力。

例如,在计算美国加油站的数目的时候,你可能要从问这个国家有多少小汽车入手。面试者也许会告诉你这个数字,但也有可能说:"我不知道。你来告诉我。"那么,你对自己说,美国的人口是2.75亿。你可以猜测,如果平均每个家庭(包括单身)的规模是2.5人,你的计算机会告诉你,共有1.1亿个家庭。面试者会点头同意。你回忆起在什么地方听说过,平均每个家庭拥有1.8辆小汽车(或者是1.8个孩子),那么美国一定会有1.98亿辆小汽车。现在,只要你算出替1.98亿辆小汽车服务需要多少加油站,你就把问题解决了。重要的不是数字,而是你得出数字的方法。

讨论题

1.你认为麦肯锡是如何招聘"尖子"员工的? 日本人的观念是"尖子"员工未必好,只要有70分就好了,对这两种不同的招聘观念,你是如何看的。请提出自己的分析。

2.如果你要招聘"尖子"员工,想考察他们的分析能力。你会出一道怎样的面试题? 请你出这样一道题并分析考察的方法。

3.请你结合前文中案例分析一下麦肯锡与SGM之间招聘人才的相同点与不同点。

角色模拟练习:模拟校园招聘面试

通过对本章主要内容的学习,你应该对人力资源招聘的理论、原则与人力资源获取过程中的甄选测试、诊断性面试等有了更好的认识。在这个练习中,参与者要根据对人力资源甄选的了解,详细描述一下校园招聘面试过程,并说明如何识别合格的应聘者,特别是如何将之运用于人力资源甄选实践。

参与者可分组进行练习,一般以每组7人为宜。

首先,各小组分别列出自己小组成员最了解的一个初级水平的管理职位及其在职者应具备的基本素质和主要能力,并按照重要程度顺序排列;时间控制在15分钟以内。

然后,各小组根据初级水平管理职位在职者应具备的基本素质和主要能力写出校园招聘面试题目及其评分表格,并上交给指导者,时间控制在15分钟以内。

再后,各小组派出1名代表组成校园招聘委员会,并推举一位代表担任委员会主席,同时还派出1名代表作为初级水平管理职位的应聘者,时间控制在5分钟以内。

接着,校园招聘委员会根据各组提出的初级管理岗位面试题目面试相应岗位的候选人(交叉进行,即提出某个初级管理岗位的小组派出的候选人代表不得应聘该岗位),并按照相应的面试评价量表打分;时间控制在10分钟/人。

最后,校园招聘委员会给出这些初级管理岗位候选人的面试得分,并说明判断的依据;之后,校园招聘委员会主席讲述毕业生在校园应聘时如何给校园招聘者留下深刻的印象。时间控制在15分钟以内。

本练习的结果是较为全面地描述中高级人力资源最重要的来源——校园招聘中的核心环节——面试管理工作,真实地展现人力资源招聘面试的实际操作,同时提高参与者的面试与应试技巧。

测试题

案例面对面

第六章　培训与开发

学习目标

学完本章之后,你应该能够:

1. 了解企业为什么需要培训;

2. 理解培训与开发的含义;

3. 了解培训三个阶段以及目前企业培训存在的问题;

4. 掌握建立员工培训系统模型的程序与方法;

5. 了解培训与开发的发展趋势。

[导入案例]

欧莱雅的员工培训体系

作为化妆品行业巨头,欧莱雅非常注重员工的培训。欧莱雅中国人事总监戴青介绍说,对新员工,欧莱雅的传统做法是"赶他们到水中,让他们自己学会游泳"。让新员工自己领悟在自己的岗位上该做什么工作,以及如何开展工作。适合欧莱雅文化的人才会如鱼得水,他们将是欧莱雅的明星员工。

● 新员工培训

欧莱雅为每一位新员工提供入职培训,每位新员工进入欧莱雅后,会先安排为期一周的上岗培训,详细介绍欧莱雅的历史、企业文化、业务概况、职能部门、组织机构等内容,以及各业务与职能部门的运作情况,使新员工能够很快了解公司,帮助、引导新员工尽快融入公司的文化氛围,融入团队,进入工作状态。

对新招募的经理人员,人力资源部门会专门量身定制为时两周的入职定位培训,与所在部门员工及其他部门的经理沟通、交流,在短时间内建立起工作关系网络,帮助其顺利进入角色,加强与其他部门的合作。

在北京、广州分公司招聘的新员工,会先在本地进行培训,然后到上海总部接受培训。公司还会组织新员工参观欧莱雅设在苏州的现代化的工厂,了解公司的生产情况,让员工产生自豪感。

● 专业技能培训

欧莱雅重视员工的职业发展,根据员工不同的潜力和公司对不同员工的期望,定期组织诸如销售、市场、财务、谈判、演讲、沟通技巧等专业技能培训。通过这些培训项目,及时更新员工的知识,增强员工的技能,提高员工的综合竞争力。

● 管理才能培训

欧莱雅一贯坚持与著名高校合作对员工进行学历教育与培训。在中国,欧莱雅与全球50

强、亚洲第一的 MBA 教育学府——中欧国际工商学院合作,为具有发展潜力的员工提供在职MBA 课程及其他课程教育,为年轻的中国经理定制长期职业发展计划,将他们塑造成欧莱雅未来的高级管理人才。欧莱雅还通过与著名咨询公司的合作,为欧莱雅的年轻经理们度身定制如领导艺术、高效团队、时间管理等课程。

● 亚太区管理培训中心

1999 年 8 月,欧莱雅在新加坡建立了亚太区管理培训中心,面向亚太地区的欧莱雅员工做定期的培训。欧莱雅亚太区管理培训中心针对亚洲市场的特点和亚太地区员工的专门需要,组织各类研讨会和培训课程,卓有成效。欧莱雅中国公司每年派出大量优秀员工去新加坡参加各种课程的培训,使他们有机会与亚洲其他国家经理人进行交流,分享经验,拓展国际化视野,提高竞争力。

● 欧莱雅的"按需培训"

欧莱雅的培训体系并不是一成不变的,而是灵活机动的。员工绩效评估时,只要员工认为其工作与任务需要培训,就可以主动向上级提出培训的要求。为了提高员工技能与管理能力,适应工作挑战,公司会及时安排员工去参加培训。根据培训实际需要,在国内或新加坡等地开展。这就是欧莱雅的"按需培训",根据员工的需要灵活、及时地安排培训。虽然欧莱雅的文化像"诗人"一样具有随意性,但欧莱雅的培训体系却环环相扣,步步为营。从新员工培训,到专业技能与管理才能培训,到海外培训,以及在工作实践中培养领导人,欧莱雅的员工培训更呈现出像"农民"一样实用的特色,为欧莱雅培育出能够在全球化妆品市场独当一面的优秀人才。

第一节　培训与开发概述

培训与开发是提升企业员工业绩的主要方法,也是员工职业生涯发展的主要途径。通过培训与开发,有助于达成企业的经营业绩,促进企业的发展。

一、培训与开发的含义和作用

(一)培训与开发的含义

培训是指通过传授知识、更新观念及提高技能等方法,使其具备完成本岗位目前或未来工作所必需的基本技能,及提高工作绩效的一系列活动。通过培训,员工的工作能力和知识水平得以提升,带来了工作业绩的提升,从而实现企业的经营业绩。

开发是依据员工需求与组织发展目标用各种直接的或间接的方法对员工的潜能进行开发,促进员工的全面发展,完成员工职业生涯规划,实现员工职业生涯发展目标。

人力资源管理过程就是人力资源开发过程,人力资源开发的过程是从广义上调动员工的积极性,利用各种手段促进员工发展的各种活动,包括了一些间接手段和自我提升的方法;而培训是从狭义的角度通过直接的外部刺激来提高员工的工作绩效。所以,人力资源开发过程涵盖了培训。

在实际操作中,培训与开发并没有绝对的区分,两者都是为了通过提升员工的工作能力来促进员工和企业的共同发展。

(二)培训与开发的作用

培训与开发的作用体现在两个方面,一是通过培训与开发向员工传授新技能、新方法或更加广泛的技能使员工适应科学技术和市场的不断发展变化;二是通过培训开发来强化企业文化,使员工明确企业的发展战略和目标,对企业有更高的认同感,增强企业的凝聚力。

1.培训与开发对企业发展的作用。

(1)培训与开发可以促进企业的发展。培训与开发的基本功能是使员工具有更好的工作技能和工作方法,而员工业务素质的提升是提高企业经营业绩的前提。一个竞争力较强的企业必须有一支业务过硬的员工队伍和良好管理能力的团队,只有员工整体的综合能力不断提升,企业的核心竞争力才能不断增强,培训与开发就是企业发展的动力源泉。

(2)培训与开发有利于弘扬企业文化。一个企业的灵魂是优秀的企业文化,企业文化的建设对企业的发展具有重要作用,企业的经营理念、发展战略与企业文化密不可分,弘扬企业文化的主要手段和方法就是培训与开发。培训与开发使员工对企业文化具有更加深入的认识,使企业精神融入员工的工作方式和行为之中,推动企业的发展壮大。

2.培训与开发对员工职业生涯不同阶段的作用。培训开发与员工职业生涯发展关系密切,处于不同职业生涯发展阶段的员工,培训开发的侧重点也不同。

对于新员工的培训,以企业理念、企业文化和岗位技能为主,目的是使员工尽快适应企业,进入工作角色。

对于在职员工的培训,应结合各类员工的工作绩效,对其影响绩效实现的不足方面进行查遗补缺式培训,目的是提升其工作绩效,使员工的发展目标与企业的要求相一致。

3.培训与开发同人力资源管理其他业务流程的作用。培训开发与人力资源管理其他环节关系密切,相辅相成。如图 6-1 所示。

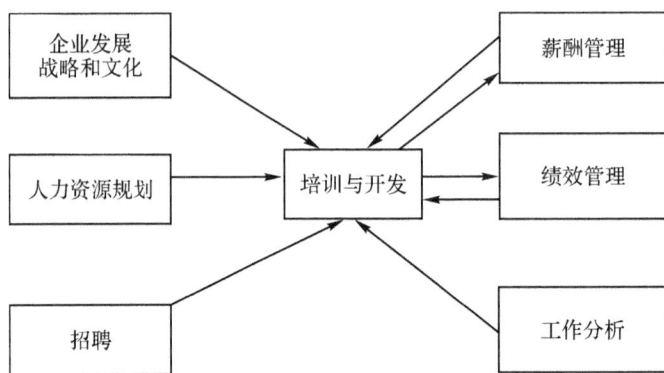

图 6-1　培训与开发与其他人力资源管理流程的关系

培训计划的制订和实施以人力资源规划为基础,在企业发展目标既定的情况下,分析企业的实际情况,将人力资源规划进行细化,制订符合企业实际情况的培训方案并实施。同时,培训计划也是制订人力资源规划的基础。新招聘的员工通过岗前培训胜任岗位,当岗位有空缺时进行提升培训,绩效考核前对管理人员进行绩效管理培训,绩效考核后对绩效差的员工进行培训。培训已成为企业中一种非常有效的激励手段。

相关链接

把清洁工培养成明星

迪士尼乐园如何树立起在游客心目中天堂般完美的形象?童话世界般的建筑和娱乐设施自然必不可少,但更为重要的是服务质量,这就对现场员工素质提出了很高的要求。事实上,迪士尼乐园90%的员工都是兼职，许多清洁工和售货员可能只干几个月，然而迪士尼却让这样一群数量庞大的兼职人员中的每一份子，都展现出明星般的素质，这就不得不令人赞叹于其培训成效。

以最基础的清洁工为例，对他们的聘用要求就是要性格开朗、处事乐观。初步决定录用后，他们需要接受3至5天的个别培训，并由训练人员对其进行审核，达到标准的员工才可以正式上岗，没有达到要求的则需要继续接受培训。

在这三天的培训里，准清洁工们要进行如下内容的训练。

首先是扫地，这项比较好理解，这是清洁工的基本任务。不过迪士尼的要求却非常高，就连扫地的扫帚都分为三种，一种是扫树叶的，一种是扫纸屑的，还有一种是掸灰尘的。这三种扫帚的形状不一样，用法也不一样。怎么扫树叶才不会飘起来？怎么刮才能把地上的纸屑清干净？怎么掸灰尘才不会乌烟瘴气？这三项基本功大约需要半天的时间才可以练好。而后，他们必须牢牢记住并遵守几条规定：公园开门的时候、关门的时候、中午吃饭的时候，都不能进行清扫工作；在身边1.5米的范围内有游客经过时，也不可以再挥动你的扫帚。

其次是照相，因为很多时候游客都需要找人来帮忙拍照，而遍布整个园区、行动自由的清洁工们自然是个不错的选择。但是，世界各种品牌的代表性相机少说也有数十种，还不包括一些新奇的、高端的或是老式的相机，如何确保能够快速地从游客手中接过相机并拍出令他们满意的照片，也是准清洁工们需要学习的重要课程。

第三项是照顾孩子，当带孩子的父母们需要去卫生间时，很有可能会请穿着制服的清洁工人来帮忙抱一下孩子。不能把孩子弄伤是最基本的要求，为了让父母放心，还要尽量抱得既让孩子觉得舒服，又让别人看着舒心。还有重要的一点就是当发现有儿童与父母走失时，清洁工们都要将其领到特定的屋子里面让他们自由地玩乐，再利用一切方法在最短的时间内找到孩子的父母。当家长们焦急地赶到这里，看见自己的孩子正在悠闲地吃着东西、玩着游戏时，都会感到无比欣慰。

第四项是应急，既包括掌握一些医疗常识，也包括一些修理技能。如遇到孩子跌倒或老人心脏病突发，清洁工们要懂得如何及时施救；如遇轮椅、童车等助力工具损坏，他们也需要知道如何修理以解决游客的行动问题。

第五项是熟悉园区，牢记所有游乐设施和公共设施的方位。如遇游客询问，清洁工们要在第一时间告知各个游乐项目的前往路线和诸如最近的卫生间、餐厅、出口、急救站等公共设施的具体位置。

第六项是语言沟通，这不但需要了解正确的沟通姿势，比如与小孩说话时必须蹲下，让双方的眼睛保持在一个相等的高度上以表示尊重，还要求掌握一些常用句的多国语言版甚至手语版，以便遇到聋哑游客时也能顺利沟通。当实在无法弄清外籍游客求助的内容时，他们至少要学会说一句："对不起，我并不能与你顺利沟通，我这就联系办公室，让能够和你交流沟通的人来到你身边。"

这样严苛全面的培训全部结束之后，清洁工们才能够被分配到相应的位置正式开始工作。为什么要对清洁工人提出这么高的要求？迪士尼认为，越是底层的员工，与游客接触的越多，也越能代表迪士尼的形象，是企业品牌的灵魂所在。因此迪士尼按照一个全能人才甚至是明星的标准来要求每一个员工，并通过他们创造出数以百亿美元计、位列世界品牌价值榜前十的巨额品牌价值。

二、培训与开发的类型和方法

培训开发的类型和方法很多,随着科学技术的发展,新的培训方法层出不穷。从一般意义上根据培训开发的内容和特点,将企业的培训分为两大类:入职培训和岗位培训。根据企业的经营特点和实际情况,可以进行具体的分类组合。

(一)入职培训

入职培训也被称为入职教育、上岗引导活动、上岗培训。指根据员工将要出任的岗位要求对员工进行的系统性培训。入职培训对员工起到了明确岗位要求的基础性作用,使员工适应岗位的时间缩短,培训的立足点是岗位要求,而非员工之间的个性化差异,所以这类培训具有非个性化培训的特点。入职培训可以分为三类。

1.新员工培训。

(1)新员工培训的含义。新员工培训是企业最普遍的一种培训类型,新员工在通过招聘录用的各项筛选后正式进入企业,与企业签订劳动合同后所进行的培训。

现实中有一些企业将新员工培训提前,并作为一种筛选手段和方法,待培训完成后,经过淘汰,员工才正式进入企业,这种作法是以降低招聘风险、节约企业的人工成本为借口而损害了应聘者的利益。新员工培训的时间性应十分明确。

(2)新员工培训的意义。

①新员工培训对企业的意义。如果说招聘是对新员工管理的开始,那么新员工培训是企业对新员工管理的继续。这种管理的重要性在于通过将企业的发展历史、发展战略、经营特点及企业文化和管理制度介绍给新员工时,对员工进入工作岗位有很大的激励作用,新员工明确了企业的各项规章制度后,可以实现自我管理,节约管理成本。

通过岗位要求的培训,新员工能够很快胜任岗位,对提高工作效率,取得较好的工作业绩,起到事半功倍的效果。

通过新员工培训,管理者对新员工更加熟悉,为今后的管理打下了基础。

②新员工培训对个人的意义。新员工培训对于个人来说是对企业进一步了解和熟悉的过程,通过对企业的进一步熟悉和了解,一方面,可以缓解新员工对新环境的陌生感和由此产生的心理压力;另一方面,可以降低新员工对企业不切合实际的想法,正确看待企业的工作标准、工作要求和待遇,顺利通过磨合期,在企业长期工作下去。

新员工培训是新员工职业生涯的新起点,新员工培训意味着新员工必须放弃原有的与现在的企业格格不入的价值观、行为准则和行为方式,适应新组织的行为目标和工作方式。

(3)新员工培训的内容。新员工培训的内容灵活多样,一般来说,包括如下几个方面:

①企业概况。企业的发展历史、企业的发展战略和目标、企业的行业背景和特点、企业的经营特点和竞争对手、企业的市场区域划分、产品特点、服务理念、企业文化、规章制度、行为规范和共有价值观等。

②企业制度。包括企业行政、财务及人力资源管理等各种规章制度及各项规定。如就职规则、薪酬制度、工作时数、员工福利、劳资关系、就职合同、保密协议等。与员工自身密切相关的加班制度、轮班制度、工作费用报销规定、节日工资标准、发薪方式、纳税方法及安全保障等。

③业务知识。结合岗位特点,对业务知识和技能及管理实务要进行专项培训。

④员工职业生涯发展规划。使员工了解企业为其设置的职业生涯通道,根据自身的情况和将要从事的岗位,选择适合于自身的发展方向,使员工与企业共同发展。

比如：联想对新员工的培训，包括历史篇、文化篇、常识篇，要将联想的企业精神复制到新员工的思想中，将新员工的思想和行为方式纳入联想的企业文化中，使员工对企业做出更大的贡献。

（4）新员工培训的方法。

①两步法：将新员工培训分为集训和岗位指导两个步骤。集训是对全体新员工统一进行培训，如对上述第一类企业概况和第二类企业制度的培训；岗位指导是将新员工按岗位划分到岗后进行有针对性的培训。

②三步法：将新员工培训分为集训、部门培训和岗位指导三个步骤。这种培训方法要求各部门承担相应的培训任务，对整体培训后的新员工结合部门特点进行工作的分工和协作的培训，然后对新员工进行实地培训，可以用见习的方法完成。

根据企业的规模和生产特点，可以选择不同的培训方式，具体的内容可以结合企业文化进行设计，如红地毯式、会议式、讲座式、忆苦思甜式等。

（5）新员工培训的程序。

①新员工培训的准备工作。

文字资料：编写和印制好的员工手册、制订新员工培训计划、按培训内容编写的培训资料或提纲、新员工基本情况表、新员工培训通知书等。

硬件部分：场地的布置、设备的检查与调试、座位的排定、温度的调节、学习用品的准备、后勤服务与保障等。

②新员工培训执行的程序。

第一步：入职教育开始时，由高层经理人员致欢迎辞，介绍公司概况的相关内容，及员工可以对公司具有的期望和公司对雇员的要求。

第二步：由人力资源部门进行企业制度的讲解和指导，并与新员工进行讨论。

第三步：由新员工的直属上司对业务知识进行特定性的岗位指导。

第四步：举行新员工座谈会，鼓励新员工尽量提问并进行详细解答，进一步使员工了解关于公司和工作的各种信息，使新老员工更好地沟通。

2.转岗培训。

（1）转岗培训的含义。转岗培训是指对要进行岗位转换的员工进行适应新岗位要求的培训。

这种培训产生的原因主要有三个方面：第一，由于企业经营规模与方向的变化、生产技术进步、机构调整等因素对现有员工的岗位进行调整；第二，由于员工不能胜任现在的工作；第三，由于员工某方面的才能或特长受到重视，需要重新安置。

（2）转岗培训的程序和方法。转岗培训的程序是：

①在调查分析的基础上，人力资源部确定转换岗位的名称和人数，征求员工的意见。

②对照岗位说明书，确定培训内容和方式。

③培训结束后对受训者进行考试或考核，考试、考核合格，人事部门办理正式转岗手续。

转岗培训的方式有：与新员工一起参加入职培训、现场一对一指导、外出参加培训、集中定向培训等。

3.轮岗培训。

（1）轮岗培训的含义。交叉轮岗是在预定的时期内使受训者相互变换工作岗位，使其获得不同岗位的工作经验的形式。如在对管理人员进行培训时，让受训者有计划地到生产、销售、财务等部门工作几个月,实际参与所在部门的工作,或仅仅作为观察者,了解所在部门的业务,扩大受训者对整个企业各个环节工作的了解。

(2)轮岗培训的意义。

①培养工作乐趣。任何一个工作岗位做长了,必然会让职工产生厌倦情绪,开始产生惰性,失去工作激情和创造精神。进行工作岗位轮换后,新的岗位就是全新的工作流程和内容,都会给人带来一定的刺激点和乐趣,能有效地调动职工的工作积极性,避免因为在同一岗位长时间工作产生厌倦感,从而使工作效率降低。

②工作的系统化和整体性。轮岗就需要进行经常性的工作交接,这迫使各位员工将手头工作进行系统化和整体性处理,这样才能实现在一两天时间内的迅速交接。若是没有这个需求,员工很少会将自己的工作整理得非常清晰,因为要定期交接,"当前事,当前毕",每位职工就必须及时地把手头的工作整理得很清晰、很有条理性,这样才能快速准确地交接。

③各岗位员工之间的互相理解配合,降低内耗。企业最大的消耗在于内耗,而内耗更多又是人为因素造成的。除去制度设置的不合理外,各个岗位与人员之间的互相不理解,从而导致的不配合是主要原因。而通过岗位互换,各岗位员工之间就会有个深切的体会与理解,互相理解别人的难处和工作特性所在,有效地增强员工之间的互相理解与配合度,总体上减少内耗。

④增强员工的多项工作技能。从个人的角度而言,进行轮岗工作制度,员工可以在短时间内学习更多的工作技能,对自己的职业素质和职业竞争力都将有一个很好的提升,也能在一定程度上缓解待遇问题。

(3)轮岗培训的实施。新员工的轮岗培训,是通过轮岗使之对企业各个方面有所了解,并且从中判断他适合于哪个领域的工作。

中层轮岗培训是为了提升其综合管理能力。先把每个部门的副职都培养好,再进行正职轮换,以确保每个部门的正常运营。

高层轮岗,大多是为培养高层做准备,锻炼的已经不完全是专业知识,而更多的是培养领导能力和战略能力。

在轮岗前,应该对当事人进行比较充分的岗前培训,使他对未来的岗位有一个清晰的了解。这样,既能降低风险、提升成功率,又能让当事人感到企业对自己职业生涯负责任的态度。

(二)岗位培训与开发

1.传统的培训开发方法。

(1)知识技能类培训。

①讲座研讨法。培训师向众多的受训者进行讲授,并辅以问答、讨论、自由发言等形式。

优点:

a.传授知识和技能内容较多、全面,受训人数较多;b.培训环境简单,有利于讲师的发挥;c.培训费用较低。

局限性:

a.不能满足学员个性化的要求;b.沟通、互动有限;c.学员的问题不能及时得到解决。

②案例研究。培训师向大家介绍案例法的基本知识,拿出案例介绍背景,让学员分成小组讨论;或给出的信息并不完全,还需要学员向培训师寻求信息,这样可以锻炼决策时对决策信息需要的判断。

案例研究适用的时机为:学习解决问题的技巧或教授解决问题的程序。

优点:

a.可以帮助学员学习分析问题和解决问题的技巧;b.能够帮助学员确认和了解不同解决问题的可行方法。

局限性:

a.需要较长的时间;b.可能同时激励与激怒不同的人;c.与问题相关的资料有时可能不甚明了,影响分析的结果。

培训时应注意的问题:

a.研讨前要提供充裕的时间让学员阅读相关的资料;b.主持人应详细介绍议题,并解释研讨之案例与学员应有的表现或成果;c.主持人要适时引导研讨以便于达到研讨的目标;d.所选案例最好来自真实的问题,但切忌透露相关人员的真实姓名。

③角色扮演。角色扮演即学员在观众面前,未经预先演练且无预定的对话剧本而表演实际遭遇的情况,并讨论在类似情况下的各种反应与行为;其演出具有即兴表演的意味。

角色扮演的目的是为了给学员提供不同的待人处事的观点和练习处理各种人际关系的技巧,寻求在情绪激动情况下解决问题的可能方法。

优点:

a.能激发学员解决问题的热情;b.可增加学习的多样性和趣味性;c.能够激发热烈的讨论,使学员各抒己见;d.能够提供在他人立场上设身处地思考问题的机会;e.可避免可能的危险与尝试错误的痛苦。

局限性:

a.观众的数量不宜太多;b.演出效果可能受限于学员过度羞怯或过深的自我意识。

培训时应注意的问题:

a.要准备好场地与设施,使演出学员与观众之间保持一段距离;b.演出前要明确议题所遭遇的情况;c.谨慎挑选演出学员与角色分配;d.鼓励学员以轻松的心情演出;e.可由不同组的学员重复演出相同的情况;f.可安排不同文化背景的学员演出,以了解不同文化的影响。

④师徒传承。师徒传承也叫"师傅带徒弟""学徒工制""个别指导法",是由一个在年龄上或经验上资深的员工,来支持一位较资浅者进行个人发展或生涯发展的体制。

师傅的角色包含了教练、顾问以及支持者。身为教练,会帮助资浅者发展其技能;身为顾问,会提供支持并帮助他们建立自信;身为支持者,会以保护者的身份积极介入各项事务,让资浅者得到更重要的任务,或运用权力让他们升迁、加薪。

优点:

a.在师傅指导下开始工作,可以避免盲目摸索;b.有利于尽快融入团队;c.可以消除刚刚进入工作的紧张感;d.有利于传统的优良工作作风的传递;e.可以从指导人处获取丰富的经验。

当前实行师徒制的相关人员必须注意四点变化:

首先,员工与雇主之间的劳雇契约已经产生变化;其次,技术本质上的改变,将影响其个人生涯及发展的形式与功能;第三,组织结构的改变,影响个人接受发展协助的来源;第四,组织成员的多样性,尤其是种族、国籍、性别,会影响发展资源的有用性。

(2)综合能力培训。

①学习契约。学习契约就是一份由学习者拟定的书面资料,清楚载明学习的内容、学习的程序和方法、学习的时间以及评估的方式等,以详细规范教者、学者的职责。

制订学习契约的目的主要是为了培养成人学习者规划学习的能力和加强成人学习者自我

学习的责任心。

优点：

a.可加强教与学之间的良性互动；b.可使教学更具弹性，更能顾及学员间的差别；c.能够有效地控制学习程序；d.能够同时培养教与学双方的教学设计能力；e.学员具有一定的主动权，能激发其学习的积极性。

局限性：

a.学员可能对未知产生恐惧、退缩或反感；b.当学员规划能力不足时，可能会影响学习的质量；c.课程时间可能造成重大压力。

培训时应注意的问题：

a.先向学员说明拟定学习契约的目的；b.给学员学习契约的范例，并说明要点；c.要求学员根据学习目标、学习方法、学习时间、学习成果、评估方式等项目，列出切实可行的个人学习契约；d.单独与学员沟通，修正并确认契约内容；e.按照契约进行学习，教、学双方共同对学习过程及学习效果进行检查。

②头脑风暴。这种方法属于创造力培训方法。一般一组 7—12 人。培训师给出问题，学员给出解决方法。其原则是：任何人不得对他人想法发表意见，想法的数量越多越好，越新奇越好，鼓励学员在别人的基础上做出改进或再创造。这种方法参与性非常强，对于训练学员的创造力非常有效。

优点：

a.适合任何人的参与和贡献；b.可以对旧有问题产生新的解决方法；c.能最大限度地鼓励学员发表其意见。

局限性：

a.所得的部分意见可能一文不值；b.多数学员可能因拘泥于旧有的观念，不愿踊跃发言。

培训时应注意的问题：

a.准备一个舒适而无干扰的场地；b.寻找一个热忱而又有激励与统合技巧的主持人；c.参与者人数不要多于 8 人；d.讨论过程要有记录；e.给予时间限制，让参与者感受压力；f.激励学员间的资讯交流与辩论，鼓励良性竞争；g.讨论之前禁止参与者提出任何意见；h.讨论之后，鼓励学员选出最佳意见并进行比较。

③模拟。模拟是为了给学员提供处理动态人际关系的机会，训练其团队合作和决策判定的知识与技能，鼓励学员相互学习。

优点：

a.使学习活动多元化并能增进学员的学习兴趣；b.以团队的方式处理问题，更接近真实情况；c.可为学员提供冒险犯难的机会。

局限性：

a.模拟与真实之间仍有一定的差距；b.一些学员可能过度强调竞争而破坏学习经验；c.需投入相当的时间、金钱和精力去发展。

培训时注意的问题：

a.需准备简单、明了但详尽的书面资料；b.准备各小组讨论的场地与其他设备；c.依学员的数量、特质与实力平均分组；d.召集各小组解释模拟训练的意义与目标；e.安排充分的时间，避免匆忙进行；f.给予各小组自我讨论和分析的机会，使学员能感受到模拟学习的乐趣；g.模拟结束后，要召集各小组进行分析和评估。

④辩论。辩论就是不同立场的参与者面对争议性的议题提出自身看法并反驳对方论点的公开竞赛。辩论的目的主要是为了训练参与者的逻辑思考能力和表达与思辨能力。

优点：

a. 能够激发学员参与的热情；b. 能为学员提供动态学习的机会与经验；c. 能够为学员提供生动、活泼、热烈的学习气氛；d. 能够提高学员在具有一定压力的情形下独立思考问题和随机应变的能力。

局限性：

a. 议题的研究与准备需耗费相当的时间；b. 学员的个性差异可能会影响辩论的程序与效果。

培训时应注意的问题：

a. 需挑选正反双方至少各 3 人参与辩论；b. 需要挑选一位有经验的主持人和裁判团；c. 准备一个双方都能接受且具有争议性的论题；d. 明确辩论的规则；e. 准备一个能足够容纳参与者和听众的场地；f. 正反双方依序进行论述，最后再进行总结；g. 裁判团作胜负决定，并作简短的讲评。

（3）心理训练类培训。

①敏感性训练。敏感性训练就是通过团队活动、观察、讨论、自我坦白等程序，使学员面对自己的心理障碍，并重新建构健全的心理状态。敏感性训练主要用于为学员提供自我表白与解析的机会和了解团队形成与运作的情况等。

优点：

a. 使学员能够重新认识自己；b. 能够使学员重新建构自己。

局限性：

a. 所需的时间较长；b. 有造成学员心理伤害的可能与危险；c. 需要一名受过专业训练的主持人与数名有一定基础知识的助手；d. 学员可能不愿泄漏内心深处的秘密而影响整个程序与效果。

培训时应注意的问题：

a. 需准备一个舒适的场地，以免给学员形成任何的心理压力；b. 主持人需事先说明训练的程序、规则与目的；c. 主持人先交待所有学员共同参与并完成一项任务；d. 任务结束后，以一学员为中心，其他学员则依序将任务中所见、所听、所闻，与所想象与该目标学员有关的资讯报告出来（包括个人言行与如何影响他人等行为），并由目标学员详细说明、坦白为何产生如此言行；e. 轮流指定目标学员，重复上一步骤，直至所有学员均参与为止；f. 由主持人作最后的评价、总结，并鼓励、赞许学员面对自我的勇气。

②演练。演练就是指两个以上的人经过简短的排练之后，通过固定的对话，进行具有幽默感或讽刺意味的表演，以此来唤起学员对某种特殊议题的重视和兴趣。

演练主要适用于管理中凸现的某种特殊情况。通过演练，从不同的角度对某一特殊问题进行描述，以此来塑造学员的语言或行为模式。

优点：

a. 能吸引学员积极参与；b. 能制造学习高潮，激发学员的学习兴趣；c. 能使学员具有置身其中的感觉，容易吸引学员投入。

局限性：

a. 需要找到好的演员；b. 需要耗费相当的时间和精力进行筹划与排练；c. 所转达的信息层面较窄。

培训时应注意的问题：

a. 准备好场地、道具等,使所有的学员都能清楚地看到表演;b. 定好主题,撰写好台词,挑选好演员;c. 要安排预演;d. 演出前要向观众说明主题;e. 演出后要进行讨论与总结,探讨演出的得失。

2. 新的培训开发方法。新的培训开发方法是以计算机为媒体所进行的网上培训和虚拟培训。

计算机训练就是应用电脑快速计算、整合、探求相互间的关系,或寻找资料,学员可以自主地提升相关知识和技能,是应用新技术培训中最基本的形式。

计算机训练适用于学员数量极多、工作场地分散、难以匀出空当时间或需要将学习内容与学员回馈标准化的训练等情形。

优点:

a. 可降低训练时间;b. 可以提高训练的成效;c. 可以配合学员的空当时间;d. 可以减少学员的差旅时间与费用;e. 可减少相关昂贵设备的损坏;f. 当学员数量极多时,可降低训练的成本。

局限性:

a. 学员需要具备基本的电脑知识;b. 初期发展阶段需投资相当的成本去购买电脑设备;c. 自行开发训练软件需花费一定的时间,且成本较高。

培训时应注意的问题:

a. 准备良好的学习场所与配备齐全的电脑设备;b. 对毫无电脑基础知识的学员要先教授基本的电脑知识;c. 上机前要先研读有关的资料,严格按照指定的程序进行操作;d. 计算机训练可配合其他学习方法,将更有成效。

三、培训需求分析

(一)培训需求分析的含义和作用

培训需求分析是分析和确定培训内容和培训对象的一种活动或过程。培训需求分析是集中从不同来源得到的大量数据和信息,对员工出现的绩效问题进行系统的思考,以便更加准确地进行决策。通过培训需求分析明确培训工作的重点,对于提高培训效率和良好培训效果的获得具有十分重要的意义。培训需求分析具有很强的指导性,它是培训工作的首要环节。如果培训需求分析不准确,那么培训计划的制订、培训内容的确定、培训方法的选择就会很盲目,最后使培训工作事倍功半,投入了人、财、物而不能取得较高的回报,这也是一些企业培训工作动力不足的一个主要原因。

好的培训需求分析具有前瞻性,不仅分析企业现有的问题哪些可以通过培训解决,而且对企业未来员工素质的要求进行分析,为企业今后的发展提供超前性培训的依据。

通过细致的培训需求分析,可以节约培训经费,提高培训的投资回报率。

(二)培训需求分析的内容

1. 培训需求的层次分析。

(1)组织层次的分析。从企业的经营管理角度进行培训需求分析,主要考虑企业发展的外部环境和内部环境,如产业政策、经济环境、市场竞争情况、企业的发展战略、生产效率等因素,确定培训的内容和重点。

(2)工作岗位层次的分析。对照岗位职责和岗位目标,结合绩效考核结果,确定技能培训的内容和方法。

（3）员工层次的分析。根据员工现有的人力资源信息库的记录,结合员工的职业生涯规划,确定每一个员工应参加的培训类型,合理安排培训和日常工作的时间。

2.培训需求的对象分析。

（1）绩效分析法。通过绩效标准和现有员工的绩效状况进行对比,确定哪些员工在哪方面应进行培训。如图 6-2 所示。

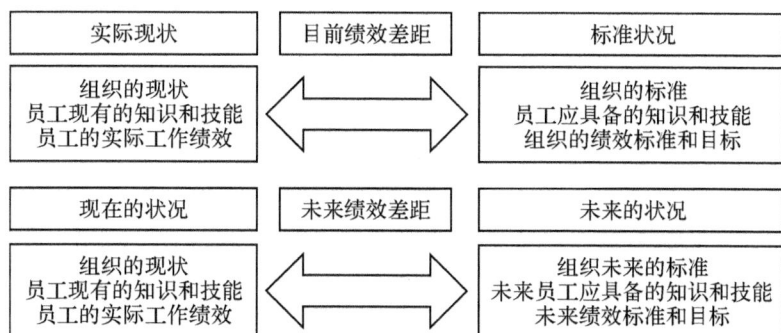

实际现状	目前绩效差距	标准状况
组织的现状 员工现有的知识和技能 员工的实际工作绩效	⟷	组织的标准 员工应具备的知识和技能 组织的绩效标准和目标
现在的状况	未来绩效差距	未来的状况
组织的现状 员工现有的知识和技能 员工的实际工作绩效	⟷	组织未来的标准 未来员工应具备的知识和技能 未来绩效标准和目标

图 6-2　绩效差距分析法

（2）任务分析法。对工作任务进行分解,用工作说明书、工作规范及工作任务分析记录表来衡量员工应具备的知识、技能和态度,与员工日常工作必需的记录进行对比,分析员工与岗位需求之间的差距,来确定培训内容和培训对象。

（三）培训需求分析的方法和程序

1.准备工作。制订培训需求分析工作计划,确定培训需求分析的时间、地点、方法。与各部门进行沟通。查阅人力资源信息库,准备好各类表格和文件。

2.确定培训需求分析的方法。培训需求分析的方法有访谈法、问卷法、资料查阅法、会议记录法、观察法等。如表 6-1、表 6-2、表 6-3。

表 6-1　高层领导访谈表

您对目前管理团队的素质是否满意? 如果不满意,具体表现在哪些方面?

您希望本次培训是进行系统的管理知识讲授还是就某一方面的管理技能进行深入训练?

您期望培训后能看到什么样的效果?

您有什么指导性建议?

表 6-2　员工培训需求调查表

姓名:　　　　　部门:　　　　　职务:　　　　　填写日期:

你是否参加过有关方面的培训?
□是　　　　□否

请根据你的实际工作体会,归纳本岗位的工作:
你迫切希望提高的技能有哪些?
你最希望接受的培训内容是:
你乐意接受的培训方式:
你乐意接受的培训教材: □公开教材　□定制教材　□自编讲义

表6-3　部门培训需求调查表

姓名:　　　　　　　部门:　　　　　　　访谈日期:
明年的业务会有什么变化?
现有人员的工作技能有哪些不足?
本部门岗位会有什么变化?
对今年的培训有何看法?
对培训工作有何建议?

3.撰写培训需求分析报告。报告对培训需求分析进行总结,得出结论,将所用的图表、问卷等原始资料以附件的形式进行说明。

第二节　培训管理

一、培训计划的制订与实施

(一)培训制度

1.培训服务制度:员工参加培训前提出申请,相关部门批准,签订培训协议,约定企业与员工之间的责任和义务及违约责任。培训协议签订后方可参加培训。

2.培训的考核制度:主要包括对培训工作本身进行考核,对受训者进行考核。

3.培训的激励制度:培训前提出培训目标,对照培训考核结果,对组织培训者和受训人进行各种奖励和惩罚,以促进培训效果的提高。

(二)培训计划的制订与实施

培训计划是根据企业发展战略和企业文化,结合人力资源规划及企业的实际情况,对年度、季度或月度的培训工作进行规划,确定出培训时间、培训地点、培训讲师、培训的参与者,并进行培训经费预算的一系列工作。年度培训工作是最普遍的,在年末对当年的培训工作进行总结,根据企业经营情况,制订下一年的培训方案,在实施的过程中不断细化、修改和完善,以增强培训效果。企业的培训工作流程如图6-3所示。

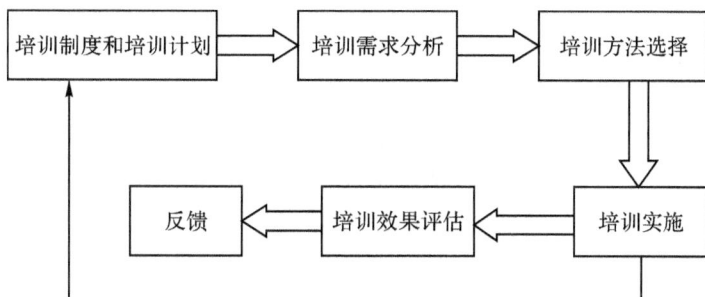

图 6-3 培训工作流程

培训计划的制订和实施是通过进行培训需求分析来制订的,还要充分考虑到企业的实际情况和经费的预算约束条件,对培训方案进行优选,以满足企业经营管理的需求。

员工的职业生涯规划是培训计划中最重要的一项工作。通过制订员工的发展规划,确定员工的发展区域,对各个岗位的人才进行有针对性的培养。

二、培训过程管理

1.培训课程的设置。培训课程是培训的关键环节,在设计时,要根据心理学的规律,符合成人学习规律,符合企业和受训者的需求,确定培训的目标、模式、方法及时间安排。

2.培训教材的选择和设计。培训教材的来源有现行的相关书籍、教师的讲义、电子文档及音像资料。企业可以根据自身的情况进行选择。还可以自编教材,这种方法更符合学员的需求。

3.培训教师的确定。培训教师选择的原则是"能者为师",来源有企业内部和企业外部,其优缺点比较如表6-4。

表 6-4 内部教师和外部教师的比较

	优点	缺点
外部教师	有先进的理念和方法,有利于培训成果的转化,可引起企业上下的关注	对企业不了解,费用高
内部教师	对企业情况很了解,可以因材施教,针对性强,讲授的内容较为实用,培训费用低	新理念和新思维较少,不易在企业中树立威望,烘托培训氛围

4.培训形式的选择。企业在进行培训时可以选择企业自行培训、与外部培训机构合作及外包给培训公司等形式。各种形式的选择比较如表6-5。

表 6-5 培训形式的选择

	对企业的了解程度	费用	受训者的认同感	培训方法
企业自行培训	很了解	低	一般	一般
与外部培训机构合作	较为了解	中等	较好	较新颖
外包给培训公司	不了解	高	较好	新颖

三、培训效果评估

(一)培训效果评估的含义和作用

培训效果的评估是通过一系列的信息、资料、数据对培训的效果进行定性和定量的评价,以提高培训质量的过程。

在培训的各个环节都应进行培训评估。可以说培训需求分析和培训效果评估是培训环节中的两个关键点。在进行培训需求分析时对培训需求分析的结果应进行评价;在培训进行的各阶段应及时进行评估,以保证培训沿着既定的方向运行;在培训结束后,对培训效果应进行不同时段的跟踪评估,为下一次培训提供依据,使培训工作的质量呈螺旋式上升。

(二)培训效果评估的方法

1.培训效果评估的层次和方法。培训效果评估是对培训的认知成果、技能成果、情感成果、绩效成果及投资回报率所进行的定性和定量的评价。如表6-6所示。

表6-6 培训效果评估方法

层次	评估内容	评估方法	评估时间	评估单位
反应评估	衡量学员对具体培训课程、讲师和培训组织的满意度	问卷调查 面谈观察 综合座谈	课程结束后	培训单位
学习评估	衡量学员对于培训内容、技巧、概念的吸收与掌握程度	提问法 笔试法 口试法 模拟练习与演示 角色扮演 演讲 心得报告与文章发表	课程进行时 课程结束时	培训单位
行为评估	衡量学员培训后的行为改变是否因培训所导致	问卷调查 行为观察 访谈法 绩效评估 管理能力评鉴 任务项目法 360度评估	三个月或半年以后	学员的直接主管上级
结果评估	衡量培训给公司的业绩带来的影响	个人与组织绩效指标 生产率 缺勤率 离职率 成本效益分析 组织气候等资料分析 客户与市场调查 360满意度调查	半年、一年后公司绩效评估	学员的单位主管

2.撰写培训效果评估报告。撰写培训效果评估报告是对培训评估工作进行如实、详细地总结,其内容包括培训评估的机构和实施过程,并提出参考性意见,为今后的培训工作打基础。

培训效果评估报告的内容包括:

(1)导言；

(2)概述评估实施的过程；

(3)阐明评估结果；

(4)解释、评论评估结果和提供参考意见；

(5)附录；

(6)报告提要。

复习思考题

1.员工培训的特点及内容是什么？

2.如何进行培训需求分析？

3.培训需求分析的具体方法有哪些？

4.如何进行培训效果评估？

开放式讨论案例

赛扬公司失败的培训

赛扬公司人力资源部的培训员汤征和部门经理黄学谊，来到公司下属的一家工厂培训必须参加该培训课程的所有车间管理人员。在上午培训班的开学仪式上，公司分管人力资源管理工作的副总经理吴豪添说："虽然我不知道黄学谊为本次培训做了哪些安排，但是我知道人员培训是非常重要的，感谢黄学谊和汤征为本次培训所付出的辛勤劳动！我希望公司从现在开始实施的管理人员培训中获得巨大收益，因此希望每个人都尽最大努力完成这一周的培训。"之后吴豪添就离开了会场；黄学谊主持完该仪式后也离开了。汤征开始主讲第一课——怎样有效管理工人。但是，他发现整个教室里的人都对这堂课缺乏兴趣。

下午快下班时，黄学谊接到汤征打来的电话："黄经理，那些车间管理人员根本不想参加培训，当我利用上午课间休息与二车间主任吕安福谈话时，他居然说：'20多年来我在管理工人方面早就有一套，根本不需要你们那些书呆子发明的方法。'而且下午的计算机基础知识课，很多人根本没来。黄经理，你看我应该怎么做？"

参加这次培训的所有车间管理人员都是中专及以下文化程度（高中、技校、职业中专、职业高中），目前工作绩效不错，是工厂的中坚力量，但是他们基本上不会操作计算机，大多数人也不懂现代生产运作管理知识。公司马上要引进计算机管理系统来提高生产管理效率，正好利用这一周机器维修的时间进行生产管理基础知识与计算机简单应用培训。如果此次培训不力，可能会造成非常严重的后果，总不能把他们全都换掉吧？

第二天上午快下班时，黄学谊接到生产部经理马全打来的电话："黄经理，你能不能重新派一个培训员？那些参加的车间管理人员说：'汤征出生之前我就在管理工人，可是突然间我们做的都是不文明的了，我们倒是希望有机会教一下这个乳臭未干的大学生怎么管理工人。'而且今天上午我们的优秀车间主任蓝田基问他电脑方面的问题时，他根本不屑于回答，扭头就走。"

汤征去年刚从某名牌大学管理信息系统专业本科毕业，进入公司人力资源部工作刚满一年，今年22岁。因为工作表现不错，这次被黄学谊派到工厂担任培训车间管理人员。但是培训期间,常常台上他在讲课,台下那些老工人则在议论他。这简直是一种精神折磨,他甚至怀疑这次培训是否真的会提高员工素质、带来工作改进。

讨论题

1.如果你是人力资源部负责培训的主管,你将如何设计这次培训,使其更有效果?

2.你认为这个案例中导致培训失败的原因有哪些?

实践性练习

实例简介:快活林快餐公司开办不足三年,生意发展很快,从开业时的两家店面,到现在已是由 11 家分店组成的连锁网络了。

不过,公司分管培训工作的副总经理张慕延却发现,直接寄到公司和由"消费者协会"转来的顾客投诉越来越多,上个季度竟达 80 多封。这不能不引起他的不安与关注。

这些投诉并没啥大问题,大多鸡毛蒜皮,如抱怨菜及主食的品种、味道、卫生不好,价格太贵等;但更多是有关服务员的服务质量的,不仅指态度欠热情,上菜太慢,卫生打扫不彻底,语言不文明,而且业务知识差,顾客有关食品的问题,如菜的原料规格、烹制程序等一问三不知,而且有的顾客抱怨店规不合理,而服务员听了,不予接受,反而粗暴反驳;再如发现饭菜不太熟,服务员拒绝退换,强调已经动过了等。

张副总分析,服务员业务素质差、知识不足、态度不好,也难怪他们,因为生意扩展快,大量招入新员工,草草进行半天或一天岗前集训,有的甚至未培训就上岗干活了,当然影响服务质量。

现在店里的服务员是两班制,张副总指示人事科拟定一个培训计划来解决当前的问题。

1.将同学分为小组,就快活林公司存在的问题进行讨论,并写出快活林公司的培训需求分析报告。

2.各小组就培训需求报告进行交流,综合分析总结出较全面的培训需求报告。

3.各小组根据培训需求分析编制培训计划。

4.各小组就培训计划进行交流,最终得出较为完善可行的培训计划。

测试题

案例面对面

第七章　绩效管理

学习目标

学完本章之后,你应该能够了解:

1.绩效与绩效考评的概念;

2.绩效考评模式;

3.绩效考评与绩效管理;

4.绩效管理的过程;

5.绩效管理中存在的问题及其对策。

[导入案例]

金太阳餐饮公司的绩效管理

金太阳餐饮公司是一家老牌的中餐企业,一直是本地区餐饮业的领头羊。该公司在经营方面锐意创新,不断地翻新菜品,终日顾客盈门。但是,近一年来该公司的顾客数却呈下降趋势,利润也只有上年的95%,而同期与其竞争的几家餐饮公司的利润都稳步增长,公司的赵经理为此愁眉不展。为了解决问题,赵总对公司的整体情况进行了为期两天的调查。他发现财务与采购方面都没有差错,菜品在顾客中口碑也不错,各方面的宣传也很到位,但是顾客就是在流失,利润在减少。这是为什么呢?突然间,赵总想起了调查时听到的员工们的议论。前厅的经理张总备受下属爱戴,他平时总是尽个人所能帮助员工,如帮助员工渡过“经济危机”,帮助员工减少离职损失。服务员小陈家在农村,上有母亲卧病在床,下有年幼的弟弟正在读书,生活十分困难,张总总是尽力地去帮助她。每次绩效评价时,虽然小陈的各方面表现并不突出,但张总在每一项考核上都给她评价为“优秀”。由于公司的报酬制度与绩效评价紧密联系,所以小陈除了拿到正常的工资与福利外,还可以拿到丰厚的奖励,甚至有可能加薪。营销部的经理王总喜欢根据第一印象看人,营销部的小刘在工作过程中常常能突发奇想,但是却有偷懒现象,而且小刘为人处事总是大大咧咧,王总劝说无效,于是每次评价时都会在小刘的态度栏中填上“较差”,但却没有具体记录原因,也没有任何的解释说明。

第一节　绩效管理概述

绩效管理是企业人力资源管理的首要目标,一切人力资源管理工作都是围绕提升员工的工作绩效而开展的,绩效管理的效果直接关系到企业的经营效益和企业的发展。

一、绩效管理及其相关概念

(一)绩效管理的含义

1.绩效。绩效是指员工或组织的工作成果,也可以称为业绩、成绩。人们在一定的环境下从事任何有目的的活动都会有结果,这种结果就是绩效。

从企业经营管理的层面来看,可以将绩效分为组织绩效和个人绩效。组织绩效是企业运营的最终价值;个人绩效是员工对组织的贡献。个人绩效构成组织绩效,组织绩效对员工又有激励作用,两者相辅相成,密不可分。

2.绩效管理。绩效管理是指为了实现组织的发展目标,采用科学的方法对员工个人或团队的综合素质和工作业绩进行全面的衡量,分析存在的问题,提出解决方案,调动员工或团队的工作积极性,不断提升工作绩效的一系列管理活动。

3.绩效考核。绩效考核是通过对员工的工作成果进行定性和定量的评价,对绩效进行区分性鉴别的过程。进行考核是进行管理的一个中心环节,员工绩效的评定结果是提升员工绩效的主要依据,同时也是对员工的反馈和激励。

(二)绩效的形成过程

绩效是个人的知识、技能、能力等一切综合因素在一定的环境下通过工作而形成的成果。如图 7-1 所示。

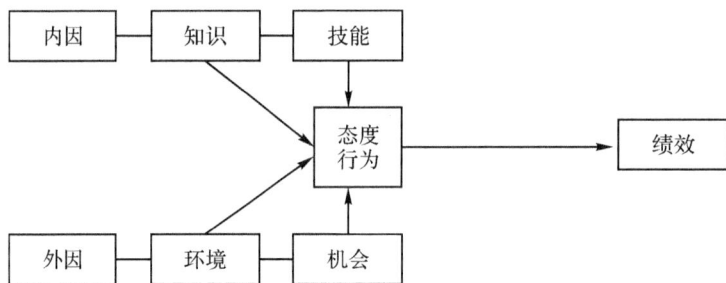

图 7-1　绩效的形成过程

员工的知识和技能等综合素质是实现绩效的前提,在一定的外因作用下,内因才能发挥作用。绩效管理的任务就是为员工创造一个良好的环境,使其潜能能够充分发挥出来,为企业作出更大贡献。

绩效形成差的原因是多重的,概括起来有两个方面:一方面,员工个人的原因造成的,如岗位不适合、能力和知识缺乏、工作态度和思想存在问题;另一方面,工作本身的客观原因造成的,如组织与管理不合适、没有明确的工作职责、缺乏充分的信息、缺乏对工作结果的反馈、激励不当、工作条件不理想。在大多数情况下是客观条件限制和主、客观因素之间的相互作用造成的。在进行绩效反馈时,应更多地用系统的方法,从多个角度对员工的绩效进行综合分析,找到问题的真正根源,这样才能在绩效评价反馈中有针对性地帮助员工提高绩效水平。

二、绩效管理的作用

绩效管理体系作为人力资源管理的一个重要的子系统,其作用有如下四个方面:

1.绩效管理有利于实现企业经营目标。绩效管理的目标是根据企业的发展战略来制订的,通过将企业的战略目标层层分解变为部门和员工的目标,在此基础上确定部门和个人的绩效目标,通过绩效评价,对员工的工作结果进行反馈,及时发现工作中存在的问题并进行修正,通过提升员工的业绩从而达成企业的业绩,实现企业的战略目标,使企业进入良性循环。

2.满足员工的需求。员工的需求有不同的层次,当员工基本的需求满足后,尊重和自我实现的需求所表现出来的就是员工希望知道自己的绩效水平到底如何,以便为了今后的发展而明确努力的方向。如果没有考核或考核不准确,员工就会处于盲目状态,失去努力的目标和方向。

3.解决管理中存在的问题。员工绩效水平的高低与其自身的素质和努力程度有关,更与企业管理制度、管理理念和企业文化、管理风格有关。通过绩效评价和反馈,可以看到企业管理中存在的问题并能及时解决,使企业顺利地向前发展。

4.配合人力资源管理体系的运行。绩效管理系统与其他人力资源管理系统的关系如图7-2所示。

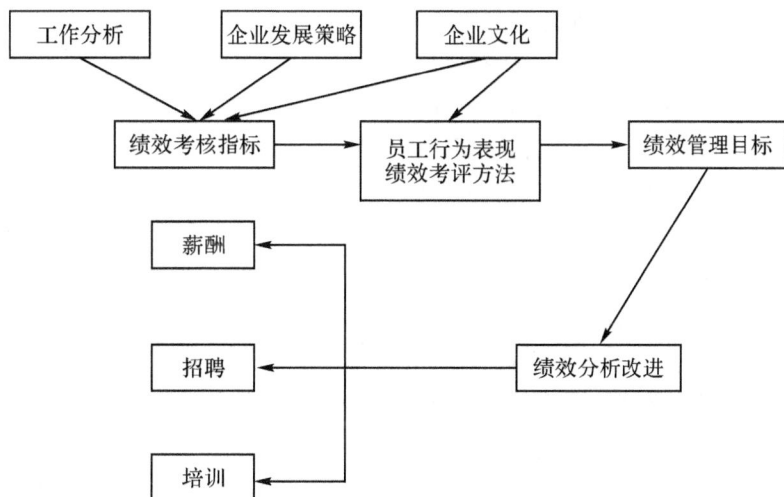

图 7-2　绩效管理与其他人力资源管理流程的关系

企业发展战略和企业文化是进行绩效管理的依据,绩效管理的目标是为了实现企业发展的战略目标。通过岗位分析明确岗位职责是制订绩效考核指标体系的关键环节。招聘工作的质量直接决定着员工的工作绩效,而培训是提高员工工作绩效的主要手段和方法。绩效考核结果与薪酬体系相衔接,才能真正对员工起到激励作用。

相关链接

两熊赛蜜

黑熊和棕熊喜食蜂蜜,都以养蜂为生。它们各有一个蜂箱,养着同样多的蜜蜂。有一天,它们决定比赛看谁的蜜蜂产的蜜多。

黑熊想,蜜的产量取决于蜜蜂每天对花的"访问量"。于是它买来了一套昂贵的测量蜜蜂访问量的绩效管理系统。在它看来,蜜蜂所接触的花的数量就是其工作量。每过完一个季度,黑熊就公布每只蜜蜂的工作量;同时,黑熊还设立了奖项,奖励访问量最高的蜜蜂。但它从不告诉蜜蜂们它是在与棕熊比赛,它只是让它的蜜蜂比赛访问量。

棕熊与黑熊想得不一样。它认为蜜蜂能产多少蜜,关键在于它们每天采回多少花蜜——

花蜜越多,酿的蜂蜜也越多。于是它直截了当告诉众蜜蜂:它在和黑熊比赛看谁产的蜜多。它花了不多的钱买了一套绩效管理系统,测量每只蜜蜂每天采回花蜜的数量和整个蜂箱每天酿出蜂蜜的数量,并把测量结果张榜公布。它也设立了一套奖励制度,重奖当月采花蜜最多的蜜蜂。如果一个月的花蜜总产量高于上个月,那么所有蜜蜂都受到不同程度的奖励。

一年过去了,两只熊查看比赛结果,黑熊的蜂蜜不及棕熊的一半。

三、企业绩效管理制度的基本内容

（一）制订企业绩效管理制度的基本原则

1.实用性原则。在制订企业的绩效管理制度时,应充分考虑企业人力资源管理的水平及企业的经营特点和行业特点,还需考虑绩效管理方案制订和实施所需的人力、财力和物力,考评工具和方法是否适合员工的素质特点。

2.客观公平原则。员工的实际工作表现和职务说明书中对工作内容的描述是绩效评价的依据,无论用什么方法进行绩效评价,都要以此为客观依据,对考评者实事求是地作出评价。同时,应在考评中一视同仁,避免人为因素使绩效评价结果与员工的实际工作绩效有较大的差距,影响绩效评价结果的可信度。为此,要建立科学适用的考评指标体系和考评标准,应尽量采用客观公正的尺度,尽量使用绝对考评方法。

3.全面原则。绩效评价的结果是为了提高员工的工作绩效,所以在绩效评价要素的选择方面,应尽量能够概括所需绩效评价工作岗位的工作内容和任职者的素质要求是否符合岗位的要求。在时间的选取上和在绩效事件的选取上都要把握全面的原则,只有对员工进行全面的评价,才能准确地对员工的绩效进行衡量,才能提高绩效评价的效度。在现代企业中实行的考评方法,基本上都是多层次、多渠道、全方位的考评。

4.公开原则。绩效评价工作应是公开的,要对评价的标准、考评的程序、考评的方法及时间的选择等公开宣布,使员工心里有数,积极参与到考评中来,而不是被动地等着上级考评。同时,考评的结果也应该是公开的,这样有利于员工横向和纵向的比较,明确自己在整个企业中的绩效水平,自己可以确定今后的努力方向。公开和公平原则是绩效评价的两个基本原则。

5.相对稳定原则。绩效评价的要素和绩效评价方法及绩效评价的频度一旦制订出来,就要保持其实施在一定时段内的持续性,朝令夕改,员工没有归属感,不利于长久地激励员工,更不利于组织的稳定性。所以,在制订绩效评价方案以前,应进行充分的调查和详细的设计,并请专家进行论证,以保证实施的有效性。但这并不意味着绩效评价的内容和方法是一成不变的。随着科学技术的发展,生产方式的变化,工作内容在变化,相应的绩效评价内容和方法也在变化,必须及时地丰富、完善及改进现有的绩效评价方式以适应实际情况的变化,才能使绩效评价系统持续地良性循环,稳定地提高员工的绩效。

（二）企业绩效管理制度的内容

企业绩效管理制度包括如下基本内容:

1.绩效管理制度的指导思想、基本原则、绩效管理的战略地位。

2.绩效考核的对象、考核周期、考核机构、考核时间与考核程序。

3.绩效考核的主体、考核维度及考核权重设计。

4.考核者的培训和绩效考核的实施,考核表的管理与查阅。

5.绩效面谈的目的、绩效面谈沟通的步骤、员工申诉及其处理。

四、绩效考核的种类和方法

（一）绩效考核的分类

1.按时间划分。

（1）定期考核。企业考核的时间可以是一个月、一个季度、半年、一年。考核时间要根据企业文化和岗位特点进行选择。

（2）不定期考核。不定期考核有两方面的含义：一方面，是指组织中对人员的提升所进行的考评；另一方面，是指主管对下属的日常行为表现进行记录，发现问题及时解决，同时也为定期考核提供依据。

2.按考核的内容分。

（1）特征导向型。考核的重点是员工的个人特质，如诚实度、合作性、沟通能力等，即考量员工是一个怎样的人。

（2）行为导向型。考核的重点是员工的工作方式和工作行为，如服务员的微笑和态度、待人接物的方法等，即对工作过程的考量。

（3）结果导向型。考核的重点是工作内容和工作质量，如产品的产量和质量、劳动效率等，侧重点是员工完成的工作任务和生产的产品。

3.按主观和客观划分。

（1）客观考核方法。客观考核方法是对可以直接量化的指标体系所进行的考核，如生产指标和个人工作指标。

（2）主观考核方法。主观考核方法是由考核者根据一定的标准设计的考核指标体系对被考核者进行主观评价，如工作行为和工作结果。

（二）绩效考核的方法

1.排序法。对员工绩效的好坏程度直接进行比较，确定员工绩效的相对等级和次序。排序有两种方法：

（1）正向排序：按照员工绩效由优到劣从第一名排到最后一名。

（2）两两排序：按照员工绩效先排最好，再排最差；接着排次好，再排次差，依此类推进行排序。

2.成对比较法。成对比较法也叫两两比较法，是对员工的绩效进行相互比较，确定赋分的标准，进行比较打分，将每次比较的分值按打分的顺序相加，对总分由高到低进行排序的方法。如表7-1所示。评分标准为：员工A如果比员工B优秀，给A记2分；员工A如果与员工B一样优秀，给A记1分；员工A如果没有员工B优秀，给A记0分。

表 7-1　成对比较法

	员工甲	员工乙	员工丙	员工丁	总分	排序
员工甲		2	2	2	6	1
员工乙	0		2	2	4	3
员工丙	1	2		2	5	2
员工丁	0	0	1		1	4

这种方法在应用时涉及的员工数目不宜过多。

3.强制正态分布法。强制正态分布法是提前确定准备按照一种什么样的比例将评价者分别

分布到每一个工作绩效等级上。比如,按照下述比例原则来确定雇员的工作绩效分布的情况:

绩效最好的	15%
绩效较好的	20%
绩效一般的	30%
绩效低于要求水平的	20%
绩效很低的	15%

在实际操作的过程中,这种评价工具的使用方法通常是首先将准备评价的每一位雇员的姓名分别定在一张小卡片上;然后根据每一种评价要素来对雇员进行评价;最后根据评价结果将这些代表雇员的卡片放到相应的工作绩效等级上去。

4.行为对照表法。行为对照表法是将描述性关键事件、评价法和量化等级评价法的优点结合起来,使绩效评价结果更公平。这种方法将每一职务的各考评维度都设计出一个评分量表,并有一些典型的行为描述性说明词与量表上的一定刻度或评分标准相对应和联系,即所谓锚定,作为被考评者实际表现评分时的参考依据。由于这些典型说明词数量有限(一般不会多于10条),不可能涵盖千变万化的职工实际表现,被考评者的实际表现很少恰好与说明词所描述的完全吻合;但有了量表上的这些典型行为锚定点,考评者给分时便有了分寸感。这些代表了从最劣到最佳典型绩效的、有具体行为描述的锚定说明词,不但使被考评者能较深刻而信服地了解自身的现状,还可找到具体的改进目标。如表7-2所示。

表7-2　行为锚定等级

表　现	等　级
员工有意放慢工作,或消极怠工	1
当工作负担过重,员工会借口生病,请假	2
在领导不在的情况下,员工可以自觉完成本职工作和额外工作	3
员工以较高的热情对待组织的工作,自觉地投入到组织中的各项活动	4

建立行为锚定等级评价法通常要求按照以下5个步骤来进行:

(1)获取关键事件。首先要求对工作较为了解的人(通常是工作承担者及其主管人员)对一些代表优良绩效和劣等绩效的关键事件进行描述。

(2)建立绩效评价等级。然后由这些人将关键事件合并为为数不多的几个绩效要素(如5个或10个),并对绩效要素的内容加以界定。

(3)对关键事件重新加以分配,这时由一组对工作比较了解的人来对原始的关键事件进行重新排列。他们将会看到已经界定好的工作绩效要素以及所有的关键事件,然后他们需要做的就是,将所有这些关键事件分别放入他们自己认为最合适的绩效要素中去。通常情况是,如果就同一关键事件而言,第二组某一比例以上(通常是50%—80%)的人将其放入的绩效要素与第一组人将其放入的绩效要素是相同的,那么,这一关键事件的最后位置就可以确定了。

(4)对关键事件进行评定。第二组人会被要求将关键事件中所有描述的行为进行评定(一般是7点或9点等级尺度评定法),以判断它们能否有效地代表某一工作绩效要素所要求的绩效水平。

(5)建立最终的工作绩效评价体系。对于每一个工作绩效要素来说,都将会有一组关键事件(通常每组中有 6—7 个关键事件)来作为其"行为锚"。

如图 7-3 所示。

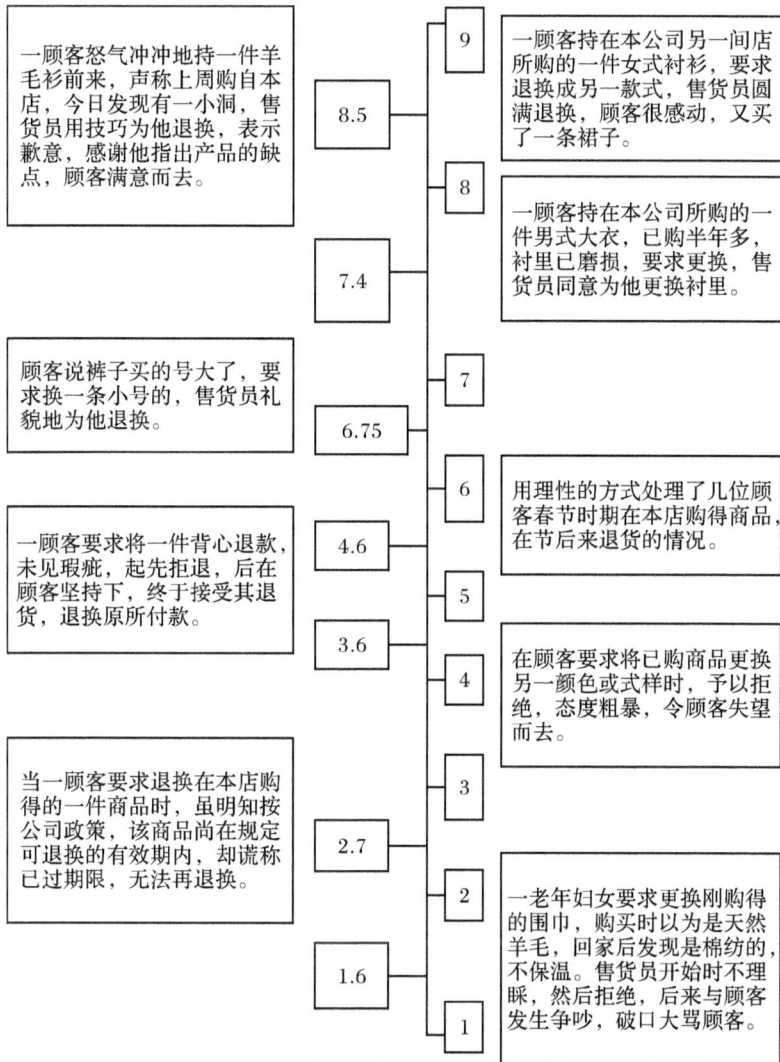

图 7-3 百货店售货员对待顾客投诉的处理态度与方式考评行为锚定评分表

5.目标管理法。根据企业发展战略目标确定相应的部门工作目标,将部门工作目标分解为员工的工作目标,再将员工的工作目标转化为绩效考核指标体系,即对员工和部门的业绩绩效考核的方法。

目标管理法的操作步骤是:全公司方针拟定,经营方针表达,各事业部、科、室年度计划展开,各事业部、科、室年度管理目标拟定,各事业部、科、室年度管理目标商谈,管理目标的整合与确立,制订目标卡,实施和监控。如图 7-4。

目标管理的四个步骤是计划、实施、检查、再制订新的目标。简称 P(Plan)－D(Do)－C(Check)－A(Action)循环。

目标管理法的特点是:目标明确,员工具有高度的参与性,通过目标管理过程对员工具有鲜明的培养性,便于使员工进行自我管理。

在目标管理过程中,应该经常进行进度检查,直至达到目标。在达到阶段性目标后,已经完成既定任务的员工汇集在一起对工作成果进行评价,同时为下一阶段的工作制订目标。目标管理是一整套计划的控制系统,同时也是一套完整的管理哲学系统。在理论上只有每位员工成功,才可能有主管人员的成功、各个部门的成功和整个组织的成功。因此目标管理方法鼓励每一位员工的成功。但是目标管理的前提是个人、部门和组织的目标要协调一致。经验研究表明,这一方法有助于改进工作效率,而且还能够使公司的管理层根据迅速变化的竞争环境对员工进行及时的引导。

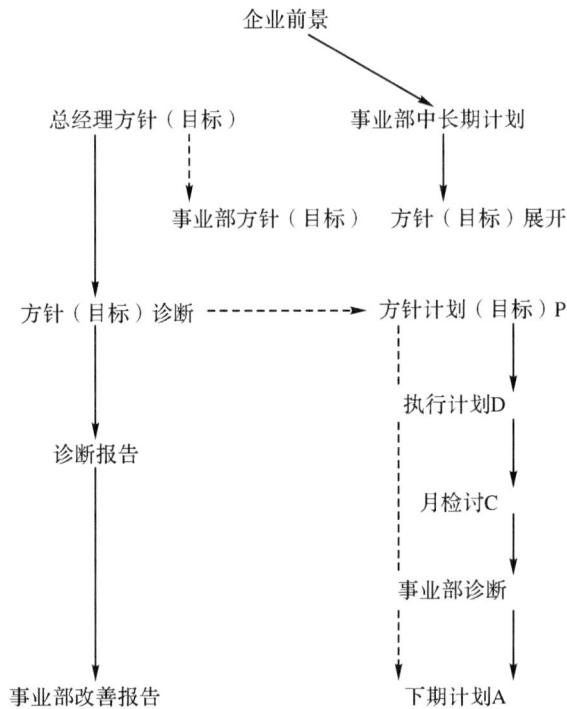

图 7-4   目标管理的 P－D－C－A 循环

还有两种与目标管理方法相类似的考评方法:工作计划与检查方法、目标考评法。

工作计划与检查方法特别强调主管人员及其下属对工作计划的实施情况进行检查,以确定计划的完成程度、找出存在的问题、明确训练的需要。在使用工作计划与检查方法时,了解工作目标是否已经达到要依靠主管人员的个人判断,而在目标管理中则依靠更为客观的可以度量的依据。但是在实际操作中,这两种方法很难严格区分。从理论上讲,目标管理方法更强调结果,而工作计划与检查方法更强调过程。

目标考评法是根据绩效考评人完成工作目标的情况来进行考核的一种绩效考评方式。在完成工作之前,考评人和被考评人应该对需要完成的工作内容、时间期限、考评的标准达成一致。在时间期限结束时,考评人根据被考评人的工作状况及原先制订的考评标准进行考评。目标考评法适合于企业中试行目标管理的项目。

6.关键事件记录评价法。这种考核方法是通过观察,记录下有关工作成败的"关键"性事实,依此对员工进行考核评价。

下面以美国通用汽车公司运用这种方法的过程为例,具体说明"关键事件记录评价法"是如何使用的。

通用汽车公司首先成立了一个委员会,专门领导这项工作。

该委员会根据公司的实际情况,制订了以下的考核项目:"体质条件""身体协调性""算术运算能力""了解和维护机械设备的情况""生产率""与他人相处的能力""协作性""工作积极性""理解力"等。

然后,要求工厂的一线领班,根据下列要求,对各自部下最近工作行为的关键事实进行描述:

(1)事实发生前的背景;

(2)发生时的环境;

(3)行为的有效或无效事实;

(4)事实后果受员工个人控制的程度。

例如,一位领班对他一个部下的工作"协作性"是这样记录的:

有效行为:虽然今天没轮到约翰加班,但他还是主动留下加班到深夜,协助其他同事完成了一份计划书,使公司在第二天能顺利地与客户签订合同。

无效行为:总经理今天来视察,为了表现自己,约翰当众指出了两位同事的错误,致使同事之间关系紧张。

通用汽车公司采用了"关键事件记录测评法"之后,出现了令人吃惊的结果:员工的有效行为越来越多,公司的效益也直线上升。正如委员会的主任,一位人力资源部长所称,"大多数员工并不愿意做错事,如果领班能不厌其烦地指出员工的不足之处,他们是会设法纠正的。"

7.360度考评方法。这种考评方法是从多维度对员工的绩效进行界定,综合反映企业部门或员工的业绩。常用的考评维度有如下五类:

(1)上级考评。被考核者的上级对考核者的工作态度和技能水平最为了解,对被考核者的日常工作表现也有记录,所以上级考核是主要的考核形式,其权重占70%左右。

(2)同级考评。同级之间的考核是同事之间的相互考核,通过相互考核认定,便于同事之间进一步了解,明确自己与别人的差距,有利于引导员工向绩效优秀的同事学习,提升团队的整体业绩。同级之间的考评权重不易过大,一般占10%左右。

(3)下级考评。下级对上级的考评主要是对上级的管理风格和管理方法及个人魅力的一种认定方法,通过对上级的考评,便于使被考核者明确自己工作中的不足,改进今后的管理工作。由于下级对上级工作的整体性并不能全面把握,所以这种考评所占权重为10%左右。

(4)自我考评。自我考评的目的在于使员工进行自我总结,分析自己的不足,正确看待自己的工作绩效,进行自我管理和提升。所以在设计自我考评表时各指标的等级应明确。自我考评主观性较强,权重为10%左右。

(5)客户考评。客户对经营管理的信息反馈十分重要,但完全以此为根据,又会给绩效考核带来一定程度的不准确性,对客户考评必须进行很好的设计,才能对信息的有效性进行监控。所以这种考评所占比例因根据企业的行业特点来确定其所占权重。

对上述几个维度的考评结果,应根据企业的具体情况进行设计并实施。

8.KPI法。KPI(Key Performance Indicators)是通过对组织内部工作流程的关键参数进行分析、设置、衡量的一种绩效管理方法。根据企业的发展战略目标,找出企业的业务重点,设定为企业的关键业绩指标;然后将企业的关键业绩指标分解为部门的关键业绩指标;进一步分解为职位的关键业绩指标。

KPI是衡量企业战略目标效果的关键指标,其目的是建立一种机制,将企业战略转化为内部过程和活动,以不断增强企业的核心竞争力和持续地取得高效益,使考核体系不仅成为激励约束手段,而且成为战略实施的工具。

在设置关键业绩指标时依据的原则简称为 SMART 原则。

Specific(明确性),设置关键业绩指标要具体、清晰。Measurable(可衡量性),考核指标是可以衡量的、能够量化的。Attainable(可达成性),考核指标不能过低也不能过高,是员工经过努力可以达到的。Related(相关性),各项考核指标之间是相互联系的,共同构成企业的经营管理目标。Time-Bound(时限性),考核指标是具有详细时间要求的。表 7-3 为某企业工程部的 KPI。

表 7-3　关键业绩指标

序号	指标项	记分规定	权重
1	工程开工和完工的及时性	按 A、B、C、D 标准记分	20%
2	施工现场巡检	按《工程管理办法》记分	20%
3	协调组织的及时性	延误 1 天,减记 5 分	20%
4	工程质量管理责任	出现管理责任事故,记 0 分	30%
5	本部门费用预算执行	预算内,记 10 分;预算超出,记 0 分	10%
合计			100%

9.平衡计分卡。平衡计分卡 BSC(Balanced Score Card)是由哈佛商学院罗伯特·S.卡普兰及戴维·D.诺顿共同创建的管理新哲学。平衡计分卡的原理是衡量过去的努力成果,以驱动未来绩效。对过去努力成果的衡量是从外部和内部来量度。外部的量度指股东和客户、财务及客户,内部的量度指企业流程管理、员工学习及成长。平衡计分卡实施的四个步骤是澄清并诠释愿景与战略、沟通与联络、规划与设定目标、策略的回馈与学习。如图 7-5 所示。

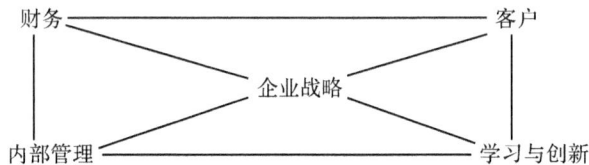

图 7-5　平衡计分卡

平衡计分卡的思路指导着企业的绩效管理工作,推动着企业提升整体绩效进而促进企业的迅速发展。表 7-4 是某企业根据平衡计分卡设计的绩效考核指标体系。

表 7-4　基于平衡计分卡的绩效指标

驱动因素	驱动要素	滞后关键绩效指标	领先关键绩效指标
财务	规模 盈利能力 盈利增长 成本控制	1.销售收入 2.产值 3.利润额 4.人均产值	1.产值利润率 2.销售收入增长率 3.计划利润实现率 4.回款率
客户	客户满意 市场开发	1.客户满意度 2.市场占有率	1.新增客户数 2.客户投诉次数 3.部门满意度 4.合同履行率

驱动因素	驱动要素	滞后关键绩效指标	领先关键绩效指标
内部管理	安全生产	1.人员安全 2.设备安全	事故发生率
	产品 质量	1.客户对产品质量的满意度 2.参加行业评优情况	1.废品率 2.内部质量检查合格率
	生产 周期	1.延期天数 2.延期率	生产计划完成率
	人员 状况	1.员工满意度(用分数衡量) 2.关键岗位人员离职率	无
学习成长	管理水平 技术水平 人员素质	1.人才队伍建设 2.管理创新 3.技术提升	1.骨干员工平均受训时间(小时) 2.对下属的训练培养 3.中级以上职称比例

第二节 绩效管理的程序与实施

一、绩效管理方案的设计

绩效管理方案的内容包括如下几个方面:

1.绩效管理体系设计的指导思想与原则、绩效管理的战略地位。

2.绩效考核体系的构成。其内容包括:考核对象与考核周期、考核机构、考核时间与考核程序、考核主体、考核维度及考核权重设计。

3.以提升工作绩效为中心的绩效管理循环体系。其内容包括:绩效管理循环体系的作用、绩效面谈的目的、绩效面谈沟通的步骤、员工申诉及其处理。如图 7-6 所示。

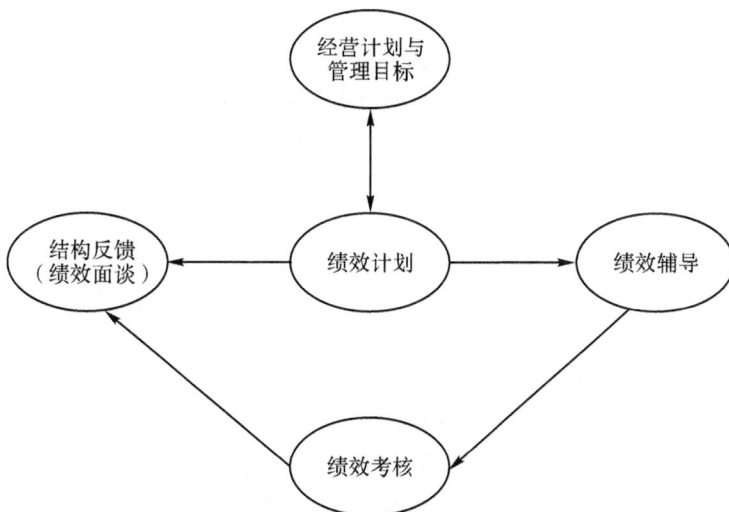

图 7-6 绩效管理循环

绩效管理循环系统就是通过制度形式促使各级管理者承担起人力资源管理的责任,通过管理者与员工共同参与制订绩效计划,绩效考核、绩效面谈(辅导)以及绩效结果的反馈过程,实现组织绩效的达成和不断提高。部门负责人可以与员工签订绩效发展计划书,如表 7-5 所示。

表 7-5 绩效发展计划书

年度:　　　年　　　　　　　　　　　　　部门:　　　　　岗位:　　　　　姓名:

有待发展项目	目前水平	期望水平	发展措施与手段	达标时间	计划执行后的评价

计划人:　　　　　　　　　　　　　　　　直接上级:

各级管理者对员工的绩效进行考核后,必须与员工进行一对一的绩效面谈与沟通。这个环节是非常重要的,因为绩效管理的核心目的是为了不断提升组织和员工的绩效水平,提高员工的技能水平。这一目的能否实现,最后阶段的绩效面谈和反馈就起了很大的作用。

4.绩效管理制度的制订和实施。资料归档。

二、绩效考核的组织与实施

(一)绩效考核基本程序

绩效考核基本程序分为六个步骤,如图 7-7 所示。

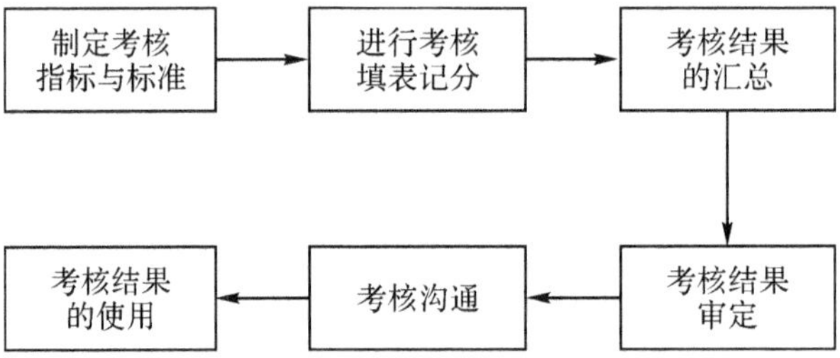

图 7-7 绩效考核基本程序

(二)对考评者和被考评者的培训

培训的目的是使全体员工理解绩效管理的目的、意义和方法,消除对绩效考核的错误认识,掌握绩效考核的方法和步骤,减少在绩效考核中的误差。

在考核过程中考核者的误差有如下几个方面:

1.心理定势。心理定势是指人们根据过去的经验和习惯的思维方式,在头脑中形成了对人或事物的不正确的看法。如,认为青年员工工作经验比老年员工少,在相同的绩效下,给青年员工打分偏低,给老年员工打分偏高。在评价时,必须克服这种心理误差,根据员工的实际情况,客观地做出判断。

2.第一印象。第一印象是指在最初的接触中给别人留下的印象。这种印象具有特别强的固着作用,一旦形成,很难消退,并影响着以后的看法。在现实中,招聘时对应聘者的第一印象的特化作用一直持续到对该员工的绩效评价阶段。在进行总体评价时,对员工的第一印象起了主导作用,招聘时的印象好坏成为判断员工绩效高低的主要考虑因素,而实际的工作表现成为参考,从而影响到了评价的真实性。将招聘时对员工的评价与绩效评价进行对照,可以发现招聘的不足之处,有利于对员工进行全面的绩效管理。但决不能因此影响绩效评价的准确性。

3.趋中心理。在评价时,评价者往往觉得被评价者的绩效相差不多,评价结果出现"两头小,中间大"的好好先生。趋中心理使大部分人都集中在平均水平,以至于比较不出员工之间的优劣差别,绩效评价也就失去了意义。所以,在评价员工的绩效时,必须彻底抛弃这种错误的思想,严格按照评价标准来进行评价,有什么样的绩效,就给什么样的评价结果。

4.从众心理。在对员工的实际绩效进行评价时,每一个评委都会受其他评委评价结果的影响。当大家都对一个人做出"不好"的评价时,你即使觉得这个人很好,但迫于团体的压力而不敢将自己的观点表露出来,以避免与大家的不一致。这种心理往往会影响评价的公平性和客观性,必须克服这种负面影响。

5.光环效应。这种现象是指在评价员工的绩效时被该员工平时突出的好或不好的典型事件所误导,而不能综合地对该员工的绩效做出总体评价,而导致评价结果高于或低于员工的实际工作表现。或者在评价时受员工个性突出特点所影响,而作出不准确的判断。在评价时必须克服这种光环效应的不利影响,客观地评价员工的绩效。

6.特殊化。特殊化是指在评价员工的绩效时,评价者为管理人员时,不能在评价标准面前与普通员工一视同仁,以身作则,自己搞特殊化,认为评价标准是针对普通员工制订的,自己的任务就是严格监督员工的执行情况,而对自己没有约束力。这势必造成绩效评价流于形式,不能起到真正的激励作用。在评价中,必须坚持评价标准面前人人平等的原则。

7.对比误差。在评价时,评价者总是把自己的性格、能力、作风等与被评价者进行对比,凡是与自己相似的人,总是做出较高的评价,对那些与自己格格不入的人,就会做出偏低的评价。这种误差往往不是故意的,但它影响到了评价的真实性,评价者必须从主观上克服。

除此以外,还应克服近期效应误差、感情效应误差、偏见误差、暗示效应误差等影响绩效评价准确性的因素。

被评价者作为绩效评价的主要体现者也会影响绩效评价的效度和信度。首先,必须消除被评价者的消极、抵触心理,尤其是工作绩效不高的员工,往往对绩效评价抱着逃避的态度,对评价工作不配合;还有那些满足于现状、不求进取的人,总是希望评价的结果越模糊越好,在评价时会造成难以预料的障碍。其次,员工对自己绩效的估计往往与实际有差距,大部分员工对自己的评价高于其实际的绩效水平;而有一些员工对自己缺乏信心或过于谦虚,在自我估计时低于自己的实际表现。员工对绩效评价各种各样的心态必须在评价之前就得以纠正,通过交谈、企业文化的熏陶、作总动员等工作,使员工对绩效评价保持一种正确的心态,保证评价工作的顺利进行,从而保证评价的准确性。

由于上述评价者和被评价者两方面人为因素的原因造成评价的误差是可以通过培训得以弥补的;而由于评价系统本身的技术问题造成的误差,只能通过提高评价系统的设计技术得到提高。任何一个企业的评价系统都是由其战略目标决定的,有什么样的经营理念,就会有什么样的绩效评价系统。

为了保证绩效管理体系的有效运行,必须对各级考核者进行培训。培训由人力资源部负责。培训内容包括:绩效管理与考核的制度结构、确认考核规定、理解考核内容与考核项目、理解考核打分的标准与细则。

(三)绩效评价的反馈

绩效反馈也叫绩效面谈。在进行绩效反馈时,可以划分为两种情况:绩效好、令人满意的和绩效差、需改进的两种。而对于绩效很差、无法改善的,则无须再作面谈,而用书面警告的方式,明确指出其差距,使其受到震动。对第一种情况,进行绩效反馈比较容易,谈话双方都比较愉快,主要是与其讨论职业发展规划,提升计划。对第二种情况的绩效反馈是最复杂的,在反馈前,必须熟悉将要面谈对象的绩效状况和具体的工作表现,有针对性地进行谈话。因为谈话目的是为了指出其不足,促使其改善绩效,在今后的工作中有更好的表现,所以在谈话中必须注意方式方法。在绩效反馈时常用的方法有:

1.消除员工的抵触情绪。上级在与员工谈论其绩效时,员工对上级指出自己的不足之处都具有防范心理。所以在谈话的一开始,就要引导员工有一个正确的心态,使员工认识到每一个人都有自己的局限性,都有长处和短处,应正确看待自己和周围的人,最终目的是使员工真正认识到绩效反馈的目的是为了帮助其在今后的工作中进步和发展。在双方调整了心态以后,再进入正式谈话。

2.强调具体行为。应根据员工的具体行为,明确指出造成员工绩效低下的原因。如,小张纪律性很差,总是完不成工作任务,在绩效反馈时应指出小张的具体表现:开会迟到过五次,无故旷工两次;两个月没有完成工作任务。这要比只是对他说"我对你的表现很不满意"说服力要强。

3.对事不对人。在反馈时,所用的语言是描述性的而不要用判断或评价性的语言,尤其是不能用指责性的语言。永远不要说一个人总是错的。应指出其可控制的行为,而对其无能为力的事则不应提出要求。因为人们对自己可控制的事总是积极、努力地去做,而对自己不可控制的事总是不关心的。所以,在谈话以前,应对该员工的能力结构有所把握,在其能力能达到的范围之内对具体的工作行为提出要求,并引导其掌握改善绩效的具体方法,明确绩效目标和努力方向。

(四)绩效面谈沟通的步骤

绩效面谈中的沟通非常重要,包括了面谈准备、面谈过程和确定绩效改进计划三部分,各部分的内容如图 7-8 所示。

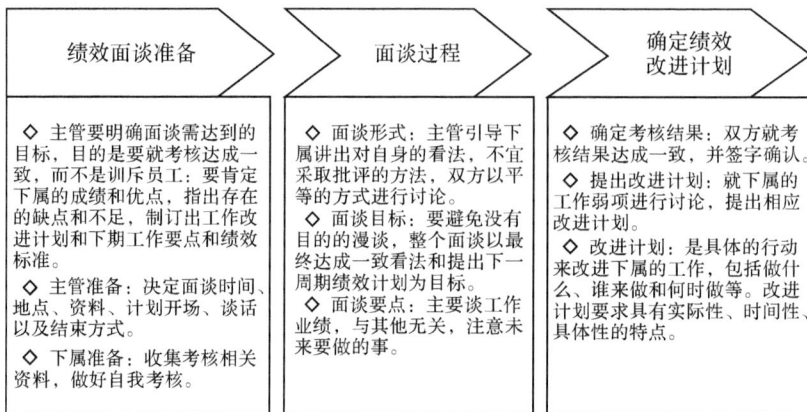

绩效面谈准备	面谈过程	确定绩效改进计划
◆ 主管要明确面谈需达到的目标,目的是要就考核达成一致,而不是训斥员工:要肯定下属的成绩和优点,指出存在的缺点和不足,制订出工作改进计划和下期工作要点和绩效标准。 ◆ 主管准备:决定面谈时间、地点、资料、计划开场、谈话以及结束方式。 ◆ 下属准备:收集考核相关资料,做好自我考核。	◆ 面谈形式:主管引导下属讲出对自身的看法,不宜采取批评的方法,双方以平等的方式进行讨论。 ◆ 面谈目标:要避免没有目的的漫谈,整个面谈以最终达成一致看法和提出下一周期绩效计划为目标。 ◆ 面谈要点:主要谈工作业绩,与其他无关,注意未来要做的事。	◆ 确定考核结果:双方就考核结果达成一致,并签字确认。 ◆ 提出改进计划:就下属的工作弱项进行讨论,提出相应改进计划。 ◆ 改进计划:是具体的行动来改进下属的工作,包括做什么、谁来做和何时做。改进计划要求具有实际性、时间性、具体性的特点。

图 7-8 绩效面谈沟通步骤

三、员工申诉及其处理

为了确保绩效考核的公平公正性,实现绩效管理的良性循环,在人力资源部门负责具体工作的同时,应建立绩效考核委员会对绩效管理的整个过程进行监督管理,并承担一些具体的绩效考核工作。绩效考核委员会一般由企业高层、中层和员工代表组成。在绩效考核过程中被考核者的意见可以向绩效考核委员会、工会、人力资源部、部门主管及高层反映,填写申诉表,如表7-6所示。并在规定的期限内进行处理,以确保绩效管理工作的顺利进行。绩效考核申诉的流程如图7-9所示。

表 7-6　申诉表

申诉人		所在部门		岗位	
申诉事由与证据:					
申诉主张: 申诉人签字:　　　　　　　日期:					
综合办公室初审意见: 审核人签字:　　　　　　　日期:					
考核委员会处理意见: 负责人签字:　　　　　　　日期:					
申诉人对申诉处理的意见: 申诉人签字:　　　　　　　日期:					

四、考核表的管理与查阅

(一)考核表的保管

1.考核表的保管由人力资源部负责。

2.保管期限。自考核表制成之日起,保存期为10年。员工退休者,自退休日起,保存一年。

(二)考核表的查阅

管理者在工作中涉及员工人事问题,需要查阅有关考核表时,可以向保管者提出查阅要求,并按有关规定办理。

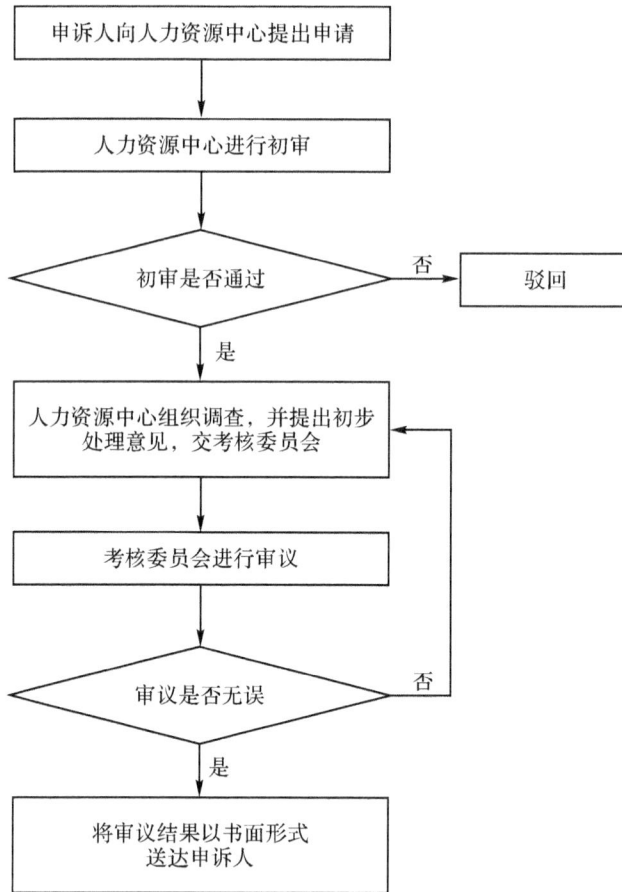

图 7-9　申诉流程

复习思考题

1.什么是绩效管理？绩效管理的要求有哪些？
2.试述绩效考核与绩效管理的主要差异。
3.绩效管理的重要作用表现在哪些方面？
4.简单描述绩效管理在整个人力资源管理体系中的定位。
5.简述绩效管理循环包括的关键环节，以及各个环节之间的关系。

开放式讨论案例

天宏公司的绩效管理

天宏公司总部会议室，赵总经理正认真听取关于上年度公司绩效考核执行情况的汇报，其中有两项决策让他左右为难。一是经过年度考核成绩排序，成绩排在最后几名的却是在公司干活最多的人。这些人是否按照原先的考核方案降职和降薪？下一阶段考核方案如何调整才能更加有效？另一个是人力资源部提出上一套人力资源管理软件来提高统计工作效率的建议,但一套软件能否真正起到促进绩效提高的效果?

天宏公司成立仅四年,为了更好地进行各级人员的评价和激励,天宏公司在引入市场化的用人机制的同时,建立了一套绩效管理制度。对于这套方案,用人力资源部经理的话说,是细化传统的德、能、勤、绩几项指标,同时突出工作业绩的一套考核办法。其设计的重点是将德、能、勤、绩几个方面内容细化延展成考量的 10 项指标,并把每个指标都量化出 5 个等级,同时定性描述等级定义,考核时只需将被考核人实际行为与描述相对应,就可按照对应成绩累计相加得出考核成绩。

但考核中却发现了一个奇怪的现象:原先工作比较出色和积极的职工考核成绩却常常排在多数人后面,一些工作业绩并不出色的人和错误很少的人却都排在前面。还有就是一些管理干部对考核结果大排队的方法不理解和有抵触心理。但是综合各方面情况,目前的绩效考核还是取得了一定的成果,各部门都能够很好地完成,唯一需要确定的是对于考核排序在最后的人员如何落实处罚措施,另外对于这些人降职和降薪无疑会伤害一批像他们一样认真工作的人,但是不落实却容易破坏考核制度的严肃性和连续性。另一个问题是,在本次考核中,统计成绩工具比较原始,考核成绩统计工作量太大,人力资源部就三个人,却要统计总部 200 多人的考核成绩,平均每个人有 14 份表格、统计、计算、平均、排序发布,最后还要和这些人分别谈话,在整个考核的一个半月中,人力资源部几乎都在做这个事情,其他事情都耽搁了。

赵总经理决定亲自请车辆设备部、财务部和工程部的负责人到办公室深入了解一些实际情况。车辆设备部李经理、财务部王经理来到了总经理办公室,当总经理简要地说明了原因之后,车辆设备部李经理首先快人快语回答道:"我认为本次考核方案需要尽快调整,因为它不能真实反映我们的实际工作,例如我们车辆设备部主要负责公司电力机车设备的维护管理工作,总共只有 20 个人,却管理着公司总共近 60 台电力机车,为了确保它们安全无故障地行驶在 600 千米的铁路线上,我们主要工作就是按计划到基层各个点上检查和抽查设备维护的情况。在日常工作中,我们不能有一次违规和失误,因为任何一次失误都是致命的,也是会造成重大损失的,但是在考核中却允许出现'工作业绩差的情况'。我们的考核就是合格和不合格之说,不存在分数等级多少。"

财务部王经理紧接着说道:"对于我们财务部门,工作基本上都是按照规范和标准来完成的,平常填报表和记账等都要求万无一失,这些如何体现出创新的最好一级标准? 如果我们没有这项内容,评估我们是按照最高成绩打分还是按照最低成绩打分? 还有一个问题,我认为应该重视,在本次考核中,我们用了传统的民主评议的方式,我对部门内部人员评估没有意见,但是实际上让其他人员打分是否恰当? 因为我们财务工作经常得罪人,让被得罪的人评估我们,这样公正吗?"

思考题:

1.天宏公司的问题到底在哪里?

2.考核内容指标体系如何设计才能适应不同性质岗位的要求?

3.公司是否应同意人力资源部门提出的购买软件方案? 能否有一个有效的方法解决目前的问题?

测试题

案例面对面

第八章　薪酬设计与管理

学习目标

学完本章之后,你应该能够:

1. 明确薪酬的基本内涵和基本构成;
2. 了解薪酬设计的原则、程序;
3. 掌握薪酬设计的基本方法;
4. 理解各种薪酬形式的内涵和作用。

〔导入案例〕

SDGH 咨询公司的薪酬难题

SDGH 咨询公司成立于 1993 年,为国有全资子公司。其人员一部分来自投资主管部门的"固定工",另一部分来自社会招聘的合同制员工。其基本业务是为客户规划设计和工程设计提供咨询服务。但是由于种种原因,一直没有形成一个适合公司的、基于战略的、整体考虑的薪酬方案。到 2004 年,公司收入分配问题显现:

1. 收入分配严重向个人倾斜。2000 年以前,公司的分配水平一直略高于同行业平均分配水平,但从 2001 年起,员工分配水平提高加速,2004 年达到顶峰,并大大超出同行业水平,劳动分配率高达 69%。尽管 2004 年公司的收入超过历史最高水平,但公司利润却几乎下降到历史最低水平。

2. 员工之间的分配关系不顺。工资标准、奖金标准及其计发缺乏内部一致性的考虑。表现在:一是业务部门之间,不论是容易操作的计划内项目,还是难以操作的市场项目,任务收入指标的下达和奖金的提取比例相同,造成计划内的项目收入高,市场项目收入低;二是经理层成员的奖金随主管业务部门按比例浮动,导致经理层收入的不合理差距;三是职能管理部门人员比业务人员还多,人浮于事。司机平均每人每月的工作量只有几百公里,但一年的奖金却高达数万元。这些问题交织在一起,形成了错综复杂的矛盾:业务人员与非业务人员之间的矛盾,高层管理人员与一般职能人员的矛盾,不同业务部门之间的矛盾。

3. 业务部门内部平均分配问题严重。在同一业务部门"官多",一个业务部门两个人,一个是部长,另一个是副部长,工资是按行政级别确定的,差距很小,奖金分配的差距更小。结果能干的人不肯多干,一是怕冒尖,二是干多了感觉不平衡。

4. 社会保险缴费、住房公积金和福利待遇缺少差别,且负担过重。由于分配水平较高,从公司经理岗位到司机岗位,所有人员的社会保险缴费都以上一年度北京市平均工资的 300% 为基数缴纳;住房公积金都按最高额缴存。尽管合同制员工参加了当地基本医疗保险和大额医疗互助保险,但不论是来自主管上级单位的固定工,还是合同制员工,所有看病、住院的医疗费用全额在公司报销,虽然节约了政府统筹的医疗保险基金,但相应加大了公司开支。

上述问题的存在,从公司本身来说,既限制了公司业务的做强做大,又阻碍了公司业务的拓展。如"代建制"尽管提出多年,并列入公司的战略方向,但由于分配制度不能支撑,也就一直未能起步。从公司外部来说,规划咨询、工程咨询,我国已经向国际市场开放,外国公司正在涌入并侵蚀国内咨询市场,公司面临着外部市场的挤压。要使公司做大做强,必须从分配问题入手,通过整合收入分配制度,从分配上为公司发展提供新的动力机制。

第一节　薪酬管理概述

薪酬设计与管理是人力资源管理的重要环节,是体现人力资源管理五个功能中保持与激励功能的最主要活动。同时,薪酬设计与管理还能体现其他人力资源管理的功能,例如,领先的薪酬水平可以较好地吸引人才的加盟,从而体现了"吸引"功能;考核发放的薪酬可以起到奖优罚劣的作用,从而体现了控制与调整的功能;"宽带工资"可以为员工提供职业发展的技术通道,从而体现了"开发"功能。

一、薪酬的含义与形式

(一)薪酬的基本概念

薪酬,或者说报酬,可以这样定义:薪酬是指雇员作为雇佣关系中的一方所得到的各种货币收入,以及各种具体的服务和福利之和。

(二)薪酬的形式

薪酬形式主要有四种:

1.基本薪资。是雇主为已完成工作而支付的基本现金薪酬。它反映的是工作或技能价值,而往往忽视了员工之间的个体差异。某些薪酬制度把基本工资看作是雇员所受教育、所拥有技能的一个函数。对基本工资的调整可能是基于以下事实:整个生活水平发生变化或通货膨胀;其他雇员对同类工作的薪酬有所改变;雇员的经验进一步丰富;员工个人业绩、技能有所提高。

2.绩效工资。是对过去工作行为和已取得成就的认可。作为基本工资之外的增加,绩效工资往往随雇员业绩的变化而调整。调查资料表明,美国90%的公司采用了绩效工资。我国广大企业在2000年前后开始的新一轮工资改革中也都纷纷建立了以绩效工资为主要组成部分的岗位工资体系,事业单位在2006年的工资改革中也都设置了绩效工资单元。

3.激励工资。激励工资也和业绩直接挂钩。有时人们把激励工资看成是可变工资,包括短期激励工资和长期激励工资。短期激励工资,通常采取非常特殊的绩效标准。例如:在普拉克思航空公司的化学与塑料分部,每个季度如果达到或者超过了8%的资本回报率目标,就可以得到一天的工资;回报率达到9.6%,在这个季度工作了的每个员工可得到等于两天工资的奖金;如果达到20%的资本回报率,任何员工都可以得到等于8.5天的工资奖金。而长期激励工资,则把重点放在雇员多年努力的成果上。高层管理人员或高级专业技术人员经常获得股份或红利,这样,他们会把精力主要放在投资回报、市场占有率、净资产收益等组织的长期目标上。

虽然激励工资和绩效工资对雇员的业绩都有影响,但两者有三点不同:一是激励工资以支付工资的方式影响员工将来的行为,而绩效工资侧重于对过去工作的认可,即时间不同;二是激励工资制度在实际业绩达到之前已确定,与此相反,绩效工资往往不会提前被雇员所知晓;三是激励工资是一次性支出,对劳动力成本没有永久的影响,业绩下降时,激励工资也会自动下降,绩效工资通常会加到基本工资上去,是永久的增加。

4.福利和服务。包括休假(假期)、服务(医药咨询、财务计划、员工餐厅)和保障(医疗保险、人寿保险和养老金),福利越来越成为薪酬的一种重要形式。

(三)薪酬构成

构成总薪酬的除了以上四种形式之外,非货币的收益也影响人们的行为。包括:满足感、赞扬与地位、雇佣安全、挑战性的工作和学习的机会。其他相关的形式可能包括:成功地接受新挑战,和有才华的同事一起工作的自我满足感。它们是"总薪酬体系"的一部分,并经常和薪酬相提并论。全国经济专业技术资格考试人力资源管理专业知识用书将薪酬分为经济性薪酬和非经济性薪酬两大类,据此,我们可以将薪酬结构做一细分,如表 8-1 所示。

表 8-1　薪酬构成表

薪酬	经济性薪酬	直接经济薪酬	基本薪酬
			可变薪酬
		间接经济薪酬	带薪非工作时间
			员工个人及其家庭服务
			健康以及医疗保健
			人寿保险
			养老金
	非经济性薪酬	满足感	
		赞扬与地位	
		雇佣安全	
		挑战性的工作机会	
		学习的机会	

二、薪酬管理的地位与作用

薪酬管理是人力资源管理作业活动的重要组成部分,其作用不仅体现在人力资源管理内部,对于整体组织管理也具有重要意义,尤其体现在薪酬水平上。

(一)薪酬管理对整体组织管理的作用

1.薪酬管理是管理者人本管理思想的重要体现。薪酬是劳动者提供劳动的回报,是对劳动者各种劳动消耗的补偿,因此薪酬水平既是对劳动者劳动力价值的肯定,也直接影响着劳动者的生活水平。所谓以人为本的管理思想,就是要尊重人力资本所有者的需要,解除其后顾之忧,很难想象一个组织提倡以人为本,其薪酬制度却不能保证员工基本生活水平。在我国物质生活水平日益提高的今天,管理者不仅要保证其员工基本生活,更要适应社会和个人的全方位发展,提供更全面的生活保障,建立起适应国民经济发展水平的薪酬制度。

2.薪酬战略是组织的基本战略之一。一个组织有许多子战略,例如市场战略、技术战略、人才战略等,其中的薪酬战略是人才战略的最重要组成部分,因而也是一个组织的基本战略之一。一个优秀的薪酬战略应对组织起到四个作用:(1)吸引优秀的人才加盟;(2)保留核心骨干员工;(3)突出组织的重点业务与重点岗位;(4)保证组织总体战略的实现。

3.薪酬管理影响着组织的赢利能力。薪酬对于劳动者来说是报酬,对于组织来讲也意味着成本。虽然现代的人力资源管理理念不能简单地以成本角度来看待薪酬,但保持先进的劳动生产率,有效地控制人工成本,发挥既定薪酬的最大作用,对于增加组织利润、增强组织赢利能力进而提高竞争力无疑作用是直接的。

(二)薪酬管理与其他人力资源管理环节的关系

由于现代人力资源管理的整体性特征,薪酬管理与其他人力资源管理环节同样具有密切的联系,董克用和叶向峰认为主要关系如下:

1.薪酬管理与岗位分析的关系。岗位分析是薪酬设计的基础,尤其对于岗位工资制来说,更是建立内部公平薪酬体系的必备前提。岗位分析所形成的岗位说明书是进行工作评价确定薪酬等级的依据,工作评价信息大都来自岗位说明书的内容。即使在新的技能工资体系中,岗位分析仍然具有重要的意义,因为评价员工所具备的技能,仍然要以他们从事的工作为基础来进行。

2.薪酬管理与人力资源规划的关系。薪酬管理与人力资源规划的关系主要体现在人力资源供需平衡方面,薪酬政策的变动是改变内部人力资源供给的重要手段,例如提高加班工资的额度,可以促使员工增加加班时间,从而增加人力资源供给量,当然这需要对正常工作时间的工作严格加以控制。

3.薪酬管理与招聘录用的关系。薪酬管理对招聘录用工作有着重要的影响,薪酬是员工选择工作时考虑的重要因素之一,较高的薪酬水平有利于吸引大量应聘者,从而提高招聘的效果。此外,招聘录用也会对薪酬管理产生影响,录用人员的数量和结构是决定组织薪酬总额增加的主要因素。

4.薪酬管理与绩效管理的关系。薪酬管理和绩效管理之间是一种互动的关系。一方面,绩效管理是薪酬管理的基础之一,激励薪酬的实施需要对员工的绩效做出准确的评价;另一方面,针对员工的绩效表现及时地给予不同的激励薪酬,也有助于增强激励的效果,确保绩效管理的约束性。

5.薪酬管理与员工关系管理的关系。在组织的劳动关系中,薪酬是最主要的问题之一,劳动争议也往往是由薪酬问题引起的,因此,有效的薪酬管理能够减少劳动纠纷,建立和谐的劳动关系。此外,薪酬管理也有助于塑造良好的组织文化,维护稳定的劳动关系。

三、科学与合理的薪酬制度的要求

薪酬制度的科学性与合理性不是一个绝对的概念,涉及组织内、外部的许多因素,借鉴余凯成的观点,可以将这些要求归结为五项。

(一)公平性

员工对薪酬分配的公平感,也就是对薪酬发放是否公正的判断与认识,是设计薪酬制度和进行薪酬管理首要考虑的因素,这也是“公平感”的主观性和相对性所决定的。薪酬的公平性可以分为三个层次:

1.外部公平性:指同一行业或同一地区同等规模的不同组织中类似岗位的薪酬应当基本

相同,因为对他们的知识、技能与经验要求相似,他们的各自贡献便应相似。

2.内部公平性:指同一组织中不同岗位所获薪酬应正比于各自的贡献。只要比值一致,便是公平。

3.个人公平性:涉及同一组织中占据相同岗位的人所获薪酬间的比较。

(二)竞争性

这是指在社会上和人才市场中,组织的薪酬标准要有吸引力,才足以战胜其他组织,招到所需人才。究竟应将本组织摆在市场价格范围的哪一段,当然要视本组织的财力、所需人才可获得性的高低等具体条件而定,但要有竞争力,至少是不应低于市场平均水平的。

(三)激励性

这便是要在内部各类、各级岗位的薪酬水平上,适当拉开差距,真正体现按贡献分配的原则。平均主义的"大锅饭"分配制度,其落后性和危害在过去我国的许多国有企业中已充分体现。

(四)经济性

提高组织薪酬水平,固然可提高其竞争性与激励性,但同时不可避免地导致人工成本的上升,所以薪酬制度不能不受经济性的制约。不过组织领导在对人工成本考察时,不能仅看薪酬水平的高低,而且要看员工绩效的质量水平。事实上,后者对组织产品竞争力的影响,远大于成本因素。此外,人工成本的影响还与行业的性质及成本构成有关。在劳动力密集型行业中,有时人工成本在总成本中的比重可高达70%,这时人工成本确有牵一发而动全身之效,需精打细算;但在技术密集型行业中,人工成本却只占总成本的8%—10%,而组织中科技人员的工作热情与革新性,却对组织在市场中的生存与发展起着关键作用。

(五)合法性

组织薪酬制度必须符合国家的政策法律法规,符合国家及地方有关劳动用工及人事的有关法律、法规,尤其要体现对劳动者的尊重、公正,避免不应有的歧视。例如在员工提供了正常劳动的前提下,企业支付的工资不能低于我国各省(市、自治区)普遍执行的《最低工资标准》规定。

相关链接

通用公司的薪酬措施

1.让管理者的薪资"面临风险"。

拉尔夫·拉尔森在2007年的年度报告中称:通用公司GE的五位顶级管理者去年有70%的薪资都"面临风险"。

因为在管理人员的薪资当中有很大一部分是要到一定时间后才能实现的长期股权奖励,这就要求其绩效能够保持较长一段时期,然后才能真正兑现。这些工具得以使管理人员的利益与股东的利益紧密联系在一起,因为他们的价值都取决于公司股票的表现。在授予股权奖励时,我们强调的是对GE的整体绩效的长期贡献,而不是狭隘地专注于个人业务或职能。

很好的一个例子就是,2003年管理发展和薪酬委员会曾授予公司首席执行官25万个单位的五年期(2003—2008年)绩效股票,由股票增值权和限制性股票单位组成,因此这次的报酬完全是基于股票形式的。通用公司首席执行官伊梅尔特如果在2008年完全得到这25万股票单位相应的股权,必须实现两个目标:2003—2008年公司的营运现金流平均每年增长

10%;2003—2008年间的股东总回报等于或超过标准普尔500同期的股东总回报。只实现其中任意一个目标只能得到12.5万个股票单位,两者都未能实现则不能得到这项报酬。高绩效高回报,但是同时也是有着很大风险的。

GE要求公司的高层管理者持有特定数额的公司股票。由于董事会是在2002年9月提出的这项要求,这个股票数额就确定为执行官们2002年9月基本薪酬的倍数。在2002年9月之后当选的高级执行官,持有股票的数额取决于他们晋升到这个高级执行官职位时的基本薪酬。对于公司高级管理人员持有公司股票的数量(以各自的薪酬数量为基数)有一定要求,首席执行官要求持股6倍以上,副董事长最低持股5倍,高级副总裁最低持股4倍等。

2.短期与长期平衡。

为了达到近期和长期绩效回馈之间的平衡,对于管理层,GE采用了不同类型的薪资组合。这一计划包括工资、年度奖金、长期股权和绩效奖励、递延报酬和养老金。根据高管对公司短期和长期增长所做的贡献情况,平衡上述各项报酬。值得注意的是,随着管理人员在公司内职位的提升,其整体薪资中有"风险"部分的比例也随之提高——这意味着这一薪资需要视目标达成情况而定,比如收入、回报、每股利润和现金流等方面的切实增长。

年度激励薪酬(或者说"奖金")与明确的绩效目标直接挂钩,是奖励当前绩效的主要方式。然而,这并不是想要鼓励管理者追求短期效果,或是冒过大的风险去创造短暂的良好业绩。因此,这些奖金也与之前年度的表现相关,不仅要考虑管理人员在本年度的活动,同时也将其在前几个年度的绩效和奖金纳入考虑范畴。

由于公司的目标是持续的长期绩效,对于管理人员绩效的评估,GE并不只是简单地考核其业绩数字,因为单纯只看数字可能会导致错误的激励。因此,管理发展和薪酬委员会对于管理人员的考核还会对一系列的主观因素加以评估,最终得出恰当的薪资水平。委员会成员认识每一个高级领导,这也就可以清楚地了解高级领导人员的业绩完成情况,以及其是否激发了手下员工的信任和信心,是否做出了合理的判断,是否具备诚实守信和尊重他人的良好记录,这些都会成为影响管理人员薪资水平的重要考核标准。

第二节　薪酬设计的程序与方法

如何设定组织的薪酬,如何给不同岗位、不同的工作个体确定薪酬标准,这些是薪酬设计所要解决的问题。

一、薪酬设计的一般程序

薪酬设计的一般程序如图8-1所示。

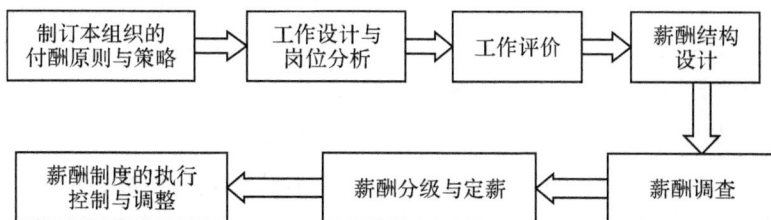

图8-1　薪酬设计程序

（一）制订本组织的付酬原则与策略

这是由组织最高管理当局的管理哲学及组织文化所决定的,包括对员工本性的认识,对员工总体价值的评价,对管理骨干及高级专业人才所起作用的估计等核心价值观;组织基本工资制度及分配原则;有关薪酬分配的政策和策略,如薪酬拉开差距的分寸、差距标准、薪酬、奖励、福利费用的分配比例等。

（二）工作设计与岗位分析

工作设计是对工作进行周密的、有目的的计划安排,包括工作本身的结构设计、与工作有关的社会各方面因素的考虑以及对员工的影响。岗位分析在第三章中已详细阐述过,即是全面收集工作信息的管理过程。工作设计和岗位分析为明确工作分类、定岗定编进而比较不同工作的相对价值大小奠定了基础。

（三）工作评价

这一阶段主要解决的是把组织内的不同岗位进行相对价值的排序,即内部公平性的解决,这也是薪酬设计的关键一环,有关工作评价的具体内容将在下文中详细说明。

（四）薪酬结构设计

薪酬结构是指一个组织机构中各项岗位的相对价值及其对应的实付薪酬间保持着什么样的关系。这种关系和规律通常多以"薪酬结构线"来表示,如图8-2所示:

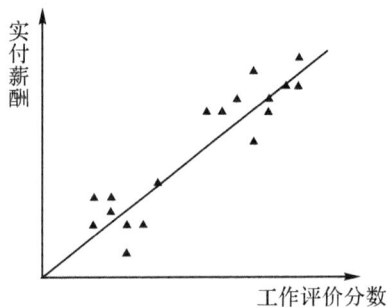

图8-2 薪酬结构线

薪酬结构线显示的是组织内部各个岗位相对价值和与其对应的实付薪酬之间的关系。薪酬结构线的横坐标是以工作评价获得的表示其相对价值的分数,纵坐标是实付薪酬值。薪酬结构线可以用在两个方面:

1.保证内部公平性。组织内各项岗位的薪酬是按市场经济中通行的等价交换原则确定的,也就是说谁的贡献大,对组织的价值就相对越高,所获薪酬便应越多,薪酬与贡献之间的正比关系决定了与其对应的关系是直线形式。

2.调整现有薪酬水平。即利用定性或定量分析的方法将工作评价分数与实付薪酬间的散点图转化为一条直线,然后根据需要调整那些偏离此线的薪酬点。一般多采用保留结构线以上点薪酬水平而调整结构线以下点薪酬水平的做法。

（五）薪酬调查

这一环节活动主要研究两个问题:要调查什么;怎样去调查和做数据收集。调查的内容首先是本地区、本行业,尤其是主要竞争对手的薪酬状况。数据来源首先应当是公开的资料,如国家及地区统计部门、劳动人事机构、工会等公开发布的资料;其次,是通过散发问卷或抽样采访进行收集;另外,也能从应聘人员与其他组织的招聘信息中获取相关资料。

（六）薪酬分级和定薪

组织根据工作评价确定的薪酬结构线将众多类型的岗位薪酬归并成若干等级,形成一个薪酬等级系列,从而确定组织内每一岗位具体的薪酬范围,保证员工个体的公平性。并应结合个人情况进一步确定薪酬幅度,即同一等级内不同人员薪酬水平的差异,最终将薪酬明确到每一个个人。

（七）薪酬制度的执行、控制和调整

组织薪酬制度一经建立,如何投入正常运作并对之实行适当的控制与管理,使其发挥应有的功能,是一项长期而复杂的工作。

二、薪酬设定的主要制约因素

可以分为内、外两种因素。

（一）内部因素

1.本单位的业务性质与内容。如果组织是传统型、劳动力密集型的,它的劳动力成本可能占总成本的比重很大;但若是高技术的资本密集型的组织,劳动力成本在总成本中的比重却不大。显然,这些组织的薪酬政策会有所不同。

2.组织的经营状况与财政实力。一般来说,资本雄厚的大公司和赢利丰厚并且正处于发展上升势头的企业,对员工付酬也较慷慨;反之,规模较小或不景气的企业,则不得不量入为出。

3.组织的管理哲学和企业文化。企业文化是组织分配思想、价值观、目标追求、价值取向和制度的土壤。企业文化不同,必然会导致观念和制度的不同,这些不同决定了组织的薪酬体系、分配机制的不同,这些因素间接地影响着组织的薪酬水平。

（二）外部因素

1.劳动力市场的供需关系与竞争状况。劳动力价格（薪酬）受供求关系影响,劳动力的供求关系失衡时,劳动力价格也会偏离其本身的价值:一般而言,供大于求时,劳动力价格会下降;供小于求时,劳动力价格会上升。

2.地区及行业的特点与惯例。这里的特点也包括基本观点、道德观与价值观,例如受传统的"平均""稳定"至上观点的影响,拉开收入差距的措施便多半不易被接受。

3.当地生活水平。这个因素从两层意义上影响组织的薪酬政策:一方面,生活水平高了,员工对个人生活期望也高了,无形中对组织造成一种偏高的薪酬标准的压力;另一方面,生活水平高也可能意味着物价指数要持续上涨,为了保持员工生活水平及购买力,组织也不得不定期向上适当调整薪酬水平。

4.国家的有关法令和法规。薪酬管理与法律法规和政策有着密切联系,法律、法规和政策是薪酬管理的依据,对组织的薪酬管理行为起着标准和准绳的作用。如最低工资制度、个人所得税制度等。

三、薪酬设计的主要方法——工作评价

在以工作为依据设计薪酬结构时,我们首先需要进行工作评价。

（一）工作评价概述

1.工作评价的含义。所谓的工作评价,是指根据各种工作中所包括的技能要求、努力程度

要求、岗位职责和工作环境等因素来决定各种工作之间的相对价值。它关心工作的分类,但不去注意谁去做这些工作。

工作评价的核心是给工作标定级别。级别之间存在差异虽反映了相互间的对比关系,但它并不表明实际的工资率。对于任何确定的级别,例如同样是5级,其工资在一些部门可能比另一些部门高。

工作评价不能消除供求关系对工资水平的影响,但它可以根据每种职业、每个工种的内在要求,把它们分类、定级。工作评价并不对每个级别的合理工资制订标准,但它指出什么级别应当获得较高工资。它力图为建立工资结构提供公正的方法。公正体现在:如果一项工作需要相同的努力、技术和责任心,劳动报酬就应相同;而如果需要的标准提高,工资也应当提高。工作评价的目标是要实现同工同酬。

2.工作评价的形成和发展。工作评价有一个形成过程,它是在西方国家中首先出现和发展起来的。

最初的工作等级形式是由工厂的习惯形成的。某些工作逐渐被认为是彼此有联系的,这种联系来源于外部的接触,也来源于生产操作的顺序,还来源于协作劳动的工人由低级到高级所需要掌握的知识顺序。工人和工头在劳动实践中逐渐感到某种工作似乎应比其他工作多付报酬。一旦这种思想形成并被大家所接受,这种不同工种的工资差别也就成为习俗而被保留下来。

可是单用习惯来解释工资等级表的形成,是不能令人满意的。于是为数众多的厂商们开始探讨确定工作价值的方法,并逐步使工作等级划分和工作评价制度化。从1915年起,四种主要的工作评价体系逐步建立起来:按时间顺序是排列法、分类法、因素比较法和计点法。前两种被认为是非数量的评价体系,后两种被认为是数量的评价体系。自第二次世界大战后以来,在西方发达工业国家中,最广泛采用的是计点法,其次是因素比较法。

3.工作评价的优缺点。

(1)优点。

其一,工作评价的突出优点是,以各个岗位在整体工作中的相对重要性来确定工资等级,并且能够保证同工同酬原则的实现。因此,它有利于消除工资结构中的不公正因素,维护企业工资等级间的逻辑和公正关系。同时,这样建立起来的简单的工资结构,也易于为工人们理解和接受。

其二,工作评价中使用明确、系统而又简单的评价因素作为确定工资结构的基础,有助于减少在相对工资等级上的怨言。当工人对其现行工资有抱怨时,如使用的是数量评价体系,还可以提供一个核查和详细解释的基础,弄清其不公正所在之处,并通过重新评价纠正过来。

其三,工作评价中所收集的信息和结果可以为范围较宽的人事管理提供依据,如确定招工条件、培训技术标准等。

其四,工作评价为工会参与工资确定过程的各个方面提供了机会,并且为集体协商或谈判的内容之一——工资结构的确定提供了一个更准确、更值得信赖的基础。因此,工作评价的实施还有利于改善劳动关系。

(2)缺点。

其一,其适用范围会受到某些因素程度不同的制约。首先,工作评价在确定评价因素、各因素权重以及评定各工作诸因素的级别上,都不可避免地带来某种程度的主观因素,这样,就使评价缺乏完全客观和公正的结果。其次,工作评价是一项需要很多时间和资源的技术,本身就需要专业技术人员,需要很多投资;而且引进工作评价所形成的新的工资结构可能会增加劳动成本。另外,一旦工作评价计划实行,还必须常设维护机构。这样,引进工作评价所花费的成本可能会超出它所带来的好处。

为了克服上述缺点,首先,要力求较全面地确定影响岗位等级的因素。在确定因素权重时,要吸收工会和工人代表参与决策,并考虑同行其他公司在确定权重上的流行趋势。凡能量化的因素都要量化,以减少先入为主的偏见。根据本单位规模和生产经营特点来选择工作评价方法,并精心计划和实施,以节约费用。

其二,工作评价生成的工资结构显得过于僵死,难以充分适应生产和技术的变化。工作评价的一个基本假定是,每个岗位工作的内容是大致固定不变的。而不少现代企业的趋势是使工作组织机构更加灵活,以充分适应生产和技术的变化。因此,再按照事先固定的任务来限定工作内容就有些牵强。工作评价具有适应基本稳定的企业组织机构和工作组织机构的内在联系,如果工作组织机构不断变化,每个岗位的工作内容不断调整,就难以正式引进和应用工作评价。而在已经引进工作评价的情况下,就应注意对工作评价系统进行定期检查和维护,使其适应随着时间推移由于引进新技术而使工作内容和工作组织发生变化的需要。

(二)工作评价的方法

1.排列法。排列法,也称简单排列法、序列法、部门重要次序法,是由工作评价人员对各个岗位工作的重要性做出判断,并根据岗位工作相对价值的大小按升值或降值顺序排列,来确定岗位等级的一种工作评价方法。

(1)排列法的操作步骤。

第一步,进行岗位分析,这些内容在第三章中已阐述过。

第二步,由工作评价委员会的全体委员分别根据工作说明书,或者自己头脑中对该项工作的印象,对工作按照难易或价值大小的次序进行排列。

排列工作顺序,方法有两种。一种是卡片排列法,即将工作说明书用简明文字写在小卡片上,按次序排列起来。难度或价值最大的工作应排在一等,难度价值第二的排在二等。如果两个或更多个工作难度价值并列同等,则排列在同一等级。具体做法是:先确定最高和最低的工作,再确定中等的,然后确定最高和中等以及最低和中等之间的等级。

另一种是成对比较排列法。例如,某部门有六个岗位的工作,分别称为甲、乙、丙、丁、戊、己。先将六项工作分别按横竖排列于表内,然后运用"012"比较评价法对六项工作分别进行判断比较。具体办法是把每一岗位的工作与其他的五岗工作逐一比较,并做出不难、难度相同、难的判断。当判断为不难时,就做"0"记号;判断为难度相同时,就做"1"记号;判断为难时,就做"2"记号。最后,在表中"总额"一栏中加总出判断每项工作难度次数。

经"012"成对比较后,判断各工作难度次数总额的多少决定了各岗位工作等级排列的先后。岗位工作等级排列如表8-2。

表8-2　012比较表

岗位	甲	乙	丙	丁	戊	己	总额
甲	—	2	1	2	2	2	9
乙	0	—	0	0	1	0	1
丙	1	2	—	0	0	1	4

岗位	甲	乙	丙	丁	戊	己	总额
丁	0	2	2	—	1	2	7
戊	0	1	2	1	—	2	6
己	0	2	1	0	0	—	3

从表 8-2 排列可见,岗位甲工作等级最高,岗位乙工作等级最低。

应注意,在使用上述两个排列法中,每个评价者要在一星期左右反复进行两三次,以避免一时的疏忽。

第三步,根据全体评价委员个人评定的结果,确定自然岗位序列,如表 8-3 所示。评定的六个岗位工作的相对价值,按升值排列次序为甲、丁、戊、丙、己、乙。

表 8-3　岗位工作等级排列表

判断较难次数总额	工作岗位	岗位等级
9	甲	6
7	丁	5
6	戊	4
4	丙	3
3	己	2
1	乙	1

应注意的是:按前面两种方法得到的只是一个按重要性排列的岗位序列,显然,在一个较大的企业里,是不能直接把上百个或数百个组成的岗位序列作为工资等级序列的。因此,还有必要把岗位序列分成一定数目的岗位等级,即划岗归级,以作为实际的工资等级数目。如表 8-4。

表 8-4　排列法岗位等级最终评定表

岗位	甲	乙	丙	丁	戊	己
赵委员评定	9	1	4	7	6	3
钱委员评定	8	2	5	6	—	4
孙委员评定	7	3	5	6	5	4
评定次数之和	24	6	14	19	11	10
参加评定人数	3	3	3	3	2	3
平均序数	8	2	4.67	6.33	5.5	3.33
岗位相对价值次序	1	6	4	2	3	5

划岗归级,应掌握两个原则:一是岗位等级不宜过多,上一级岗位与下一级岗位之间应能比较出难易差别;二是难易程度大致相同的岗位,应划归同一岗位等级。

(2)排列法的优缺点。排列法的主要优点是:①在理论上与计算上简单,容易操作,省事省时,因而可以很快地建立起一个新的工资结构;②每一个岗位是作为一个整体比较,是凭人们的直觉来判断的,因而可以吸收更多的工人参加,并且容易在岗位数量不太多的单位中获得相当满意的评价结果。③排列法虽不很精确,但较易使用,特别适合于小企业和机关办公室的评价。一般来讲,如果评价委员们通过日常的接触熟悉了他们要考察岗位的工作内容,那么这种方法就可提供符合实际的岗位等级。

排列法的主要缺点是：①岗位等级完全靠评价委员们或主管人员的主观判断，而不同评定者往往有不同的标准，且难以清楚地回答"为什么这个岗位比那个岗位在多大程度上重要"等诸如此类的问题。因此，岗位等级和工资等级标准不可避免地要受到评价委员个人品质的影响；②不易找到熟悉所有工作的评价人员，各评定者评定结果有时差异很大，容易导致错误；③在大企业中很耗时，因为成对数将随所要评价的岗位数的增加而翻番增长，就 100 个岗位来说，可能的成对数接近 5000 个。n 个元素能构成 n(n−1)/2 对，所以 100 个岗位，其构成的对数是 100(100−1)/2 个。

2.分类法。分类法，也称分级法或等级描述法，是事先建立一连串的劳动等级，给出等级定义；然后，根据劳动等级类别比较工作类别，把工作确定到各等级中去，直到安排在最后逻辑之处。

(1)分类法的操作步骤：

第一步，是建立工作类别或级别。无论是对同一种性质的工作还是对包括各种性质工作在内的组织整体，都要确定等级数目。等级的数目取决于工作的性质、组织规模大小、职能的不同和工资政策。在这一环节中，没有对所有单位都普遍适用的规则。

第二步，是等级定义，即给建立起来的工作等级作出工作分类说明。

等级定义是在选定要素的基础上进行的。所以，首先是确定基本要素，以便通过这些要素进行等级定义或分类说明。这些要素主要是：技术要求、智力要求、脑力和体力消耗程度、需要的培训和经验、工作环境。

接下来的工作是在选定要素的指导下进行等级定义。等级定义要为工作等级的评定分类提供标准，因此，要清楚地描述出不同等级工作的特征及其重要程度。一般等级定义的做法是从确定最低和最高等级的岗位开始的，因为这相对容易些。在分类定级中，对低级别的工作要求大致是：能够在领导者指导下处理简单的日常工作，很少或不要求工作人员具备独立判断、处理问题的能力。对较高级别的工作要求依不同程度而定，包括文化素质、管理能力、人际关系、责任，以及独立分析和解决问题的能力。表 8-5 列出了五种分类等级，是根据工作名称并按升值顺序排列的。

表 8-5　工作分类说明

三级职员	集中注意日常工作快速而准确，在监督下工作，可能或有可能对最后结果承担责任
二级职员	不受他人监督，对工作细节十分通晓，有特别的工作技能。人员思想高度集中，特别准确、快速
一级职员	必须具备二级职员的特点，承担更多的责任
资深职员	从事技术性和多种多样的工作，偶尔要独立思考并从事困难的工作。这就要求具有特殊的办公室工作能力，并对所在部门的工作原则和业务基础有透彻的了解，在任何范围内都不受他人监督，工作只受有限的检查。人员：可靠，值得信赖，足智多谋，能够制订决策
自主职员	那些从事或有能力完成工作的主要部分的人员。对工作的综合要求是更能独立思考，而且能够超出监督或日常工作的范围去考虑更深入的问题

资料来源：迈克尔·朱修斯著，《人事管理学》，劳动人事出版社 1987 年 9 月版，第 336 页。

等级定义是分类法中最重要、最困难的工作，要求极高，它必须使两个等级之间的技术水平和责任大小显而易见。相对于其他工作来说，等级定义花费的精力最多、时间最长。

第三步,是评价和分类,即由评价人阅读工作分类说明,并依据评价人对工作的相对难度、包括对职责以及必备的知识和经验的理解,来决定每项工作应列入哪一等级。

如果上一步工作中等级定义精细明确,那么这一步工作就相当容易了。但如果定义含糊抽象,评价委员们理解不一,就会影响评价分类的准确性。所以重要的是要把上一步的等级定义做好。

在评价分类中,有一个比较容易的办法,是根据等级定义表明的特征,在每个等级中先选择一个代表性岗位,这样,评价委员们便有了评价其余工作岗位的参照系。随着评价的进行,对单个岗位的划等就变得容易起来了,因为前面划分了等级的岗位会使后面未划等的岗位都归入相应等级,就可以确定每个等级的工资标准了。

(2)分类法的优缺点。分类法的优点是:简便易行,且容易理解;同时,不会花费很多的时间,也不需要技术上的帮助。在一个单位较小,工作不太复杂或种类不多,以及受到时间和财务的限制不能采用其他方法时,就应利用分类法。分类法比起排列法来,更准确、客观,因为等级定义都是以选定的要素为依据的;还由于等级的数目及其相互间的关系能在各个岗位划等之前就确定了,所以等级结构能真实地反映有关组织的结构。从实践上看,长期以来,分类法在工业部门中也曾被应用过,但最广泛地还是被用于薪水制的工作中,尤其是政府部门和服务行业中。例如,美国联邦公务员的职位分类体系就是采用了分类法。

分类法的缺点一般表现为不能很清楚地定义等级。由于定义等级的困难,分类法经常给主观判断岗位等级留下相当大的余地,这将导致许多争论。由于定义等级的困难,往往在一些分类方案中,先对工作进行分级,之后,再概括出等级定义。这也不失为一种切实可行的办法。

3.因素比较法。因素比较法是一种比较计量性的工作评价方法,与工作排序法比较相似,因此可以将它看作是改进的工作排序法。因素比较法与工作排序法的第一个重要区别是排列法只从一个综合的角度比较各种工作,而因素比较法是选择多种报酬因素,然后按照每种因素分别排列一次。因素比较法与工作排序法的第二个区别是因素比较法是根据每种报酬因素得到的评估结果设置一个具体的报酬金额,然后计算出每种工作在各种报酬因素上的报酬总额并把它作为这种工作的薪酬水平。

(1)因素比较法的步骤。因素比较法的基本实施步骤是:第一,在每一类工作中选择标尺性工作作为比较的基础。所选择的标尺性工作应该是那些在很多组织中都普遍存在、工作的内容又相对稳定同时其市场流行工资率公开的工作。标尺性工作的基本工资是固定的,其他报酬根据基本工资的水平进行调整。第二,把一个工作类别中包括的各种工作的共同因素确定为补偿因素,这些补偿因素可能包括责任、工作环境、精力消耗、体力消耗、教育水平、技能和工作经验等因素。第三,根据标尺性工作所包括的各种补偿因素的规模确定各种标尺性工作在各种补偿因素上应该得到的基本工资,其水平应该参照市场标准,以保证企业报酬体系外部公平性的实现。各种标尺性工作在各种补偿因素上应该得到的报酬金额的总和就是这种标尺性工作的基本工资。第四,将非标尺性工作同标尺性工作的补偿因素逐个进行比较,确定各种非标尺性工作在各种补偿因素上应该得到的报酬金额。这一步骤确保了各种工作之间的内部公平性。第五,将非标尺性工作在各种补偿因素上应该得到的报酬金额加总就是这些非标尺性工作的基本工资。如表8-6所示。

表 8-6 因素比较法示例

小时工资率(元)	技能	努力	责任	工作条件
0.50			工作 1	
1.00	工作 1			工作 2
1.50		工作 2		
2.00		工作 1	工作 X	
2.50	工作 2			工作 3
3.00	工作 X			
3.50		工作 X	工作 3	工作 X
4.00	工作 3			
4.50			工作 2	
5.00		工作 3		工作 1

资料来源:张一弛编著,《人力资源管理教程》,北京大学出版社 1999 年版,第 207 页。

在本例中,工作的补偿因素包括技能、努力、责任和工作条件。工作 1、工作 2 和工作 3 是标尺性工作。工作 1 的小时工资率为 8.5 元(1.00＋2.00＋0.50＋5.00),工作 2 的小时工资率为 9.5 元,工作 3 的小时工资率为 15 元。如果现在需要评价工作 X,它在各种补偿因素上的地位如表 8-6 中的位置所示,那么就可以知道 X 的小时工资率应该为 12.00 元。需要指出的是,因素比较法在应用上非常繁复,而且还需要不断根据劳动力市场的变化进行更新,因此这种工作评价方法是应用最不普遍的一种。

(2)因素比较法的优缺点。因素比较法的优点是:把各种不同工作中的相同因素相比较,然后再将各种因素工资累计,使各种不同工作获得较为公平的工作评价。此法是用工作说明书建立工作比较尺度,这意味着任何人只要具备工作评价知识,就能够遵循此法来制订合用的尺度。此法常用五个因素,在这些因素中很少有重复的可能,而且可以简化评价工作。

因素比较法的缺点是:因素定义比较含混,适用范围广泛,但不够精确;因有工资尺度的存在,势必受现行工资的影响,很难避免不公平现象;此法建立比较困难,因为在排列代表性工作顺序时,两端工作虽容易决定,但中间部分却难安排;一个或更多的代表性工作的职务可能变更或责任加重,这样会使这些代表性工作失去代表性的作用;此法中工作比较尺度的建立,步骤复杂,难以向员工说明。

4.计点评分法。计点评分法又叫点数法。点数法是把工作的构成因素进行分解,然后按照事先设计出来的结构化量表对每种工作要素进行估值。点数法是目前国外的公司中应用最普遍的一种工作评价方法,在开展工作评价的组织中有一半以上采用的都是点数法,近几年国内各类企事业单位也大多采用的是点数法。

应用点数法进行工作评价的步骤一般是:第一步,进行岗位分析。第二步,选择报酬因素。所谓的报酬因素,指的是能够为各种工作的相对价值的比较提供依据的工作特性。常见的报酬因素包括技能、责任、工作条件和努力程度等。一般在工作评价委员会确定报酬因素时,会根据工作的重要性来选择报酬因素。根据情况需要,所选择的报酬因素可能只有一个,也可能包含很多个。从美国企业的经验来看,报酬因素的数目一般在 3 到 25 种之间,典型的情况是 10 种左右。第三步,为各种报酬因素建立结构化量表,来反映各个等级之间的程度差异。在这一过程中,评价委员会要把每种报酬因素在工作中的重要性分为若干等级,按照每种等级差异的大小分别赋予一个相应的点数。在各种等级中,应该给出工作岗位的若干例子,以此作为标尺性工作。

为了使设计出来的量表具有合理的结构,评价委员会首先需要为各种报酬因素的重要性赋予一个权重,报酬因素的权重是与这种因素在工作中的重要性相一致的。假定工作评价委员会决定使用技能、努力、责任和工作条件四种报酬因素,然后决定他们要使用的总点数,如 1000,再根据各种补偿的相对重要性确定分配这些点数。假设技能的权重被确定为 20%,那么将有总共 200 点分配给技能。如果技能被划分为 10 个等级,每提高一个等级点数增加 20 点,那么,一项需要掌握最低等级技能的工作在技能方面就应该得到 20 点,而一项需要掌握次低等级技能的工作在技能方面就应该得到 40 点。以此类推,如果一个工作需要最高等级的技能,那么它在技能方面就应该得到 200 点。按照类似的方法,我们可以对努力程度、责任和工作条件进行同样的处理。在设计结构化量表的过程中,每种报酬因素划分的各个相邻级别之间的差距最好相等。表8-7 是一个典型的点数法补偿因素的结构化量表。

表 8-7   一个典型的点数法计划

补偿因素	第一级	第二级	第三级	第四级	第五级
技能					
1.教育	14	28	42	56	70
2.经验	22	44	66	88	110
3.知识	14	28	42	56	70
努力					
4.体力要求	10	20	30	40	50
5.心理要求	5	10	15	20	25
责任					
6.设备/程序	5	10	15	20	25
7.材料/产品	5	10	15	20	25
8.他人安全	5	10	15	20	25
9.他人工作	5	10	15	20	25
工作条件					
10.工作条件	10	20	30	40	50
11.危险	5	10	15	20	25

资料来源:张一弛编著,《人力资源管理教程》,北京大学出版社 1999 版,第 210 页。

当我们针对各项工作把它的各种报酬因素的分数加总就是这项工作的总分。当公司中所有的工作岗位的总分都被计算出来以后,这个公司的薪酬结构也就被建立起来了。虽然每种工作的点数可能都不相同,但是组织出于方便管理的考虑,经常会将某一个点数范围内的所有工作确定为一个工作级别。在一个组织中,如果不同工作系列的报酬因素有差别,或者各个工作系列之间相同的报酬因素的差别程度不同,那么就需要为不同的工作系列设计出不同的报酬因素点数的结构化量表。不难发现,点数法的设计比较复杂,但是一旦设计出来以后,其应用是十分方便的。

四、奖金与福利

(一)奖金

奖金是对超额劳动所支付的报酬,是企业薪酬体系的重要组成部分。奖金是根据按劳分配原则对员工工资的补充,是员工报酬收入的重要组成部分。

1.奖金的作用。一般来说,奖金可以起到三个方面的作用:

(1)激励作用。奖金能增加员工收入,体现组织对员工工作结果的认可,因而对员工有激励作用,使员工能够更好地发挥积极性、主动性和创造性。

(2)提高效率。由于奖金计划主要用来考查员工的工作结果及其对组织的贡献,因此,有效的奖励机制能促使员工提高工作效率,改善绩效水平。

(3)稳定人才。合理的奖励机制有助于组织留住优秀人才。当员工的付出与其收入相一致时,员工就会有成就感,就会增加对组织的忠诚度。

2.奖金的表现形式。对于不同类型的组织人员有不同的奖金激励方式,大致可以分为三种类型:

(1)针对不同个人的奖励。个人奖励计划是用来奖励达到与工作相关的绩效标准的员工,常见的有计件制、管理激励计划、行为鼓励计划、推荐计划。针对不同类型的组织成员,这里重点阐述三种类型:①针对管理人员的激励计划,主要分为短期激励和长期激励两种。短期激励是对管理人员完成短期(通常是年度)目标的奖励。长期激励是奖励为组织长期绩效做出贡献的管理人员,长期激励计划可以弥补短期激励计划带来的短期利益行为,使管理工作人员更注重组织的长期发展。②针对销售人员实施的激励计划,常见的主要有佣金制、基本工资加佣金制、基本工资加奖金制、基本工资加津贴制、基本工资加红利制。③针对专业技术人员的激励计划,一般专业技术人员的报酬比较高,而且其成就需要较为强烈,因此,对专业技术人员除了用奖金支付、利润分享以及企业股票认购等计划进行激励外,还应该为其创造良好的工作条件和提供多种学习和培训机会。

(2)针对集体的奖励。当组织中部分工作性质相互依赖,并且员工个人的贡献很难考核时,最适合使用针对集体的奖励计划,这种集体可以是项目组、生产班组、管理团队、部门等。在集体奖励计划中,组织在集体达成事先设定的绩效标准之后,才给集体内的每个员工发放奖金。集体内员工不再只是服从主管的命令,他们必须为实现集体的目标而制订计划。通常的分配方式有三种:①集体成员平均分配奖金;②根据个人绩效来分配奖金;③按薪酬比例区别奖励。

(3)公司整体计划。全公司奖励计划是在公司超过最低绩效标准时,给员工发放奖金。在组织中,公司整体计划可以将组织的生产率、成本节约或利润率作为基础。公司的整体计划有多种形式,我们仅以分红制、员工股权计划和斯坎伦计划为例。

①分红制。分红制是将公司利润按事先规定的百分比分配给员工的一种报酬计划。分红计划有多种衍生形式,当前计划、延期计划和联合计划是其三种基本形式:A.当前计划是利润一经确定即以现金或股票方式向员工支付。B.延期计划是将公司的待分配资金存入一家不可撤销的信托公司,记在员工个人账户上。C.联合计划是允许员工现期得到根据公司利润应得的一部分报酬,而另一部分报酬延期支付。

②员工股权计划。员工股权计划是指公司给予员工购买股票的权利。公司股票代表公司的所有财产价值。公司股份是把股本划分为价值相等的等份。股权是员工购买公司股票的权利。员工只有在行使其股权之后才真正拥有股票。员工行使股权是在公司确定的一段时间之后,按指定价格购买股票。员工股权作为一种促进生产力的激励手段,是希望员工集体生产力

的提高能最终增加公司股票的价值。

③斯坎伦计划。斯坎伦计划是一种把员工和公司业绩紧密连在一起的利益分享计划。一般指许多或所有员工共同努力以达到公司生产率目标的奖励计划。它是一种成功的集体奖励方法,在小企业中尤为有效。员工因为他们所提建议节省了劳动成本而受到经济奖励。这种计划与其他利益分享计划的不同之处在于强调员工的权利。

(二)员工福利

1.职工福利的重要性。从国外的情况来看,在雇员的全部报偿费用中,福利所占的比例普遍在38%以上,有的企业已经上升到50%以上。昨天的"小额优惠"已经成为今天的福利和服务待遇。

为什么组织花费这么多金钱来支持福利项目,原因是福利对组织的发展具有许多重要意义:

(1)吸引优秀员工。优秀员工是组织发展的顶梁柱。以前一直认为,组织主要靠高工资来吸引优秀员工,现在许多企业家认识到,良好的福利有时比高工资更能吸引优秀员工。

(2)提高员工的士气。良好的福利使员工无后顾之忧,使员工有与组织共荣辱之感,士气必然会高涨。

(3)降低员工辞职率。员工过高的辞职率必然会使组织的工作受到一定损失,而良好的福利会使很多可能流动的员工打消辞职的念头。

(4)激励员工。良好的福利会使员工产生由衷的工作满意感,进而激发员工自觉为组织目标而奋斗的动力。

(5)凝聚员工。组织的凝聚力由许多的因素组成,但良好的福利无疑是一个重要因素,因为良好的福利体现了组织的高层管理者以人为本的经营思想。

(6)提高企业经济效益。良好的福利一方面可以使员工得到更多的实惠,另一方面用在员工身上的投资会产生更多的回报。

2.员工福利的概念和范围。对员工福利的界定,有不同的角度:

(1)广义福利与狭义福利。广义的福利泛指在支付工资、奖金之外的所有待遇,包括社会保险在内。狭义的福利是指企业根据劳动者的劳动在工资、奖金,以及社会保险之外的其他待遇。

(2)法定福利与补充福利。法定福利亦称基本福利,是指按照国家法律法规和政策规定必须发放的福利项目,其特点是只要企业建立并存在,就有义务、有责任且必须按照国家统一规定的福利项目和支付标准支付,不受企业所有制性质、经济效益和支付能力的影响。法定福利包括:

①社会保险。包括生育保险、养老保险、医疗保险、工伤保险、失业保险以及疾病、伤残、遗属三种津贴。

②法定节假日。按照 2007 年国务院关于修改《全国年节及纪念日放假办法》决定,全年法定节假日为 11 天。

③特殊情况下的工资支付。是指除属于社会保险,如病假工资或疾病救济费(疾病津贴)、产假工资(生育津贴)之外的特殊情况下的工资支付。如婚丧假工资、探亲假工资。

④工资性津贴,包括上下班交通费补贴、洗理费、书报费等。

⑤工资总额外补贴项目:

a.计划生育独生子女补贴;

b.冬季取暖补贴。

补充福利是指在国家法定的基本福利之外,由企业自定的福利项目。企业补充福利项目的多少、标准的高低,在很大程度上受到企业经济效益和支付能力的影响以及企业出于自身某种目的的考虑。

　　补充福利的项目五花八门,可以见到的有:交通补贴;房租补助;免费住房;工作午餐;女工卫生费;通讯补助;互助会;职工生活困难补助;财产保险;人寿保险;法律顾问;心理咨询;贷款担保;内部优惠商品;搬家补助;子女医疗费补助等。

　　(3)集体福利与个人福利。集体福利主要是指全部职工可以享受的公共福利设施。职工集体生活设施,如职工食堂、托儿所、幼儿园等;集体文化体育设施,如图书馆、阅览室、健身室、浴池、体育场(馆);医疗设施,如医院、医疗室等。

　　个人福利是指在个人具备国家及所在企业规定的条件时可以享受的福利。如探亲假、冬季取暖补贴、子女医疗补助、生活困难补助、房租补贴等。

　　(4)经济性福利与非经济性福利。

　　①经济性福利。

　　a.住房性福利:以成本价向员工出售住房,房租补贴等。

　　b.交通性福利:为员工免费购买公共汽车月票或地铁月票,用班车接送员工上下班。

　　c.饮食性福利:免费供应午餐、慰问性的水果等。

　　d.教育培训性福利:员工的脱产进修、短期培训等。

　　e.医疗保健性福利:免费为员工进行例行体检,或者打预防针等。

　　f.有薪节假:节日、假日以及事假、探亲假、带薪休假等。

　　g.文化旅游性福利:为员工过生日而举办的活动,集体的旅游,体育设施的购置。

　　h.金融性福利:为员工购买住房提供的低息贷款。

　　i.其他生活性福利:直接提供的工作服。

　　j.企业补充保险与商业保险:补充保险包括补充养老保险、补充医疗保险等。商业保险包括:安全与健康保险包括人寿保险、意外死亡与肢体残伤保险、医疗保险、病假职业病疗养、特殊工作津贴等;养老保险金计划;家庭财产保险等。

　　②非经济性福利。企业提供的非经济性福利,基本的目的在于全面改善员工的"工作生活质量"。这类福利形式包括:

　　a.咨询性服务:比如免费提供法律咨询和员工心理健康咨询等。

　　b.保护性服务:平等就业权利保护(反性别、年龄歧视等)、隐私权保护等。

　　c.工作环境保护:比如实行弹性工作时间,缩短工作时间,员工参与民主化管理等。

复习思考题

1.薪酬管理的含义是什么? 有什么意义? 需要遵循什么原则?
2.职位评价的方法有哪些? 每一种方法的主要特点是什么?
3.如何确定基本薪酬?
4.福利的项目有哪些? 如何进行福利管理?

开放式讨论案例

朗讯的薪酬管理

　　朗讯的薪酬结构由两大部分构成。一块是保障性薪酬,跟员工的业绩关系不大,只跟其岗位有关。另一块薪酬跟业绩紧密挂钩。朗讯销售人员的待遇中有一部分专门属于销售业绩的奖金,业务部门根据个人的销售业绩每一季度发放一次。在同行业中,朗讯薪酬中浮动部分比较大,朗讯这样做是为了将公司每个员工的薪酬与公司的业绩挂钩。

● 业绩比学历更重要

朗讯在招聘人才时比较重视学历,贝尔实验室 1999 年招了 200 人,大部分是研究生以上学历,"对于从大学刚刚毕业的学生,学历是我们的基本要求"。对其他的市场销售工作,基本的学历是要的,但是经验就更重要了。学位到了公司之后在比较短的时间就淡化了,无论做市场还是做研发,待遇、晋升与学历的关系慢慢消失。在薪酬方面,朗讯是根据工作表现决定薪酬。进了朗讯以后薪酬和职业发展跟学历、工龄的关系越来越淡化,基本上跟员工的职位和业绩挂钩。

● 薪酬政策的考虑因素

朗讯公司在执行薪酬制度时,不仅仅看公司内部的情况,而且将薪酬放到一个系统中考虑。朗讯的薪酬政策有两个考虑,一方面是保持自己的薪酬在市场上有很大的竞争力。为此,朗讯每年委托一个专业的薪酬调查公司进行市场调查,以此来了解人才市场的宏观形势。这是大公司在制订薪酬标准时的通常做法。另一个考虑是人力成本因素。综合这些考虑之后,人力资源部会根据市场情况给公司提出一个薪酬的原则性建议,指导所有的劳资工作。人力资源部将各种调查汇总后会告诉业务部门总体的市场情况,在这个情况下每个部门有一个预算,主管在预算允许的情况下对员工的待遇做出调整决定。

● 加薪策略

朗讯在加薪时做到对员工尽可能地透明,让每个人知道他加薪的原因。加薪时员工的主管会找员工谈,根据你今年的业绩,你可以加多少薪酬。每年的 12 月 1 日是加薪日,公司加薪的总体方案出台后,人力总监会和各地负责薪酬管理的经理进行交流,告诉员工当年薪酬的总体情况、市场调查的结果、今年的变化、加薪的时间进度。公司每年加薪的最主要目的是保证朗讯在人才市场增加一些竞争力。

一方面,我们都知道高薪酬能够留住人才,所以每年的加薪必然也能够留住人才。另一方面,薪酬不能任意上涨,必须和人才市场的情况挂钩,如果有人因为薪酬问题提出辞职,很多情况下是让他走或者用别的办法留人。

● 薪酬与发展空间

薪酬在任何公司都是一项非常基础的制度。一个企业需要一定竞争能力的薪酬吸引人才来,还需要有一定保证力的薪酬来留住人才。如果和外界的差异过大,员工肯定会到其他地方找机会。薪酬会在中短期内调动员工的积极性,但是薪酬不是万能的,工作环境、管理风格、经理和下属的关系都对员工的去留有影响。员工一般会作长期的打算,公司会以不同的方式告诉员工发展的方向,让员工看到自己的发展前景。朗讯公司的员工平均年龄 29 岁,更多的是看到自己的发展。

思考题:
朗讯的薪酬管理给了你哪些方面的启示?

测试题

案例面对面

第九章　职业生涯管理与发展

学习目标

学完本章之后,你应该能够了解:

1.为什么需要进行职业生涯规划;

2.职业生涯规划的概念;

3.职业生涯规划的过程与方法;

4.职业成功的理论。

［导入案例］

休利特-帕卡德公司帮助员工进行自我职业管理

在休利特-帕卡德公司的科罗拉多动力分厂,人们为员工开设了一项为期三个月的课程讲座,讲授自我职业管理。该讲座分两个过程进行:首先是员工进行自我评价;然后再将自我评价的结果用于员工职业指导。

将自我评价作为职业计划的第一步,这个构想并不新鲜。种类繁多的自学读物多年以来就一直充斥着市场。然而,所有这些读物都缺乏一个事关成败的关键因素,即在一个小组环境里所能得到的感情上的支持。这样的小组环境有利于人们分享力量、相互鼓励。如果做得正确的话,自我评价将会是一个具有启发性的过程。

休利特-帕卡德公司采用了六种方法来帮助员工进行自我评价。这些方法的基础是人们早些时候在哈佛商学院第二年 MBA(即商业管理硕士课程)职业发展中的研究成果。它们包括:

1.写自传。人们要求参加者回答 11 个问题。这些问题都是有关参加者个人背景情况的。参加者还须提供有关他们生活情况的资料(如:接触过的人,居住过的地方,生活中所发生的一些事情等)。同时,人们还要求参加者讨论他们未来的打算、已经做过的职业调换等。这些自传材料为下一步的分析打下了基础。

2.斯特朗一坎贝尔志趣考察。参加者填写一份有 325 项内容的调查问卷。通过对这些问卷进行分析,人们就能对参加者的喜好和志趣有所了解。譬如,他们愿意从事什么职业,对什么样的课程感兴趣,喜欢哪种类型的人,等等。将参加者的志趣与现实生活中的那些成功者的志趣相比较,人们就能得到每个参加者的所谓志趣形象。

3.奥尔波特价值观研究。每一位参加者要从不同的事物中选出 45 项自己认为最有价值的事物。人们以此来研究参加者在理论、经济、审美、社会、政治和宗教信仰方面的价值观。

4.24 小时日记。要求参加者将他们在一个职业日中的活动和一个非职业日中的活动都记录下来。他们这些日常活动的记录可以用来证实人们从别的方面所得到的有关信息。

5.与两个"重要人物"面谈。每一位参加者都要请一位自己的朋友、配偶、同事或者是别的什么人,谈一谈对自己的看法。并将谈话录音。

6.生活方式的描写。参加者向人们描述自己的生活方式,无论是用语言、照片、图画还是别的什么表现形式都行。

休利特-帕卡德公司所举办的这个自我职业管理讲座最大的特点之一,是采用了归纳推理法。也就是说人们收集具体的资料,然后从这些资料中归纳出一般结论。而不是从一般的结论演绎推导出每一个人的具体情况。整个过程是由特殊到一般(归纳),而不是由一般到特殊(演绎)。参加者是从他们自己所提供的大量信息资料中心逐渐认识到自己的一般形象的。他们通过对信息资料的研究分析,首先在某些方面对自己作出暂时的结论,继而对自己作出全面的结论。

继自我评价之后,各部门的经理人员找他们的下属谈话,了解他们的职业目标。这些经理人员将下属的职业目标记录下来,并在下边写上这些人目前的职业情况和职务。这样,高层次的管理人员就可以利用这些信息去进行全盘人力资源计划、制订职业要求规范以及做升迁上的时间安排。当公司未来的需要与员工的职业目标大体上一致时,部门经理们就能在员工的职业发展方面为他们提供帮助(例如,对他们进行培训或是让他们接触某一方面的培训等)。公司将每个员工的职业发展目标结合到职业目标中去。这就有利于今后的职业评价鉴定。同时各部门的经理人员还把监督员工的职业发展情况作为职业检查的一部分,并负责向员工们提供各种可能的帮助。

休利特-帕卡德公司的高级经理人员发现,在举办了自我职业管理讲座以后,他们在进行人员调动时,比原来要得心应手多了。公司有充足的理由向员工们说明为什么要将他们留在原有的职位上、为什么要他们调换职业、为什么要将他们解雇。更为重要的是,在举办讲座后的第二年,科罗拉多动力分厂的全员变动率(一年内公司辞职或被解雇的人数,它是衡量一家公司是否稳定的标志之一)保持在原有水平上,没有发生变化。据估计,更换一位中层经理需要花费4万美元。无疑,能保持人员变动率稳定是一项令人鼓舞的成果。

在举办讲座的六个月之后,在所有的参加者当中,有37%已被提拔到新的职业岗位上去,40%将在今后半年内获得升迁。在这些被提升的人当中,有74%的人认为这个讲座对于他们的职务升迁起了十分重要的作用。这个讲座同时也使公司能采取赞助性行动,因为无论是谁,只要他对职业发展感兴趣,就都能参加进来。

为什么要帮助员工管理他们的职业?或许最具有说服力的理由就是公司想保持其竞争能力。如果我们说通过培养更多的奋斗目标明确、自信心强的员工就能增强公司的稳定性,人们或许会嘲笑我们是自相矛盾。但是,我们已经注意到,今天的员工已不同以往,他们更难管理。所以,只有那些为员工提供使他们满意的职业机会的公司,才会得到忠实可靠、勤奋努力的员工。

第一节　职业生涯发展概况

一、职业生涯与设计定义

职业生涯是指一个人一生中的所有与职业相联系的行为与活动,以及相关的态度、价值观、愿望等的连续性经历的过程。没有成功与失败的区别,也没有进步快慢之别。一个人的职业生涯受各方面的影响,如本人对终身职业生涯的设想与计划、家庭中父母的意见与配偶的理解与支持、组织的需要与人事计划、社会环境的变化等都会对职业生涯有所影响。职业生涯在一定程度上可以说是多方面相互作用的结果。

职业生涯设计,亦称职业计划。在职业生涯设计方面,包括个人的职业设计和组织的职业设计两方面,两者既有联系又有区别,只有两者的统一,才有个人的最合适的职业生涯的实现。就一个人初次就业而言,需要组织和个人都具有长远的眼光,致力于自身的长期发展和满足对方的合理要求;就一个人进行职业的转换和发展而言,需要自身的理性化和计划化。个人和组织都很重要,因为它是人的职业生涯发展的真正动力和加油器。

个人职业生涯设计,分为"择业"设计与"调整职业"设计两大部分,两者都受到各种因素、条件,特别是受社会环境的直接影响,也都是个人在社会中寻找自己的位置的能动行为。不同的是,前者是人的成年社会化的初始行为;后者是成年社会化的结果或者结晶,是人们已有了相当多的职业阅历与对自己的真实认识后,对处于社会中的个人职业生涯的进一步选择。

二、职业生涯发展

职业生涯发展是指为达到职业生涯计划的各种职业目标进行的知识、能力和技术的发展性培训、教育等活动。

职业发展计划是一个自我洞察、判断机会、认识限制因素、作出选择、思虑后果的,确定有职业生涯目标的,寻找职业生涯通路或者拟定职业计划、教育与培训计划和相关发展性经验学习的过程与行为。

职业生涯发展的基本点是个人,但是现代社会中的个人都生活在一个组织中,在组织中从事职业活动。而组织由个人构成,并依靠个人才能生存与发展。个人在组织中应该尽量履行组织需要的义务,不能单纯地把组织作为满足自己个人需要的工具,而应该着眼于整体,尽力而为,为组织效劳;同时,组织领导者必须关心个人需要与利益,关心组织成员的职业生活条件和心理状况,重视个人潜力的发挥。正像古布森、伊凡舍维奇和唐纳利在《组织:行为、结构、过程》中所写的:"在设计职业生涯通路中,完全整合组织与个人的需要确实是不可能的,但是,系统的职业生涯计划都能做到这一点。"因此,可以这样说,职业生涯发展的重要原则便是个人与组织之间的相互配合,这种配合程度集中表现为所设计与发展的职业生涯对个人和组织的需要和利益的满足程度。

一个人的职业生涯发展深受以下五个方面因素的影响,即:(1)教育背景;(2)家庭影响;(3)个人的需求与心理动机;(4)把握时机;(5)社会环境。

三、职业生涯发展影响因素分析

在职业岗位上,应该明白哪些做法有助于你的职业发展,哪些因素不利你的职业发展。只有如此,才能在新的职业岗位上不断进步。

根据对许多成功人士的分析总结,发现以下一些因素或做法有助于个人在事业上的成功。

1.创造性地努力工作。所有的人都知道,努力、勤奋的工作是事业成功的必由之路。但是,流了汗水并不能保证我们就能取得事业的进步。有人把从业人员分为实现者和成功者两大类型。发现两者的差别并不主要表现在主观努力程度的不同,而是在于:实现者不能摆脱他们在学校学习时形成的模式,不能主动地、积极地对待工作,而是被动地等待别人给他们分配任务,对待成果不会主动利用,像学生一样等待别人给他们打分、评奖。而成功者则善于主动地寻找工作竞争的机会,找出最需要自己去做的事情,发掘特殊的职业能力,并通过新的职业任务致力于革新和创造。

2.增强交际能力。我们每天的工作都需要与人合作、与人交往。但是,谁也不喜欢难以相处的人。那么,怎样才能成为人们喜欢的人呢?

实际上,要成为一个令人喜欢的人,掌握一点基本的社交知识是十分必要的。概括起来,主要有这样几条:

(1)待人不要冷漠。

(2)善于听取话中之话。

(3)善于提出批评和接受批评。

(4)情绪要稳定。

以交往为基础的社会关系网使我们能够在各自的工作上互有所求而不怀有惶恐不安的心理。实际上,大家都是相互依赖的,而我们往往并不愿承认这个简单的事实。因此,从事业成功的角度,仅仅遵守以上四条是不够的,出色的交际艺术不仅包括与他人的良好合作,而且在于积极地扩大自己的交际圈,与外界进行联系。

3.帮助你的上级。对许多雄心勃勃的人,尤其是年轻人,上司似乎是对头或愚蠢的代名词,而且许多人认为,接近上司是奉承讨好。带着这种心理,他们经常故意与上司作对,或者仅仅完成分内职业,即使上司工作出现了失误,他们也幸灾乐祸,不予主动帮助。实际上,对上级应有个正确的认识。

我们在前面也提到过,仅仅因为工作出色,通常是不能保证你在一个单位稳步迅速上升的,不管公正与否,这是现实。前人的研究为我们分析这一问题,提供了一些答案。一般认为,以下几个因素是影响一个人晋升和阻碍职业发展的因素。

1.忽视彼得原则。彼得原则认为:在等级制度中,每个人都可能被提升到他不再能胜任的水平。几乎人人都了解这一规律,可很少有人认为它对自己适用,人们习惯于对每一个晋升机会进行争夺,但是,并不是每个晋升都符合你的利益。一个不符合你专长的晋升只会加速你生活中的彼得原则早日来临。比如,有的人因为业务能力很强,而被提拔到管理岗位上,但他们却不管自己对管理别人没有兴趣,只是接受。到头来大家都受到伤害。

2.忽视组织文化在任何一个组织中,都或多或少存在一些不成文的习惯、规范。在一个单位如果所有的人都穿白大褂,你肯定不会一个人去穿西装。这就是一种组织文化。这种组织文化的影响对组织中所有人来说都是十分巨大的。任何人忽视这种影响的存在都会对其事业发展产生一定的不良影响。除非你处处表现都十分杰出。

3.希望得到每个人的好感。希望得到所有人的好感,实属十分可怕的一件事情。因为在工作中,期望得到所有人好感的人,势必会偏离现实,使职业决策产生偏差。这是一种"妇人之仁",是个人同情心和个人感情的产物。只有作出坚定而又正确的决策,坚持原则,你才能得到人们的尊敬和爱戴。

4.实施不良的自我保护。一个机构的最高领导人如果有了变化,其目的一定是想进一步改善这个机构,而不是与个人有什么恩怨。许多人都不相信这一点,他们总是从个人的角度来看待新领导的到来。于是,他们对新的领导抱有抵触情绪,这样一来,领导对他们也会产生不良的抵触情绪。实际上,这会对大家都不好。

5.在公共场合随便说话。对人真诚是应该的,但是不可过于轻信别人。这是许多人之所以不成功的原因。如果你必须要倾吐你对某个同事或领导的看法,最好留着回家去说,尖刻的话会很快传开,结果你会因此而受到不该受到的伤害。

6.行为反复无常。对你周围的人来说,反复无常是最令人恼火的。今天对受到的挫折大发其火,明天对同样的事情又从容对待,会让人觉得你太不可靠。

在任何一个单位中,处理大部分日常问题时,最需要的可能是实在的稳妥的判断,而不是你的创造性。一个人要表现出自己的稳定风格来,在长期的生活中,你的独特人格魅力会感染所有的人。

7.出了事就埋怨别人。人不可能不犯错误,人是在犯错误的过程中不断进步的。犯了错误勇于承认,这没有什么不好。但是也不要养成不断犯错误、不断承认的坏习惯。出了差错既不要埋怨,也不要迁怒于别人。在错误中吸取经验教训,会使你进步。

8.不能以身作则。如果你不能以身作则,只是命令别人加班,这就不合适;同样,如果你不是时时注意指教你的部下,你就不应该指望他们会依照你的方式行事。要知道,有时以身作则、身先士卒是具有巨大的感召力的。

四、职业发展阶段分析

多年以来,研究人员一直在试图找出员工们在其职业生涯中所面临的自我发展的主要任务,并把它们划分为较粗略的不同职业生涯阶段。虽然在这方面人们已经建立了一些模式,但是对于这些模式的准确性几乎还没有人研究过。人们对这一领域里的研究结果进行过一次考查,结果发现几乎没有什么证据能够证明职业生涯阶段的存在。此外,在职业生涯阶段是否与人的年龄有关这个问题上,也是众说纷纭。大多数理论家虽然给出了每一职业生涯阶段的年龄范围,但这种年龄范围的出入很大。所以,若将职业生涯阶段与时间联系起来考虑,似乎更合理一些。就是说,根据每个人的背景和经历,让一只"职业时钟"在不同的时间点开始为他计时。下表就是成年人生命周期阶段划分的一个模型。这个模型综合了许多在这一领域里的研究者的研究成果。我们在这里讨论这个模型并不意味着它比别的模型好。应该说,它同别的模型一样,只是一个粗略的划分标准,并不是现实的准确描述。

表 9-1　成年人生命周期各阶段的特点

生命阶段	主要心理活动	标志事件	态度特征
离开家庭（16/18—20/24岁）	心理上将自己与家庭分离开来;减少自己对家庭的依赖性;开始建立新家庭;把自己看成是成年人	离开家庭;进入社会,并对自己的生活作出独立自主的安排;上大学,出外旅游,参军,参加工作等;开始决定自己准备学什么;开始选择职业;开始恋爱	在"继续待在家中"和"脱离家庭"之间权衡
进入成年人世界（20—27/29岁）	探索进入成年人世界的可能性,并开始想象自己已是一个成年人;开始形成最初的生活结构;发展寻求友谊的能力;开始幻想;找到一位可以作为良师益友的伙伴	暂时投身到工作中去,处于职业生涯的第一个阶段;被聘用;第一次开始职业;适应职业环境;辞职或被解雇;失业;迁徙;结婚;决定要生一个孩子;小孩开始上学;购置一幢房屋;社区活动;在组织中任职	"我行我素";为未来生活和奋斗;暂时投身只是权宜之计

生命阶段	主要心理活动	标志事件	态度特征
30 岁时的转变（30 岁左右）	重新检查自己的生活结构和当前所从事的职业；做一些必要的变动，特别是尽努力去实现在 20 来岁时没有来得及实现的奋斗目标	改变自己的职业或是在某一行业里改变专业方向；重新回到学校读书；恋爱；分居；离婚；再次结婚	"什么是生活的全部含义？我是否在做我应该做的事？我希望从生活中得到什么？"
专心致志地工作和生活（30 岁出头）	更加努力；更加投身到职业中去，更关心家庭；为自己认为有价值的事而奋斗；对于一位有事业心的男子或是职业妇女来说，开始成为本行业中年轻有为的成员；制订一张时间表，将自己对生活的幻想变成具体的长远奋斗目标	寻找工作，热衷于家庭活动，挣钱；小孩已长大，母亲可以重新返回学校读书	希望能使自己的生活更稳定，更有条理，并通过制订和实现长远目标来"使希望变成现实"
开始成为一个独立自主的人（35—39 岁或 39/—42 岁）	成为本行业中有影响的人物；有意减少对上司、批评家、同事、配偶和挚友的依赖性；在一些重要场合力求有自己的独立性并希望得到社会的认可；对于一位妇女来说，她的第一职业就是做家务，并越来越愿意承担家庭义务，同时自己去寻求有价值的东西；独自参加一些活动	获得关键性的提升；得到别人的赏识；同挚友的关系破裂	已没有了原来那种青春朝气；期待人们的认可；时间开始不够用；日子开始令人烦恼
中年时期的转变（40 岁出头）	使生活结构与自我表现更加相互适应；竭力消除内心对生活的感受与自己对生活的期望之间的差异	面对现实，从对生活的幻想中清醒过来；改换职业；再一次结婚；一无所有；那些把家务劳动作为第一职业的妇女开始走出家庭，寻找自己的第二职业；朋友、同胞兄弟姊妹或儿女去世	感受到体力的衰减、年龄的增加；男性开始出现女性特征，而女性则出现男性特征
重新稳定下来（42—48 岁）	欣赏自己对生活所做的抉择及生活方式	成为别人的挚友；和同事及年轻的朋友们一道分享知识和技能；为下一代作出自己的贡献；又有了新的兴趣或爱好；对于男性来说，职业生涯已经到头	
进入 50 岁（45—55 岁左右）	再一次检查生活结构与自我的适应程度；需要改变自己生活道路上的方向；有些人还走上了新的开端	妇女寻找职业的最后一次机会，同时也是她们实现自己生活理想、满足自己志趣的最后良机；家庭责任感消失；丈夫的职业地位发生变化	为了达到既定的目标，实现自己的夙愿，作出不得已的生活变动——或许这样做已太迟了，但它们确是我在自己的后半生中乐意去做的事

生命阶段	主要心理活动	标志事件	态度特征
再一次稳定下来，开始熟谙世故，事业达到鼎盛期	在人生最后一段旅程中取得重大的成就	在事业上会出现新的机会；又有新的希望满足自己的理想；自己对成就下定义	在感情上和待人处世方面变得老练；配偶变得越来越重要；自我宽慰
生活道路的回顾，生命结束（60岁和60岁以上）	接受生活中所发生的一切，认为它们都是有价值、有意义的；回顾评价自己的生活和自己在生活中所做的选择	自己和自己的配偶都已退休；朋友、配偶和自己的去世	回顾自己一生中的所作所为；希望能永远享受人间的喜怒哀乐；依恋家庭；考虑到死亡

"职业"一词有多种含义。从最常用的意义上说，它可以指生涯（"他的职业生涯进展良好"）、专业（"她选择了从医的职业"）或终身职业的历程（"他的职业历程包括在6个不同组织中承担15种职务"）。我们这里使用的职业这一概念，是将它定义为"一个人在其一生中所承担职务的相继历程"。按照这一定义，很明显，我们所有的人都有或者都将有自己的职业。另外，这一概念还包括了一种转换的意识，如从非熟练工人转变为工程师。

一个组织为什么需要关心员工的职业生涯？更具体地讲，为什么管理当局要把时间花在员工的职业发展上？因为着眼于职业发展，将促使管理当局对组织的人力资源采取一种长远的眼光。一个有效的职业发展计划将确保组织拥有必要的人才，并使少数民族员工与女性员工获得成长与发展的机会。此外，它还能提高组织吸收和保留高素质人才的能力。

分析和考察职业历程最常用的方法，就是把它视为一系列的阶段。我们这里提出一个五阶段模型，它对于大多数的成年人，不论他们从事什么类型的职业，都可普遍适用。

许多人可能早在小学、中学时期就形成了对自己职业的认识。当他们达到退休年龄时，他们的职业历程开始走下坡路。我们可以确定出，大多数人在其一生之中将经历五个职业阶段：探索期、建立期、职业中期、职业后期和衰退期。这些阶段可以用下图加以描述：

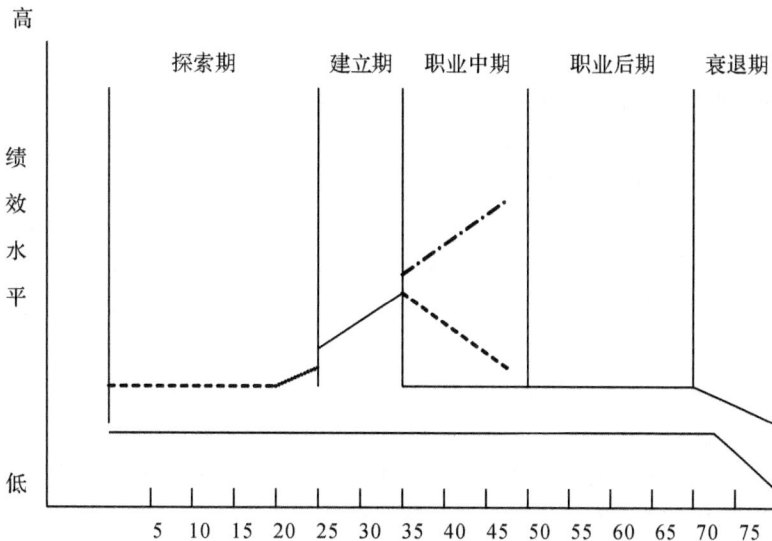

图9-1　职业发展的阶段

1. 探索期。人们往往在开始挣工资前就对他们的职业作出了关键的决策。受亲人、老师、朋友以及电视节目和电影录像的影响,人们在生命的很早时期就逐渐缩小了自己职业生涯选择的范围,并指导他们朝着一定的方向发展。

对于绝大多数人而言,职业探索期会在他们20多岁从学校步入职业岗位时结束。因为职业探索阶段发生在就业之前,所以从组织的立场来看,它似乎与此一阶段并无关联。但实际上,组织与职业探索阶段是不无关系的。人们正是在这一阶段形成了对其职业生涯的一种预期,其中有很多预期是很不现实的。这种预期当然可能在头些年潜藏不露,后来突然暴露出来,使员工本人和雇主都遭受不应有的挫折和损失。

2. 建立期。建立期始于寻找职业和找到第一份职业,包括被同事所接受、学会如何做工作,以及取得在现实中成功或失败的第一次真实体验等历程。这一阶段的特征是,逐渐改进职业表现,不断发生错误,也不断从错误中汲取教训。

3. 职业中期。许多人面临第一次严重的职业危机是在进入职业中期阶段以后。在这一时期,一个人的绩效水平可能持续改进,也可能保持稳定,或者开始下降。这一阶段的重要特征是,职业中期的人已不再是一个"学习者",错误容易使人付出巨大的代价。成功地经受住这一转换阶段挑战的人,可能获得更大的责任和奖赏。而其他的人可能要面临自身能力再评价和变换职业,以及重新安排优先考虑的事项或者寻求另一种生活方式(如离婚、重返学校念书、迁居到外埠等)。

这一阶段已被那些出生于1946—1964年间生育高峰期的人所证实。这一方面是职业达到平稳时期的缘故。另一方面,因为处于这一年龄阶段的人数很多,而且伴随着组织为实现其扁平化和高效化而进行的前所未有的结构重组,使得现在已达到30多岁、40—50岁年龄的员工明显地感到提升的机会减少了。职业中期对于他们前一辈的人来说通常只是事业向上发展和晋升道路上的一个阶段,但对于当今劳动力队伍中的大多数人而言,它日益成为一个充满焦虑和挫折的艰难时期。

4. 职业后期。对于那些通过了职业中期阶段继续发展的人们来说,职业后期阶段通常是个令人愉快的时期。这时,他们可以有所放松,并且扮演一种元老的角色。他们以自己多年日积月累并经过多次经历验证的判断力,以及与其他人共享其知识和经验的能力,向组织证明其存在的价值。

对于那些在前一阶段绩效水平已经停滞或有所下降的人,在职业后期阶段将会认识到这样一个事实,即他们对于现实世界将不再拥有曾经想象的那样一种持久的影响或改变能力。正是在这一时期,人们会意识到需要减少职业的流动,从而可能安心于现有的职业。

5. 衰退期。职业历程的最后阶段对每个人都是艰难的,但富有讽刺意味的是,对于那些在早期阶段持续获得成功的人来说,它可能更为艰难。伴随着几十年的成就和高水平的绩效表现,现在猛然间就要退休,被迫退出这个充满光辉的舞台,容易使人感到失去了一种重要的认同感。而对于早年绩效表现一般,或已经看到自己的绩效水平在下降的人来说,这或许还是一个令人舒心的时期,他们将远远地把职业中的烦恼抛在身后。

对职业阶段的认识,将给管理者带来极大的帮助。下面是我们从分析中可能得到的一些认识。

新员工常对他们的职务抱有不切实际的期望。实际职务预期(职务申请者被告知有关职务和组织的正面和负面的信息)将大大减少令人吃惊的早期辞职事件。而处于建立期阶段的员工需要得到培训和指导,以确保他们具有良好的开展职业的能力,并为他们提供指导和鼓励。

对于职业中期的员工,管理者需要注意提醒他们。使其认识到自己已不是学徒,对于现在的失误可能要付出很大的代价。这一阶段更有必要采取一些惩戒行为,尤其是当员工第一次开始出现不稳定的信号时。惩戒对年纪较轻的员工可能起到威胁的作用。在职业中期,失败是难以避免的,但伴随而来的还会有挫折、厌倦和泄气。管理者应当做好充分的准备,帮助员工克服不稳定因素,并探索使工作变得更有趣、更富于变化的途径。

职业后期的员工可以提供良好的指导帮助,管理者应当开发利用这种资源。同时也应该认识到,这一时期的人们经常在个人的优先安排事项方面作出重大的调整,他们可能变得对工作不再有很大的兴趣,或者不在乎工资高低,而希望有更多的自由时间或压力更轻一些的工作。

最后管理者应当认识到,职业衰退期是每个人都难以面对的,出现沮丧是极为常见的。员工还可能变得敌意十足、充满挑衅性。

五、管理生涯成功要领

如果你选择了管理生涯,你应当了解确保你成功的若干重要事项,下面是管理者曾用来发展他们的事业而又经实践检验为有效的一些策略建议,如下图所示:

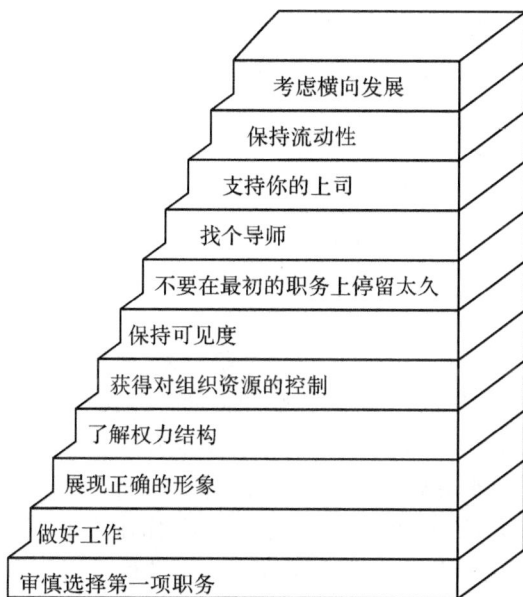

图 9-2　管理生涯成功的要点

1.审慎选择第一项职务。并不是任何第一项职务都有相似的结果。一个管理者在组织中的起点,对于今后的职业发展具有重要的影响。特别是有经验证明,假如你拥有选择,你应当挑选一个有权力的部门作为你开始自己的管理职业生涯的起点。一开始就在组织中权力影响很大的部门中就业,这样的管理者更有可能在他们的职业生涯中得到迅速的提升。

2.做好工作。良好的职业绩效是管理生涯成功的一个必要但不是充分的条件。管理有效者会在短期内得到奖赏,不过,其缺点最终总会暴露出来,从而影响其职业生涯上的晋升。因此,职业绩效好并不是成功的担保,但缺少了这一条,管理生涯成功的可能性就会降低。

3.展现正确的形象。假定一批管理者都是绩效良好者,那么,是否具有使自己的形象与组织所寻找的保持吻合的能力就自然与职业是否成功有相当的关系。

管理者应当对其组织的文化作出评价,以便明确组织对其管理者的要求和期望。这样,管理者就对自己在各个方面如何展现合适的形象做到心中有数,如应当如何着装,应与谁或不与谁联络感情,应表现出一种敢冒风险还是规避风险的立场,以及组织喜欢何种领导风格,对冲突是避免、忍受还是鼓励,与其他人良好相处中何为重要,等等。

4.了解权力机构。组织正式结构所确定的职权关系,只反映组织中影响类型的一种。同样重要或更为重要的是,熟悉并理解组织的权力机构。有效的管理者需要知道谁真正控制局面;谁对谁拥有资源;谁又对谁存在重要的依赖和负债等——所有这些均不会在组织图上的齐整方框中表现出来。一旦对这些有了更好的了解,你就可以更熟练自如地在其中行进。

5.获得对组织资源的控制。对组织中稀缺而又重要的资源加以控制,这是权力的一大来源。知识和技术就是其中一类特别有效的可控制资源。它们会使你显得对组织更有价值,因而更可能得到职业保障和晋升。

6.保持可见度。由于管理绩效的评估具有相当的主观性,因此,让你的上司和组织中有权力的人意识到你的贡献是重要的。如果你侥幸有一份能让你的才能为他人所注意的职业,那么你可能不需要采取直接的措施增加你的可见度。但你的职业也许是处理些可见度很低的活动,或者因为你是小组行动的一份子,因而难以区分你的特定贡献。在这些情况下,你需要采取一些手段引人注意(但不要给人留下一种爱吹牛的印象)。比如,向你的上司及其他人汇报职业进展情况,出席社会集会,积极参加有关的职业协会,与正面评价你的人结成有力的同盟,以及采取其他一些相似的策略。

7.不要在最初的职务上停留太久。经验表明,当年面临一种选择,要么在第一份管理职务中一直干到"真正作出点成绩",要么不久就接受一项新的职务轮换指派,这时你应该选择早期的轮换。很快地转换到不同的职业岗位上,你给人一种你在"快车"上的信号。而这又经常成为自我成就的预言。这一信息对管理者的启示是,尽快在第一份管理职务中开始寻找早期的职务轮换或者晋升。

8.找个导师。导师通常是组织中职位较高的某个人,他接纳一个被保护者作为助手。从导师那里,你可以学到工作的技能,并得到鼓励和帮助。经验表明,找到组织中居权力核心的某个人作为导师,对于有志要升到高层管理者来说是很有意义的。

管理者从何处找到自己的导师?一些组织提供正式的教导方案,将组织寄予高期望的年轻管理者分派给扮演导师角色的高级经理人员。但是,你往往是非正式地被你自己的上司或者组织中其他与你共享某些利益的人选中而成为一个被保护者。假如你的导师不是你的上司,而是其他什么人,这时你务必注意不要通过这种教导—保护关系,做些威胁你的上司的事,或提一些不忠于上司的建议,起码从你的这一方来说不能这样。

9.支持你的上司。你的眼前和未来掌握在你的现有上司手中,是他评估你的绩效。很少有年轻的管理人员会有足够的力量,在对其上司进行了挑战以后,还能继续工作下去。更明智的方法是,你应当努力帮助你的上司取得成功,在他处于被动时给予支持,并找到你的上司用以评估你的职业绩效的主要标准。不要试图挖你的上司的墙脚。不要对其他人讲你的上司的坏话。假如你的上司有才干,有那种人们看得见的才干,并拥有一定权力的基础,那么,他很可能在组织中步步高升。而你,因为被认为是有力的支持者,也会发现自己跟着得到提升,或者最起码你会与组织中的高层人物建立起某种关系。假如你的上司职业绩效很差,而且缺乏权力基础,那么你应当求助于你的导师(如果有的话)给你安排职业轮换,因为如果你的上司被认为是无能之辈,你自己的才干是难以得到认可的,有关你的职业绩效的正面评价也不会得到认真的对待。

10. 保持流动性。一个管理者如果显示出他乐于转换到组织中的其他地理区域或职能领域职业,那他可能更为迅速地得到提升。愿意变换组织的人,其职业发展进程也可能得到更好的促进。尤其是受雇于成长缓慢、不景气或衰退之中的组织的时候,职业流动性对于充满进取心的管理人员来说就具有更为重要的意义。

11. 考虑横向发展。这最后一条建议适应于 20 世纪 90 年代管理界出现的变化。由于管理组织的重组和随层次精简而形成的组织扁平化,使得许多组织中职位提升的阶梯减少了。要在这一环境中求得发展,一个好主意就是考虑横向的职位变换。

在 20 世纪 60—70 年代,横向变换职务的人常被认为是绩效平庸者。但现在不是这样了。横向变换被视为是一可取的职业发展考虑,因为它可以给人提供更广泛的职业经历,从而提高其长期的职业流动性。另外,这种变换还能帮助激发人的职业积极性,因为它使工作变得更为有趣,也更富有满意感。因此假如你在组织中不能向上层发展,那么不妨考虑内部横向的职务变换或者向其他组织流动。

相关链接

为全球范围的职业委派挑选管理者①

威廉·斯图尔特是一位 30 岁的美国单身男子,他在东京一家大型计算机企业日本电气公司(NEC)工作。他了解日本人的做事方式:一周 6 天、每天 16 小时干责任繁重的工作,下班后饮酒作乐。斯图尔特也知道,日本式的工作要求会使他几乎不可能娶一位美国妻子而又继续在东京工作:"日本人的妻儿知道,丈夫或父亲是不可能经常见面的,但美国人的家庭就忍受不了这个。"

许多全球组织从 20 世纪 70 年代以来得到了飞速的发展。那时,人们普遍认为"在国外工作只是工作在国外罢了"。但将管理者派往新的、不同文化的国家中工作,不经仔细的考虑和妥当的挑选,往往导致这些管理者面临失败。

有关管理者在不同国度间的职业转移(尤其是美国管理者被派往海外)的大多数研究都表明,其失败率相当得高。其中有项特别引人注意的发现是,与欧洲和日本管理者被派往其他国家工作的情况相比,美国管理者的失败率似乎要高出许多。

为什么被派往海外工作的管理者,没有更多的人取得成功呢?一个可能的原因是,大多数组织仍然仅按技术技能挑选其派出人选,忽视了诸如语言能力、应变能力和家庭的适应性这些成功的其他决定因素。

在挑选管理者派往海外子公司就业时,有人提出了一种权变的方法,即根据所要求的信息和控制类型进行人员挑选。如果绝大部分是技术性的,所需信息比较客观,可采用行政机构进行控制,那么对这样的海外子公司选派具有技术才能的外来者作相对短期的逗留,组织可能会取得更好的效果。但如果对那些需要社会信息和了解组织规范的岗位选派长期人员,那么,熟谙该组织文化的内部人士则是更合适的人选,他可以更为有效地在子公司中工作,并将了解到的情况反馈到总部。

---

① 斯蒂芬·P.罗宾斯等:《管理学》,中国人民大学出版社 2004 年第 7 版。

六、职业生涯发展模式

(一)职业生涯发展的一般模式

一个人的职业生涯发展有着多种不同的发展可能。不同的职业生涯发展,是个人与社会多种因素相互作用的结果,最后构成不同的模式。据美国社会学家米勒和福姆的研究,人的职业生涯发展可以划分为四种基本模式。其内容如下:

1.标准型。属于这种类型的人,经过职业生涯的各个时期,这是典型的职业生涯的发展过程。

2.稳定型。即在前期确定职业方向或选择期很短的类型。属于这种类型的人具有较强的职业意识,由学校毕业后马上能走上早已相中的工作道路。

3.不稳定型。即数次选择职业的类型。属于这种类型的人,往往徘徊于"职业选择与适应——职业再选择与适应"的过程中,不能使自己稳定于某个职业。

4.复杂试用型。即频繁变动职业的类型。属于这种类型的人,没有一个长期的固定工作,而经常变换职业,所变换的职业间也没有必然联系,即该类人的工作极不稳定、极不可靠。

日本学者神田道子则把女子的职业生涯发展类型划分为无职型、短期就业型、中断就业型、持续型、后就业型几种。如图 9-3 所示:

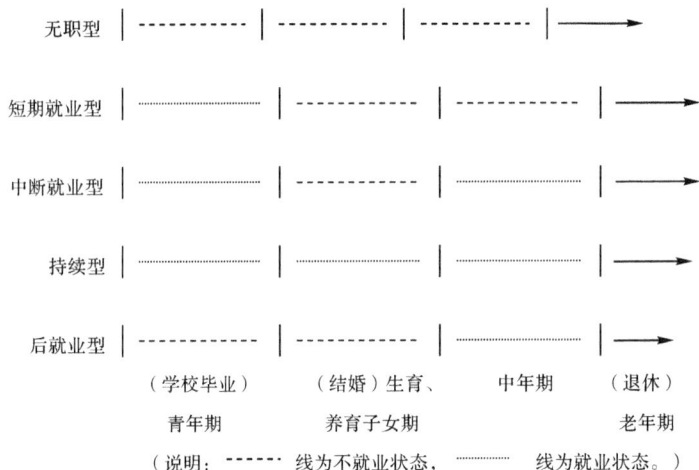

图 9-3　妇女职业生涯发展类型图

在不同的经济水平、文化水平和不同的民族习惯、社会风俗条件下,妇女走出家门从事社会职业劳动的人数比例、从业者的类型选择各有差异。例如,在一些阿拉伯国家,妇女终生在家,不能参加社会职业劳动。我国则有着高于发达国家的妇女就业率,女性劳动人口趋向于全部和全程就业。由于女性在社会与家庭中的角色与男子有较大的差异,在劳动力市场上,妇女往往是一种受歧视的群体。因此,对女性职业问题的研究具有重要的社会价值。

(二)各类人职业生涯模式分析

关于职业生涯模式,有着不同的研究。比较全面地对各类型职业进行分析的是美国社会学家福姆和米勒的理论。他们把人的职业分为专门职业人员(即专业人员)、业主与经理人员、书记人员(即白领人员阶层)、熟练工人(包括领班、工头)、半熟练工人、非熟练工人、家庭服务与个人服务人员等七种类型,并对每种类型从业者的生涯演变进行了研究,绘出了各类人的职业阶层变动过程。这是以人们一生中最后的职业归宿来划分的。

1.专门职业人员。它相当于我国"专业技术系列"的各种人员,如教授、医生、律师等。专门职业人员最初可能从事各种阶层的职业,但他们通常很快就转入专门职业,实现了上向流动。其试验期一般为 4 年,而后就长期固定于某一专门职业,很少再做转换职业的尝试。

2.业主与经理人员。这是经济境况极好又能从事一定事业的阶层。该类型的人员也是起始于各个阶层的职业,许多人经过相当大程度的上向流动,其中抑或有人职业上有"大起大落"的变动,然后归于业主阶层,并相当长时间地维持该职业。以这种类型为归宿的人,其生涯变动显然比专门职业人员复杂。

3.白领人员。其工作最初时期较短,一般仅 2 年。该类人员既有出身较低阶层而上向流动者,也有曾从事前两类职业而后下向流动者,但大多数人是有较长的白领工作经历或持续从事白领工作而完成其白领人员阶层归宿的。白领阶层人员还会出现在本阶层内部变换职业、调换工作的现象,甚至变换次数很多,但这不涉及职业阶层的变更,即上向、下向的纵向流动。

4.熟练工人,即技术工人或者工匠。这是体力劳动阶层中的高等层次。领班或工头也属于此类。熟练工人的人员主要来自半熟练工人或非熟练工人,其主要趋势是程度不大的上向流动。少数人起始于较高层次或最低的服务性人员层次。熟练工人在现代社会是人数众多的一大阶层,其工作比较安定。

5.半熟练工人。半熟练工人通常是技术程度略差的机器操作工人、司机等。半熟练工人的职业起点均为中、低阶层;少数人开始入职时是熟练工人或白领职业,但以后下向流动至此。从总体上看,半熟练工人常处于不太安定的状态,其试行期也比较长。

6.非熟练工人。该类人员一般是从事无技术的重体力劳动,处于职业状况较差、生活境况低下的阶层。该类人员起点基本是本类职业或更低的服务性人员。非熟练工人缺少上向发展的知识技能,有些人有向上流动的尝试。但失败后又返回。总的来看,该类职业试行期不长,但工作变动(不超出同阶层)较大,是一种不安定的阶层。

7.家庭服务人员与个人服务人员。该类人员的职业起点主要是本阶层人员,也有一部分从较高阶层下向流动,固定在此阶层。其试行期较短。该阶层人员也往往处于不安定的状态。

第二节　职业生涯选择的原则、策略

一、职业生涯选择的原则

尽管在职业生涯选择中,不同的人可以从自己的职业价值观出发,采用不同的策略,达到不同的满足。但是,在职业生涯选择中,有必要遵循一般性的原则,如可行性原则、胜任原则、兴趣原则、独立原则、特长原则、发展原则等,才能使你顺利地达到人生目标。

1.可行性原则。即在职业生涯选择中应考虑社会的现实需要,考虑特定的历史条件和时代要求,而不能孤立地一味追求"自我设计"。否则,只能产生"生不逢时"的挫折感和失意感。其实,人是具有能动性的世界的主人,人可以按照客观规律调适自己和世界。这就是职业生涯选择的现实性和发展性原则。

2.胜任原则。即在职业生涯选择中,应考虑工作的实际需要,考虑自己的学识水平、身体素质、个性特点、能力倾向等是否符合职业要求,而不能盲目攀比,就高不就低。

对于力所能及的工作,人干起来得心应手、驾轻就熟、心情舒畅而且能充分发挥自己的积极性和创造性。而对于不能胜任的工作,干起来则力不从心、困难重重、劳累压抑,不仅效率极低,而且可能完不成任务,使单位蒙受损失,个人也承受压力。

3.兴趣原则。即选择职业生涯时,在考虑社会需要的大前提下,既要强调"考虑国家需要"或"哪里需要就去哪儿",也应该兼顾自己的兴趣爱好和个人志愿。

对于兴趣对职业的影响,前面我们也已讨论过。从心理学的角度看,一个人只有对某项职业有兴趣,才会从内心激发起对该事物强烈的求知欲和探索欲望,才能积极地总结经验,摸索规律而有所突破、有所创造。这无疑对自己是一种开发和展露,对工作也是种促进和合理化。

4.独立原则。即在一个人的成长过程中,总会有许多人提携、指点过我们——这些人中包括我们的父母、长辈、老师和朋友等。他们帮助我们形成一些对生活的信仰、原则和观念,并使我们有所期望。

但是,由于生活环境的变化,由于我们的指导者们自身的局限和个人主观性,使得他们的意见和建议不一定很符合我们自己成长的路径。比如,有的父母因自身条件不好,没能成为艺术天才,便一心期望孩子能够继其未酬之志,可孩子的兴趣却在于技术。再如,有的优秀的学生被家长推到热门的商界叱咤风云,而该学生的志向是致力于教书育人,这在某些亲朋好友眼中会认为没出息、不可思议,甚至横加阻挡。

毋庸置疑,那些对我们有所期待的人,从根本上是希望我们有所成就、生活得有意义,但有时候,他们的关心、爱护反而成了我们的负担。因此当我们意识到这种阻抑,并且认清了真正适合于自己的路和方向时,我们应该独立决断,追求自己选择的人生之路。

5.特长原则。虽然就总体而言,人和人之间没有多少根本性的差别,但是,就具体的个性特点,特别是适用于工作的能力倾向来说,人和人之间还是有很大的不同的。每个人都各有所长,又各有所短。在职业生涯选择时,只有扬其长、避其短,才可以最大限度地发挥潜力、有所成就。

下面就有一个很好的遵循"特长原则"选择成功职业的例子。美国当代最有影响的企业明星李·亚科卡原来是学工程的,获工程硕士学位后,在福特汽车公司当了一名见习工程师。不久,他发现自己并不善于工程技术工作,真正的特长应是与人打交道。于是,他毅然放弃了原来的职位,在该公司接受了一个职位较低的推销员工作。由于他经营有方,功绩卓越,接连受到提拔晋升,终于在1970年登上了福特汽车公司总裁的宝座,成为世界汽车工业第二大公司的主宰者。后来他又出任克莱斯勒汽车公司总裁。

6.发展原则。职业越来越不只是作为生存的手段,而是一条人们走向发展之路。所以,在选择职业时也应该考虑职业的适合性、对口性,考虑领导是否重视人才,考虑单位的实力和所提供的机会、前途等条件,这都是促进或阻碍人们职业发展的因素,应该"择其善者而从之"。[①]

相关链接

MBA＝高层管理者?

在国内,中高层管理人员供不应求的矛盾十分突出,工商管理硕士的职业发展前景非常看好,尤其是从国外学成回国的MBA研究生。但是,在实现自己远大抱负、报效祖国的道路上,

---

[①] 俞文钊:《职业心理与职业指导》,人民教育出版社1996年版。

他们会遇到重新定位的问题：我是什么样的人？适合在哪种组织环境中发挥才能？为什么我会遇到这些意想不到的问题？下一步如何发展？

我们接待了两位在国外学 MBA 的求询者，他们共同的目的是获得对自己的客观评价，并希望知道自己究竟适合从事哪些方面的高层管理职业。

于先生，36 岁，1996 年学成归国，现在一家著名的计算机公司做市场总监。我们给他提出的发展建议是：适合从事制订目标、策略、计划等高层管理职业，适宜在鼓励自主、能够充分授权的领导下职业，适宜和组织性、计划性较强的同事以及下属相配合，需要增强情绪稳定性。

齐先生，29 岁，1998 年学成归国，现在一家著名的医药公司做部门副经理。我们建议他：在组织目标任务确定、管理规范的环境中从事事务性管理职业，目前不适合做高层管理职业，需要增强与人交往的兴趣。

两个人都希望做高层管理者，为什么一个适合、另一个不适合呢？

高层管理者不仅需要具备较高的管理技能，更需要具备一些重要的人格特征。以这两位先生为例，测评和咨询显示，他们都追求成功，有强烈的责任感，但是在人际沟通以及看待问题、做事的方式、职业兴趣上呈现较大的差异。

于先生精力充沛，比较乐观、自信，善于与人沟通并施加影响。经常从宏观角度出发考虑问题，分析问题理性而有深度，做事有较强的灵活性和适应性，创新意识较强，兴趣广泛，尤其对经营性活动非常感兴趣。

齐先生性格内向，很不喜欢与人交往，看待问题比较关注事物的细节问题，考虑问题细致，思路清晰，做事讲求原则，有很强的计划性和条理性，有时会固执、不灵活，对事务性活动很感兴趣，不喜欢研究性活动。

我们认为，有两方面是齐先生成为高层管理人员的主要障碍：

一方面，是他缺乏宏观、整体意识，不能从组织整体的视野去制订发展战略和计划，关注的重心在于任务的完成和环节。显然，现在也有很多高层管理者事必躬亲、以身作则。但是，这种行为风格在企业发展中的某个阶段是可以的，从未来发展的趋势看，高层管理者的创新意识、策划能力、对市场的敏感和把握，对企业的生存和发展才是至关重要的。

另一方面，他缺乏人际沟通的兴趣。齐先生说自己不喜欢与人打交道，在工作中似乎也找不到合适的同事和助手。

人际沟通对于高层管理人员是非常重要的。一位管理学家说："所谓管理，就是使人完成工作。"他强调了"人"在管理工作中的重要性。研究表明，中层管理者把 80%～90% 的时间用在与别人交往上，中上层的管理人员花在与别人交谈上的时间也高达 67%。国外曾对管理人员的特点进行调查分析，有 100% 的人认为"指导能力"是管理者的一个重要特征，有 47% 的人认为"亲和力"是管理者不可缺少的。作为管理者，最主要的和最大量的工作是与组织内外的各类人打交道，对人际不关心的管理者是不合格的。

MBA 教育提供的是管理的理念、技术，但是给自己准确定位、选择适合自己的发展道路，是更值得思考的事情，高层管理者并非唯一出路。（资料来源：《北京人才市场报》白玲文）

二、职业生涯选择的策略

人们在谋求出路、寻找职业、选择职业时，虽然受到多种实际问题的威胁，但人们也不是被动地等待社会的挑选，或是坐待"天上掉馅饼"，而是想方设法、主动地采取"策略"来满足自己的需要和愿望。不同的人选择职业的策略有着不同的特点、不同的针对性。有的人考虑名，有的人看重利;有的人考虑工作的刺激性,有的人看重人际的融洽性;有的人考虑稳定,有的人强调丰富;有的人考虑施展才能,有的人强调保证地位;有的人做短期计划,而有的人则做长远打算。诸如此类,不一而足。但概括起来,择业策略大致可归为以下四种。

1.试探性策略。当人们刚进入工作界或开始新的工作时,往往对自己所选择的新的生活模式不能完全把握,这时就可以运用试探性策略,也就是试验的方法,即把自己生活的一部分转向新的生活模式,通过一段时间的实践,看这种新的生活模式是否适合自己,然后决定是否要全身心地投入。

在试探性择业过程中,人们不仅可以通过更深入地接触工作,了解其性质,感受其滋味,而作出取舍、去留的决定;而且还可以通过具体实践,扩展眼界和知识面,积累某些方面的经验,为进一步适应工作提供基础和开辟路径。最起码,人们也可以在实践中有所收获,有所结交,无疑也是对平常生活的一种补充和调剂。

2.以专业为重点的策略。这是指在职业生涯选择时,将"专业对口"作为考虑的中心,即寻求求职者具有的专业知识、技能、经验与所要从事的职业有直接的联系。这是以职业本身的内容、性质为中心的择业策略。

采取"以专业为重点"的择业策略的人们,大多数是追求学以致用、才能的施展,他们更看重职业本身所能给予他们的需要的满足程度、专长的运用程度,以及从中所能获得的满足感和实现感及有利于个体发展的长远机会。这样一来,实际上在选择专业之初,就已经基本上限定了今后的发展方向和前进道路,并且在选择职业时有明确的目标、足够的兴趣和信心以及必要的知识和心理准备。

3.以工作单位为重点的策略。从事一定的工作,干一定的工作,一般都是要依托一定的单位的。就是相同的工作或在同一性质的不同单位,也会有不同的条件、不同的环境、不同的气氛、不同的交际、不同的待遇、不同的发展机会和不同的成就可能。正是基于这一点认识,有些人将"工作单位"作为择业策略的重点。

4.稳定性策略。"求稳拒变"是中国人的传统性格之一。虽然,时代发展至今,开放而变革的世界,使得人们的观念也发生了许多更新,"安贫乐道"不再是传统的精神贵族的高洁象征,"安分守己"也越来越因为它的保守、封闭、缺乏活力和缺少创意而不适应社会的需要。但是,"安居乐业"仍不失为一些人所追求的生活模式。相应地,在职业生涯选择中,便也产生了"稳定性择业策略"。一般来说,人们主要追求工作生活中三个方面的稳定性:(1)工作性质是稳定的;(2)工作内容相对稳定;(3)是和前两者有关的,工作所能给予人的地位、待遇等方面的较为稳定的保障。

当然,为了找到理想的职业,充分实现自己的人生价值,在就业的过程中,有必要:(1)明确选择职业的目的;(2)掌握信息、创造机会,如就业政策信息、宏观职业发展信息、横向职业动态信息、人才需求信息、职业咨询信息、职业参考消息;(3)培养主动型人格。顺应时代、利于生存的现代人格,应该是具有竞争意识、自立意识、自主意识的主动性人格。

三、职业生涯选择的决策过程

职业生涯选择是从社会上众多的工作岗位中挑选其一的过程。这种过程既是一种筛选掉其他不适当的工作的过程,也是将自己从无业者身份转化为某职业从业人员身份的过程。因而,职业生涯选择是一种决策。

在现实生活中,人们面临着诸多职业却往往感到找不到符合自己理想的职业;有时人们面对一些高等级职业,自己又不具备必要的能力。因此,人们的职业生涯选择也是一个人降低职业意向水平适应社会实际需求的现实化的决策过程。社会学把这一现实化过程称为个人职业理想与社会职业实现的"调和"或"调适"过程。

对于个人而言,可能得到某类职业的概率公式为:

$$J = QCAO$$

式中,J——职业概率;

　　　Q——职业需求量;

　　　C——竞争系数;

　　　A——职业能力水平;

　　　O——其他因素。

这个公式的含义是:

职业概率＝职业需求量×竞争系数×职业能力水平×其他因素。

其中,其他因素 O 包括该类职业机会的时间,地点,家庭对个人的帮助,个人寻求职业的努力,以及社会职业介绍机构的帮助,等等。

由于各类职业需求量(职业岗位数量)、各类职业谋求人数、人们所具备的不同职业的能力水平以及其他因素各不相同,因此对一个人来说,不同的职业可能得到的概率也各不相同。我们可以依据不同职业的期望值(即职业概率)大小,将它们按顺序排列。举例如下:

A 职业(作家)　　　　　　＝0.01

B 职业(大学教师)　　　　＝0.05

C 职业(报社记者)　　　　＝0.05

D 职业(编辑)　　　　　　＝0.10

E 职业(中小学教师)　　　＝0.30

F 职业(秘书)　　　　　　＝0.30

G 职业(银行职员)　　　　＝0.50

H 职业(技术工人)　　　　＝0.70

I 职业(一般工人)　　　　＝1.00

J 职业(服务员)　　　　　＝1.00

一般来说,期望值最小的职业,往往是人们理想中最好的职业;期望值极大的职业,则往往是现实的、较差的职业。因此,人们选择职业时"调和"程度的大小,就体现为在职业期望序列中,所取相应期望值对应的职业。

从社会的角度看,人的职业生涯选择可以分为以下几种类型:(1)标准型。即顺利完成职业准备、职业生涯选择、职业适应期,成功地进入职业稳定期。(2)先确定型。即人们在职业准备期接受方向明确的职业、专业教育,并在准备期确定了自己的职业方向;有时教育培训单位还协助介绍对口的职业。(3)反复型。当一个人选择职业,走上工作岗位后,不能顺利完成职业适应,或者自己的职业期望又提高,都可能导致二次选择,甚至三次、四次选择。[1]

---

①　姚裕群:《市场经济下的就业理论与就业促进》,中国劳动出版社 1996 年版。

第三节　职业生涯选择理论简介

个人如何作出正确的职业生涯选择,因涉及多种复杂因素,因而难以有一个衡量的标准。但是经过职业生涯研究专家们的研究,提供了两个可以运用的职业生涯选择的理论工具,即:(1)个性理论;(2)职业锚理论。

一、个性理论

个性理论认为,对组织和个人都适宜的职业可以通过寻求个性与组织环境的要求之间的最佳配置方式而推测出来。职业满意度、稳定性和实际成就取决于个性与职业特点的匹配程度。因此对从事某种职业的人们所具有的共同特征进行研究,结果表明,人们各自有一组特征可以表明他们从事何种职业最合适,能取得有效成果。如表9-2所示:

表9-2　霍兰德的六种个性类型与适合的职业

个性类型	个性特征	兴趣	相适合的职业
现实主义型	真诚坦率、有攻击性、讲求实利,有坚持性、稳定性、操作性	需要技术力量与协调的活动	体力劳动者、农民、机械操作者、飞行员、司机、木工等
钻研型	好奇、理智、内向、专注、创新,有分析、批判、推理能力	喜欢思考的、抽象的活动(知识科学等)	生物学家、数学家、化学家、海洋地理学家等
艺术型	自我表现欲强,感情丰富、富有想象力、理想主义、爱走极端、易于冲动、善表达	艺术的、自我表现强的、个性强的活动	诗人、画家、小说家、音乐家、剧作家、导演、演员等
社交型	爱好人际交往、富有合作精神、友好、热情、肯帮助人、和善	与人有关的、与感情有关的活动	咨询者、传教士、教师、社会活动家、外交家等
创新型	有雄心壮志、喜欢冒险、乐观、自信、健谈、预测性强、爱好对别人指手画脚	与权力与地位的获得有关的活动,与说服、领导有关的活动	经理、律师、公共部门任职者、政府官员等
传统型	谨慎、守秩序、服从、能自我控制、注意细节、关心小事	与细节和有计划的活动有关的	出纳员、会计、统计员、图书管理员、秘书、邮局职员等

参照这个图表,首先要确定自己的个性类型,可以用自我洞察或者专用测试问卷,然后查阅上表,找适合自己干的职业。

二、职业性格及其自我测验

(一)什么是职业性格

职业性格,一般指个体的性格对职业的适应性。在职业心理学中,性格影响着一个人对职业的适应性,一定的性格适于从事一定的职业;同时,不同的职业对人有不同的性格要求。因此,在考虑或选择职业时,不仅要考虑自己的职业兴趣、职业能力,还要考虑自己的职业性格特点。这样才能给自己良好的职业生涯准备前提条件,以保证个体以积极的心理状态和良好的职业适应性从事职业,并可望获得成功。此外,根据劳动者的职业性格特征来设计职业岗位,将具有不同职业性格的人分配从事不同的职业,可以充分发挥每个人的优势。

（二）职业性格测验

下面的测验根据人的职业性格特点和职业对人的性格要求两方面来划分类型,每一种职业都与其中的几种性格类型相关。请根据自己的实际情况,对下面的问题作出回答。

第一组
(1)喜欢内容经常变化的活动或职业情景。
(2)喜欢参加新颖的活动。
(3)喜欢提出新的活动并付诸行动。
(4)不喜欢预先对活动或职业作出明确而细致的计划。
(5)讨厌需要耐心、细致的职业。
(6)能够很快适应新环境。

第一组总计(　　)

第二组
(1)当注意力集中于一件事时,别的事很难使我分心。
(2)在做事情时,不喜欢受到出乎意料的干扰。
(3)生活有规律,很少违反作息制度。
(4)按照一个设计好的职业模式来做事情。
(5)能够长时间做枯燥、单调的职业。
(6)喜欢做有条件的重复性的事情。

第二组总计(　　)

第三组
(1)喜欢按照别人的指示办事,自己不需要负责任。
(2)在按别人的指示做事时,自己不考虑为什么要做此事,只是完成任务就算完事。
(3)喜欢让别人来检查工作。
(4)在工作上听从指挥,不喜欢自己作出决定。
(5)工作时喜欢别人把任务的要求讲得明确而细致。
(6)喜欢一丝不苟按计划做事,直到得到一个圆满的结果。

第三组总计(　　)

第四组
(1)喜欢对自己的工作独立作出规划。
(2)能处理和安排突然发生的事情。
(3)能对将要发生的事情负起责任。
(4)喜欢在紧急情况下果断作出决定。
(5)善于动脑筋,出主意,想办法。
(6)通常情况下对学习、活动有自信心。

第四组总计(　　)

第五组
(1)喜欢与新朋友相识和一起工作。

（2）喜欢在几乎没有个人秘密的场所工作。

（3）试图忠实于别人且与别人友好。

（4）喜欢与人互通信息，交流思想。

（5）喜欢参加集体活动，努力完成所分给的任务。

第五组总计（　　　）

第六组

（1）理解问题总比别人快。

（2）试图使别人相信你的观点。

（3）善于通过谈话或书信来说服别人。

（4）善于使别人按你的想法来做事情。

（5）试图让一些自信心差的同学振作起来。

（6）试图在一场争论中获胜。

第六组总计（　　　）

第七组

（1）你能做到临危不惧吗？

（2）你能做到临场不慌吗？

（3）你能做到知难而进吗？

（4）你能冷静处理好突然发生的事故吗？

（5）遇到偶然事故可能伤及他人时，你能果断采取措施吗？

（6）你是机智灵活、反应敏捷的人吗？

第七组总计（　　　）

第八组

（1）喜欢表达自己的观点和感情。

（2）做一件事情时，很少考虑它的利弊得失。

（3）喜欢讨论对一部电影或一本书的感情问题。

（4）在陌生场合不感到拘谨和紧张。

（5）相信自己的判断，不喜欢模仿别人。

（6）很喜欢参加学校的各种活动。

第八组总计（　　　）

第九组

（1）工作细致而努力，试图将事情完成得尽善尽美。

（2）对学习和工作抱认真严谨、始终一贯的态度。

（3）喜欢花很长时间集中于一件事情的细小问题。

（4）善于观察事物的细节。

（5）无论填什么表格都非常认真。

（6）做事情力求稳妥，不做无把握的事情。

第九组总计（　　　）

统计和确定你的职业性格类型

根据每组回答"是"的总次数，填入下表：

组	回答"是"的次数	相应的职业性格
第一组	（　　）	变化型
第二组	（　　）	重复型
第三组	（　　）	服从型
第四组	（　　）	独立型
第五组	（　　）	协作型
第六组	（　　）	劝服型
第七组	（　　）	机智型
第八组	（　　）	好表现型
第九组	（　　）	严谨型

选择"是"的次数越多，则相应的职业性格类型越接近你的性格特点；选择"不"的次数越多，则相应性格类型越不符合你的性格特点。

（三）各种职业的性格特点

1. 变化型。这些人在新的和意外的活动情景中感到愉快，喜欢经常变化的工作。他们追求多样化的生活，以及那些能将其注意力从一件事转到另一件事上的工作情景。

2. 重复型。这些人喜欢连续不断地从事同样的工作，他们喜欢按照一个机械的、别人安排好的计划或进度办事，喜欢重复的、有规则的、有标准的职务。

3. 服从型。这些人喜欢按别人的指示办事。他们不愿自己独立作出决策，而喜欢对分配给自己的工作负起责任。

4. 独立型。这些人喜欢计划内自己的活动和指导别人的活动。他们在独立和负有职责的工作中感到愉快，喜欢对将要发生的事情作出决定。

5. 协作型。这些人在与人协同工作时感到愉快，他们想要得到同事们喜欢。

6. 劝服型。这些人喜欢设法使别人同意他们的观点，这一般通过谈话或写作来达到。他们对于别人的反应有较强的判断力，且善于影响他人的态度、观点和判断。

7. 机智型。这些人在紧张和危险的情景下能很好地执行任务，他们在危险的状态下总能自我控制和镇定自如。他们在意外的情景中工作得很出色，当事情出了差错时，他们不易慌乱。

8. 好表现型。这些人喜欢表现自己的爱好和个性的工作环境。

9. 严谨型。这些人喜欢注意细节精确，他们按一套规则和步骤将工作做得完美。他们倾向于严格、努力地工作，以便能看到自己出色地完成的工作效果。

三、职业锚理论

所谓职业锚，是一种指导、制约、稳定和整合个人职业决策的职业自我观。主要包括：(1)自省的才华与能力，以各种作业中的实际成功为基础；(2)自省的动机和需要，以实际情景中的自我测试和自我诊断的机会以及他人的反馈为基础；(3)自省的态度与价值观，以自我与雇佣组织、职业环境的准则、价值观之间的实际碰撞为基础。

职业锚是职业生涯早期个人与职业情景相互作用的产物；职业锚的形成要经历一种搜索过程，可能要经过换好几次职业，才能开发出自己的职业锚，才能找到自己正确的职业轨道。它的功能是：帮助把工作时期感悟到的态度、价值观、能力等分门别类，找到适合自己的工作种类与领域；认识自己的抱负模式，确定自己的工作成功标准；对要求个人发挥作用的工作情况提出标准，找到适合自己的工作通路。

职业锚一旦被认识,就会使人根据下表(见表 9-3)思考:我工作这么多年了,到底我取向于干什么? 我的职业锚类型是什么? 我终生的追求是什么? 现在的工作还能满足我的要求吗? 我最好把我的职业锚抛在哪个职业领域?

职业锚还反映了一个人职业生涯选择时的着重点。例如,一个在政府机关工作五六年的人,又辞职搞研究工作,也许是因为他逐渐认识到自己是自主型职业锚,在地位、高收入和一个自由的生活方式之间的衡量中,后者更为重要。一个经商十余年、东奔西跑、却又考上某大学的研究生,打算搞学术、教书,是因为他认识到自己是稳定安全型职业锚,高收入、刺激性职业和稳定的家庭、工作生活相比,后者更为重要。从我国的情况看,"把技术人才推上去"或者"发展自己的经理"是一条经常被组织选择的职业通路,它常常被证明十分有效,而易把那些具有技术锚、自主锚或稳定锚的人才推入痛苦的深渊。对个人而言,早期形成的职业锚为全部的职业生涯设定了发展的方向,这对个人才能的发挥具有决定性的影响。它对职业绩效的影响也往往超过了一般的岗位技能培训。

表 9-3 职业锚

类型	典型特征	成功标准	主要职业领域	典型职业通路
技术型 (技术取向)	职业生涯选择时,主要注意力是职业的实际技术或职能内容。即使提升,也不愿到全面管理的位置,而只愿在技术职能区提升	在本技术/职能区达到最高管理位置,保持自己的技术优势	工程技术、财务分析、营销、计划、系统分析等	财务分析员→主管会计→财务部主任→公司财务副总裁
管理型 (管理取向)	能在信息不全的情况下,分析解决问题,善于影响、监督、率领、操纵、控制组织成员,能为感情危机所激动,而不是拖垮,善于使用权力	管理越来越多的下级,承担的责任越来越大,独立性越来越大	政府机构、企业组织及其各部门的主要负责人	工人→生产组组长→生产线经理→部门经理→行政副总裁→总裁(总经理)
稳定型 (安全与稳定取向)	依赖组织,怕被解雇,倾向于依组织要求行事,高度的感情安全,没有太大的抱负,考虑退休金	一种稳定、安全、整合良好合理的家庭、职业环境	教师、医生、幕僚、研究人员勤杂人员等	更多的追求职称、助教→讲师→副教授→教授等
创造型 (创新取向)	要求有自主权、管理能力、能施展自己的特殊才能、喜好冒险、力求新的东西,经常转换职业	建立或创造某种东西,它们是完全属于自己的杰作	发明家、冒险性投资者、产品开发人员、企业家等	无典型职业通路,极易变换职业或干脆单挑
自主型 (自由与独立取向)	随心所欲,制订自己的步调、时间表、生活方式与习惯,组织生活是不自由的,侵犯个人的	在职业中得到自由与欢愉,活得舒服	学者、职业研究人员、手工业者、工商个体户	自己领域中发展自己的事业与个人

相关链接

钻石产品(DP)公司[①]

我和钻石产品(DP)公司的最初联系源于公司总裁的一项要求。他要我帮助高层管理班子成为一个更有效率的团体,管理好一个迅速变化中的企业。钻石公司是随着地域的扩展,搞

---

① E.H.施恩:《职业的有效管理》,仇海清译,三联书店 1992 年版。

了些多种经营,接办了一些联营企业成长起来的。

过去10年来,这家公司是按下述假设运作的,即:保证企业总体效益的最佳方法是让下属部门各自为政,尽可能地使每一个部门有自主权。真正要求有职有权的部门经理受命主持部门工作,根据各个部门的实绩对他们进行严格的测量。公司总部刺激和奖励部门间的竞争,尽管有些部门是彼此依赖的。有些部门要为全公司提供原材料,有些制造部门则是所有其他部门离不开的,等等。内部转让价格、共同的营销战略和公司其他方面的全盘活动要在激烈竞争和挫折频生的会议上谈判解决,或者由公司管理部门按法规裁定。

某些情况表明,这种组织形式和总的公司气氛不能形成长期效益:

1. 部门经理之间存在着一种高摩擦。有些人受到挫折一走了之,有些人因本部门未能获利而大动肝火,尽管他们知道没有其他部门的协作自己不可能获利。

2. 以讹传讹的人才信息到处都是。每一个部门都有意识地囤积自己的有效人员,不让他们升到其他部门更恰当的位置上去,常常把人才的质量放到一边去了。

3. 部门管理层面可以看到僵化。例如,发现了中层经理无所作为,但无法把他们换掉。部门总经理拒绝任何人对他应该如何管理本部门提出意见。

4. 使用共同的公司服务,如人事和劳资关系、公共关系、证券、数据处理时你争我吵。各个部门对花很大的代价复制这种服务怨声不断,而不是携起手来改善公司的服务。

5. 部门总经理会议成了徒劳无益、声嘶力竭的比赛或政治协商会。公司管理部门感到,共同的公司利益正在不断地遭到损害。

公司管理部门的一些成员和有些部门总经理承认:(1)企业的性质发生了变化;(2)企业更加复杂了,在诸如劳资关系这样的关键面,环境压力增加了,影响了整个组织,使集中式和共用职位更加重要;(3)一个有效的管理—发展,计划要涉及几个部门。在给定的部门中,高潜力的经理找不到有足够的挑战、成长和生产双丰收的工作;(4)无数关键信息在部门与部门之间的竞争中丧失殆尽。实际上,可以发现,高层管理本身是在自主和竞争的气氛中成长起来的,又培养了这种气氛。它们本身将不得不有所变化,向组织的其他部门发出新的信号。

组织的高层进行的一系列讨论表明,公司的长期成长计划要求开发更多的经理,现行气氛和组织形式正在抵制一项有效的识别和开发这类经理的方案。"管理开发"成了某种主要的组织变革的工具。他们认识到,组织的长期健康和持续成长将在很大程度上取决于是否能开发出一大批不同种类的经理。这种不同类型的经理将要更多地取向合作,少讲些自主权,更多地关心如何在一系列高度相互依赖的组织结构中有效地工作,要比关心具体单位或部门实绩更多地关心公司的全面健康,例如,愿意看到某些部门/单位的最佳人才提升到了其他部门的较高层面的职位上。

为有助于实施这种组织变革,公司决定,首先尝试识别所有部门中的关键管理资源。为了做到这一点,一个高层管理班子不得不着手干一项崭新和有些陌生的任务:描述一名有效经理,提出一套标准,供每一部门识别其高潜力人员。反过来,这种活动要求他们更清晰地思考企业的性质、长期的战略目标、多样化和成长速度。

所有这些仅仅是可能的,因为高层管理现在发现:体现在产品、市场和财务目标方面的一项战略计划和必须制订的人力资源计划两者是联系在一起的。高层管理承认,缺乏某种人力资源,这类资源在组织中数量不多,战略目标就不能实现。此外,高层管理发现,现有的组织结构和气氛实际上正在对如何识别和开发真正的经理起着损害作用,因此,正在危及实现战略目标的可能性。

高层经理召开了一系列的会议。根据对公司未来的更广义的设想,他们首先具体研究了今后需要什么样的经理。我作为一名外来顾问,提供了几点建议:

1.始终记住,基本的公司战略计划和人力资源计划紧紧地相互依赖着。人力资源计划承担的发展活动归根结底是为了公司的基本健康,其次才是为了获得发展的个人。

2.一个经理所作所为的观念模型和他表现出来的某种技能、态度和价值观必须有效地符合某种组织形式。例如,如果各个部门的相互依赖增大了,经理要愿意和能够与其他部门的同事合作共事。

3.团队建设的程序咨询要在高层团体范围内进行。高层团体正试图发挥出与过去不同的作用,他们在如何成为一个有效的团体或如何主持一次有效的会议方面还缺乏经验。就是说,他们要在自己的会议上真正地学会他们认为是未来的经理所必备的某种技能。这些经理本身并不具备这些技能。

这种高层管理团队的建设可以被描述为一种新的适应过程,它可以获取在其内部和外部环境中出现的变化信息。数月之后,这种过程的结果是:(1)部门经理得到了一项明确的指令,他们要根据高层管理制订的一套标准,识别高潜力的管理资源;(2)召开了一系列复审会,部门经理分享了高层管理对其骨干人员的评定。

我参加了这些复审会议。我发现,公司的人和部门经理都要学会如何主持这类会议。除了现成的标准之外,部门经理参加会议还带了一份高潜力人员的名单。它只是按照泛泛而谈的老套路提出来的,不过是一些含糊其辞的叙述,如"始终从事一项有效的工作,经得起有效实绩的复查,态度良好等"。换言之,这种考察是高判断和广义的,缺乏任何具体信息,高层管理对被讨论者不能形成任何印象。可是,组织的文化太强盛了。这个团体中没有一个人认识到这个问题。每一个人都不满意,但没有人能看出问题就在于缺乏被讨论者的相关信息。

从某种意义上来说,真是无巧不成书。有人就一个高潜力的经理提了一个极其简单的问题:"他第一次进入公司是在什么时间?"部门经理答不上来。他打开公文包,拿出被讨论者的人事记录才找到解答。面对一叠材料,我问起了记录中的内容。原来,它是那个人的详细实绩记录,在不同的工作中他实际干了哪些项目,他在这些具体项目中干得怎么样。所有的人立刻发现,这种信息恰恰是他们要从每个人那里了解的。部门经理编译了它,加以整理,作出了极其通用的结论,仅仅报告了这些结论。该团体要了解的是作出结论的实际依据。这样,才能建立起什么样的人从事什么工作的某种共用标准。

另外,这种洞察最终导致了人们重新思考实绩评估系统,决定把实际工作完成的项目和广义评定一道记入评定表中。此外,这些人逐渐意识到,实绩评估如何才能成为一种计划工具,向人力资源计划员提供所需要的信息种类。与此同时,这些人看到了一种难处,如果个人的信息成为计划活动(它要求人事记录中有集中的信息)的一种依据,那么,高度集中的信息会抵消实绩评定的效用,而它是开诚布公地与雇员讨论其工作计划的一种依据。后来,我们更加深入地探讨了这个问题。公司决定,它需要不止一种实绩评定系统——一种用于人力资源计划,另一种用于改善实绩和工作咨询。后来,这样一种双系统被开发出来了。一系列培训实习使它得以坚持下来。

这个高层管理团体逐渐学会了主持有每一个部门的经理参加的有效的复审会,建立了高潜力经理人员的文件。这种过程揭示了两个进一步的情况:(1)如果它的成长速度保持下去的话,该公司未来面临主要经理的短缺;(2)高潜力经理需要参与一项针对性非常强的发展计划,学习在未来的工作中需要掌握的特定技能。这家公司的高层人员和部门经理就此一致认为,在整个公司范围内形成一项开发计划的过程需要工作专长。这种专长是他们目前在组织中还不具备的。人员评估、实绩评定、派人参加外部发展计划等方面的问题涉及复杂的心理和伦理问题。高层管理认为，这方面的问题应该以一种纯粹的职业化方式加以操纵。

为了保证这种职业化的过程能行之有效，围绕为未来经理设立的标准完成一项公司范围的发展计划，公司决定雇用一名专职管理开发主任。他也将受到职业训练，能够应付识别出的心理和伦理问题。例如，该公司决定将评估中心概念（它很早就在较低层面的管理部门中发展起来了）的使用扩大到开发较高层面的经理。但是，什么才算是应该有的自愿，什么人应该看到评定结果等标准，并不明确。这位新的管理开发主任和我一道，开发了可行的程序和标准。一方面，它向公司提供了它所需要的信息种类；另一方面，它刺激了公司所寻求的开发活动，而没有侵犯到个人的隐私，向公司评估中心暴露出既不需要也不应该掌握的数据。

迄今为止，所描述的适应过程把着眼点放在新的活动上。这项活动是特别创造出来的，以保证适当人数，适当种类的经理能符合公司未来的需要。公司高层团体同时认为，"自行其是"的部门之间的竞争气氛最终损害了正试图创立的管理发展计划。这个团体可能还看到了部门之间的竞争是如何导致互不通气、重复服务，甚至是在纯粹相互依赖的领域进行不必要的争斗。

为了直接解决这些问题，高层管理决定设立一个新的执行小组。它将由关键的部门经理、他们的上司和主持生产的行政副总裁组成。这个小组试图建立一整套合作和系统动作的准则，尝试扭转传统的自主和竞争的公司文化。这个小组定期碰头（每周一次），鼓励成员之间进行充分的相互了解，议程将聚焦共同的问题区。

必须承认，这个团体的成功在很大程度上将取决于：(1)行政副总裁的个性；(2)他能建立一种奖酬系统，把合作放在竞争之上，刺激通力合作和解决团体问题。这个团体的成员，包括行政副总裁连续几年参加各个团体动力学培训班，十分清楚自己想做的事情。然而，要明智地洞察一种围绕自主和竞争成长的公司文化的运作仍是一项困难的任务。一道工作两年之后，这个小组仍在为更多的合作而斗争。他们的工作在某些方面取得了成功，另一些方面则不是那么回事。随着部门经理之间的了解程度和信任感的增加，合作成了他们共事的一种更自然的方式。这个团体对管理开发的共同承诺是一种走向合作的持续力量。他们感到，这项任务显然要求相互依赖。这项活动中最重要的是，这个团体认识到，为别人的发展制订计划，还必须为自身的发展制订某种计划。这样，才能为正在被开发的未来经理建立一种适当的组织结构和气氛。构成这种洞察的基本假设是，组织的全面健康和效益始终取决于该团体把战略计划与人力资源计划相连接，对付一种迅速变化中的内部和外部环境的能力。

这个小组的存在，它的新的运作方式不仅改善了运作，而且改进了经营计划。产品和营销决策过程经过了更加细致周密的思考，一系列关键的改组在较低层面上出现了，在某些情况下，形成了跨部门团体或矩阵结构，它们容纳了公用资源，彼此高度依赖。

案例分析

钻石产品公司在这方面处于中流水平。它经历了一系列显著的变化，改善了总体"健康"，但还有很多事情要做。这种实例最好不过地说明了下列因素之间存在着相互作用：(1)企业战略计划（继续成长和多样化的决策）；(2)人力资源计划（承认缺少适当种类的经理是对未来成长的主要约束）；(3)人力资源开发活动（设立一项识别高潜力经理的计划；建立一个跨部门班子，促进跨部门的发展流动；实绩评定系统的再设计；雇用一名专职管理开发主任）；(4)作业决策（建立新的作业团体，尝试开创一种新的公司气氛和奖酬系统，重建组织的某些部门，使其更多地成为跨部门单元)。要识别企业/组织问题出现在哪里,人力资源问题始于何处,进行综合医治,钻石产品公司才能更有效地向前发展。

复习思考题

1.什么是职业生涯管理?组织做好职业生涯管理有哪些重要意义?

2.个人如何进行职业生涯规划?需要采取哪些步骤?

3.组织进行员工职业生涯管理时,需要遵循哪些原则?

4.员工的职业生涯早期有什么特点?面临哪些问题?组织应该采取哪些对策?

开放式讨论案例

(一)案例背景

美国电话电报公司成立了一个名为公司员工职业生涯系统部的部门。它由15人组成,专门负责员工职业生涯开发工作。它是面向整个公司的内部咨询单位。这一部门发现了若干驱动美国电话电报公司员工职业生涯开发的因素:1.管理层担心公司规模的缩小会影响员工的士气;2.人们认为缺乏对员工职业生涯开发的机遇或关注;3.重点人才和中层管理人员的流失;4.新旧人员的接替规划过程,员工职业生涯开发在其中起着核心作用。

第一个步骤是需求分析,它在员工职业生涯开发顾问委员会的协助下进行。这一组织由来自各个业务单位的中层人力资源管理人员组成,该组织下设不同的专题小组,其中之一负责开发一套员工个人职业生涯参考指南。

由于公司的关心,越来越多的员工已经拟出自己的职业生涯发展计划。当员工制订出个人的职业生涯计划后,80%的人会参加员工与主管的对话,82%的人会按制订出的个人职业生涯计划行动。

员工职业生涯开发计划的设计原则是做没有一张三条腿的凳子,员工、领导者和公司各担负一个基本角色。公司的原则非常明确,个人应该为自己的前途负责,然而领导者和公司需要给予这一过程以不懈的支持,要"言而有信"。在从原有的家长式统治向员工要对自己负责过渡的企业文化转型过程中,人们通过人力资源规划与开发运作程序的过程和主管培训的推广,大幅度地提高了公司和领导者的参与程度。员工们认识到了自己的责任,认识到这是对自己大有好处的事情。另外,人们也广泛意识到事业发展的重要性,承认传统的升职不再是衡量问题的尺度。

美国电话电报公司的员工职业生涯开发系统获得了极大的成功,人们对个人职业生涯计划的满意程度一直在稳定提高。美国电话电报公司员工的职业生涯开发系统多次帮助企业渡过难关,也帮助员工获得了自己职业的成功。

(二)讨论题

1.美国电话电报公司的职业生涯开发工作是基于哪些因素的考虑?请结合你个人的经历,谈谈职业生涯开发工作对企业的重要性。

2.你认为职业生涯开发的"三条腿原则"有何优缺点?在员工、领导者和公司三条腿中,你认为哪一个角色是起决定性作用的?

3.你能为自己的职业发展生涯提出一个设计方案吗?你认为自己的哪一个特点适合你的职业发展方向?

角色模拟练习：怎样在组织中生存和发展自己

通过对本章主要内容的学习，你应该对职业生涯发展管理理论、影响职业发展决策的因素、职业生涯设计与开发等有了更为清晰的认知。在任何一个组织中，每个人都想知道他们应如何适应组织的未来需要，并通过个人的努力与贡献在组织中获得更好的发展。在这个练习中，参与者要根据对职业生涯发展管理的了解，详细描述一下影响组织成员职业成功的因素有哪些，以及怎样开发潜力与规划职业生涯，在组织发展壮大的同时获得个人的发展和职业成功。

惠维集团核心子公司之一——维盛股份有限公司下属盛高工厂的人事室主任——刘铭威这天心情很好，觉得真是一个值得纪念的日子，因为他已经被告知，他将从现在的职位提升为维盛股份有限公司的人力资源部副经理。他不由得想起过去的职业经历：

10年前，从某大学1992届企业管理系本科毕业的刘铭威进入盛高工厂。最开始他是一车间三班某一工序的操作员；由于他在工作中能吃苦、勤学习，不久就熟练掌握了整个车间的生产工艺，工人们很快接受了这个当时车间里唯一的一位大学生；6个月后，车间的质检员休产假，车间主任路徽就让他兼做质检；1年试用期满，路徽让他负责车间生产一线的人员调度等现场管理工作。工作满3年时，路徽升任盛高工厂的副厂长，就推荐刘铭威接替他担任车间主任，并得到维盛股份有限公司的批准。

刘铭威及其身边的同事朋友都觉得他的职业生涯已经上了一个大台阶。但是刘铭威并不满足，因为他在大学期间成绩优秀，担任过副班长、社团负责人等职，为人处世都比较到位，深受同学和老师的喜爱，毕业时综合素质测评列班级前5名，获得"优秀毕业生"的荣誉称号。他还清楚地记得学校学生工作部方宏部长在他毕业辞行时拍着他的肩膀对他说的话："铭威，好好干，我相信你不但是一位优秀大学毕业生，更是一个可以沿着台阶一直向上走的优秀企业管理者。"

刘铭威反思工作后的3年，觉得自己想从事人力资源管理工作，但是由于大学期间没有学过人力资源管理方面的课程，而且这几年一直从事生产管理工作，所以他决定在职攻读MBA。就这样，刘铭威不但要加班加点完成工作，还经常熬夜读书。经过1年多紧张的复习，他参加了1997年1月的全国MBA联考，并顺利通过笔试和4月份的面试，于当年9月成为本市某大学1997级MBA分散班学员。1998年初，维盛股份有限公司任命刘铭威担任盛高工厂厂长助理。工厂的员工们都认为，刘铭威2000年拿到MBA学位后，肯定可以继任当年退休的老厂长路徽的位置。

1998年12月，维盛股份有限公司人力资源部经理桑士健专程就公司目前有意调刘铭威到异地的波高工厂任厂长的意图来到盛高工厂与刘铭威单独面谈；然而，刘铭威却直接告诉他，自己希望在有机会的时候从事人力资源管理工作，选择的硕士学位毕业论文题目是《股份有限公司激励制度设计研究》，这让桑士健很惊讶，不过刘铭威最终说服了桑士健。1999年2月，盛高工厂的人事室主任周广明跳槽到本市一家公司担任人力资源部经理，桑士健报请公司总经理李家天批准后组织内部员工竞聘这一空缺职位，刘铭威在这次竞聘中表现出色，受到包括李家天、桑士健、路徽、外聘招聘专家彭鸿、外聘职业规划顾问冯远望等在内的评委会的一致好评，最终如愿以偿。

所有参与者按照6人/组分组，分别扮演刘铭威、李家天、桑士健、路徽以及彭鸿、冯远望。

首先,各小组扮演刘铭威的组员根据上述信息,分别画出刘铭威从业10年的职业发展路径,并明确地标出若干个发展阶段;还要从中找出这10年决定刘铭威在组织中获得很好的发展的主客观原因,尤其是指出那些决定刘铭威升迁、职业转型成功的因素;时间控制在15分钟以内。然后,各小组扮演李家天、桑士健、路徽以及彭鸿、冯远望的组员分别从所扮演角色的角度出发,陈述对刘铭威职业定位及其职业转型的看法,特别是该转型成功的原因、失败的可能后果及其对策;时间控制在10分钟以内。再后,各小组成员分别从自己所扮演的角色出发,集体讨论今后若干年刘铭威应该努力的方向,并指出组织里的哪些因素将直接有力地影响刘铭威未来的职业发展,哪些因素将间接地对刘铭威未来的晋升产生积极的或消极的作用;时间控制在15分钟以内。

接着,各小组派出1位代表将小组成员对以上问题的讨论结果向所有参与者口头报告;时间控制在5分钟/人。之后,所有参与者对各小组代表的口头报告进行补充与完善;每位自由陈述者的时间应控制在3分钟以内。

最后,各小组参考集体讨论结果与其他参与者的补充看法,向指导者提交针对刘铭威职业生涯管理的书面分析报告。

本练习的结果是较为全面地描述一位大学毕业生怎样从车间的生产一线工人逐步上升至人力资源中层管理职位,还进一步指出决定其转向组织的最高管理层职位的重要因素、次最重要因素。这无疑会对所有参与者自身职业生涯的管理有所助益;更重要的是,还清楚地展现了组织留住优秀人才的关键——为中高级人力资源提供广阔的职业发展空间。

测试题

案例面对面

第十章　劳动关系管理

学习目标

学完本章之后,你应该能够:

1.理解劳动关系的一般含义及特征;

2.理解劳动法律关系的含义及其构成要素;

3.掌握劳动合同的订立、履行、变更、解除与终止;

4.掌握我国劳动争议的处理机制。

［导入案例］

兴隆机械有限公司的困扰

章丘是我国的"铁匠之乡",机械制造业是经济发展的支柱产业。尤其是塔机、精密铸锻产业,已经形成了"龙头企业—配套企业—产业集群"的链条式发展,主要生产汽车配件、石化配件、农机配件、机床配件四大系列近千余个品种,并远销美国、日本等10多个国家和地区。

章丘市兴隆机械有限公司(以下简称兴隆公司)就是当地一家龙头企业。公司成立于1990年,是专业生产鼓风机的厂家,集设计、研制、生产于一体。公司拥有先进的数控加工设备和检测手段,拥有大批高素质的专家及生产技术人员,具有强大的技术开发能力与完善的质量监控体系,并建立了完善的销售和售后服务体系。

经过十几年的发展,兴隆公司不断壮大。目前,正处于快速扩张时期。但兴隆公司是从一个占地面积不到100平方米、职工不到10人的小型加工厂发展起来的。一直以来,公司的管理都不太规范,尤其是在劳动合同管理方面非常混乱。

为了规范市场经济秩序、促进和谐劳动关系的建立,全国人大通过了《劳动合同法》,于2008年1月1日正式实施。随着《劳动合同法》正式实施,社会对劳动关系的关注大大增加。在这样的背景下,兴隆公司在劳动合同管理方面的不少问题也暴露出来,因此官司不断。

讨论与思考题:

1.什么是劳动合同?结合社会各界对《劳动合同法》的不同看法,分析我国《劳动合同法》出台的作用和影响。

2.什么是劳动合同管理?企业如何搞好劳动合同管理?

3.你认为兴隆公司在劳动合同管理方面应该具有什么样的指导思想?

第一节　劳动关系管理概述

一、劳动关系的一般概念及特征

劳动关系就是指劳动者与用人单位之间以实现劳动过程为目的,一方提供劳动力,另一方使劳动力与其生产资料结合并提供报酬而形成的社会关系。

劳动关系包括劳动者与用人单位之间存在的方方面面的关系,如工作时间、休息时间、劳动报酬、劳动安全卫生、劳动纪律与奖惩、社会保险、职业培训等。从劳动关系本身分析,它具有如下基本特性。

(一)劳动关系是一种劳动力与生产资料的结合关系

因为从劳动关系的主体上说,当事人一方固定为劳动力所有者和支出者,称为劳动者;另一方固定为生产资料所有者和劳动力使用者,称用人单位(或雇主)。劳动关系的本质是强调劳动者将其所有的劳动力与用人单位的生产资料相结合。这种结合关系从用人单位的角度观察就是对劳动力的使用,将劳动者提供的劳动力作为一种生产要素纳入其生产过程。在劳动关系中,劳动力始终作为一种生产要素而存在,而非产品。这是劳动关系区别于劳务关系的本质特征,后者劳动者所有的劳动力往往是作为一种劳务产品而输出,体现的是一种买卖关系或者加工承揽关系等。

(二)劳动关系是一种具有显著从属性的劳动组织关系

劳动关系一旦形成,劳动关系的一方(劳动者),要成为另一方(所在用人单位)的成员。所以,虽然双方的劳动关系是建立在平等自愿、协商一致的基础上,但劳动关系建立后,双方在职责上则具有了从属关系。用人单位作为劳动力使用者,要安排劳动者在组织内和生产资料结合;而劳动者则要通过运用自身的劳动能力,完成用人单位交给的各项生产任务,并遵守单位内部的规章制度。这种从属性的劳动组织关系具有很强的隶属性质,即成为一种隶属主体间的指挥和服从为特征的管理关系。而劳务关系的当事人双方则是无组织从属性。

(三)劳动关系是人身关系

由于劳动力的存在和支出与劳动者人身不可分离,劳动者向用人单位提供劳动力,实际上就是劳动者将其人身在一定限度内交给用人单位,因而劳动关系就其本质意义上说是一种人身关系。但是,由于劳动者是以让渡劳动力使用权来换取生活资料,用人单位要向劳动者支付工资等物质待遇。就此意义而言,劳动关系同时又是一种以劳动力交易为内容的财产关系。

劳动关系作为最一般的社会关系,广泛存在于世界各国。但是,由于各国社会制度和文化传统等因素各不相同,对劳动关系的称谓也不同,比较常见的称谓有劳资关系、雇佣关系、劳工关系、产业关系等。

二、劳动法律关系及其构成要素

(一)劳动法律关系的含义

劳动关系既是一个人力资源管理领域的概念,也是一个法律概念,具有明确的法律内涵。

劳动关系依据劳动法律法规确立和调整,形成劳动法律关系。

劳动法律关系是指劳动法律规范在调整劳动关系过程中所形成的劳动者与用人单位之间的权利义务关系。

在我国,调整劳动关系的根本法律是《中华人民共和国劳动法》(以下简称《劳动法》)。由于劳动关系涉及的内容非常广泛,除《劳动法》外,调整劳动关系的法律法规还有很多,如《中华人民共和国工会法》《劳动保障监察条例》《中华人民共和国劳动合同法》(以下简称《劳动合同法》)《中华人民共和国安全生产法》《中华人民共和国劳动争议调解仲裁法》(以下称《劳动争议调解仲裁法》)等。

(二)劳动法律关系的构成要素

劳动法律关系和其他的法律关系一样,包括三要素:主体、内容、客体。

1.劳动法律关系的主体。劳动法律关系的主体是指依照《劳动法》享有权利与承担义务的劳动法律关系的参加者。具体而言,劳动法律关系的主体一方是劳动者,即企业、个体经济组织的劳动者,实行企业化管理的事业组织的工作人员,与国家机关、事业组织、社会团体建立劳动关系的劳动者(即工勤人员),以及其他通过劳动合同(包括聘用合同)与国家机关、事业单位、社会团体建立劳动关系的劳动者等;另一方是用人单位,包括企业、事业单位、机关、团体等单位及个体经营单位。

劳动者成为劳动法律关系主体的前提条件是必须具有劳动权利能力和行为能力。所谓劳动权利能力,是劳动法律关系主体依法享有劳动权利和承担劳动义务的资格;行为能力是劳动法律关系主体能以自己的行为依法行使劳动权利和履行劳动义务,使劳动法律关系建立、变更和消灭的资格。依据人的年龄、健康、智力和行为自由等事实要素,法律通常将自然人分为完全劳动行为能力人、限制劳动行为能力人和无劳动行为能力人。完全劳动行为能力人是指身体健康、有完全行为自由、18周岁以上的男性劳动者。限制劳动行为能力人同样依据前述四个要素划分,之所以限制劳动行为能力是为保护特定群体的特殊利益或社会公共利益的目的而不是歧视,更不是违反劳动平等的原则。限制劳动行为能力人主要包括:16—18周岁的未成年人(禁止从事特别繁重的体力劳动的工种、岗位的工作等);女性劳动者(女职工禁忌劳动的工种或岗位被视为无劳动行为能力;在特定的生理时期,不得安排从事某些特定的生产作业);具有一定劳动能力的残疾人(只能从事与其劳动能力相适应的职业);某些特定的疾病患者(不得从事特定的职业或岗位、工种的工作);部分被依法限制行为自由的人(因违反某些特定规则,被依法限制执业资格的人等)。无劳动行为能力人主要是指16周岁以下的未成年人(经过相关机关批准,文娱、体育和特种工艺单位可以招用的未成年人除外),以及完全丧失劳动能力的残疾人等。

各类用人单位包括企业、个体经济组织、国家机关、事业组织和社会团体成为劳动法律关系主体的前提条件是必须具备用工权利能力和用工行为能力。所谓用工权利能力,是指用人单位依法享有用工权利和承担用工义务的资格;所谓用工行为能力,是指用人单位依法能以自己的行为行使用工权利和承担用工义务的资格。包括能够提供给劳动者进行劳动的物质、技术和组织条件,其他符合国家法定最低标准以上的劳动安全卫生条件,支付劳动报酬,缴纳社会保险并能承担相应的民事责任。用人单位作为劳动法律关系的主体资格一般依存于它的民事主体资格,即必须有自己的名称、住所、财产和组织机构。用人单位的用工权利能力和行为能力通常依据一定的法律程序由其职能部门代理行使。

2.劳动法律关系的内容。劳动法律关系的内容是指劳动法律关系双方依法享有的权利和承担的义务,它是劳动法律关系的基本要素与基础,是劳动法律关系的核心和实质。根据我国《劳动法》的规定,劳动者享受的劳动权利和承担的义务如下。

(1)劳动者的基本权利:①平等就业和选择职业的权利;②取得劳动报酬的权利;③休息休假的权利;④获得劳动安全卫生保护的权利;⑤接受职业技能培训的权利;⑥享受社会保险和福利的权利;⑦提请劳动争议处理的权利;⑧享有法律法规规定的其他权利,包括组织和参加工会的权利,参加职工民主管理的权利,参加劳动竞赛、提合理化建议的权利,对违反劳动法律、法规行为进行监督的权利等。

(2)劳动者应当履行的义务:①完成劳动任务;②提高职业技能;③执行劳动安全卫生规程;④遵守劳动纪律和职业道德;⑤履行法律、法规规定的其他义务。

对于用人单位的权利和义务,在《劳动法》中并没有系统明确地提出来。不过,根据劳动法律关系主体的权利和义务所具有的统一性和对应性,劳动者依法享有的权利,就是用人单位对劳动者应尽的义务;劳动者应当承担的义务,也就是用人单位享有的权利。

3.劳动法律关系的客体。劳动法律关系的客体,是指劳动法律关系双方的权利与义务共同指向的对象。劳动法律关系的客体一般表现为一定的行为和财物。

行为包括劳动行为和其他行为。劳动法律关系主体的权利和义务要通过一定的行为来体现,即要求劳动者有完成用人单位交付的工作任务的行为,用人单位有对全部劳动过程实行管理的行为。财物是指劳动法律关系中直接体现双方当事人物质利益的实物与货币,如劳动报酬、劳动保护、社会保险及福利待遇等。劳动法律关系主体的权利和义务要通过一定的财物来体现,即通过做出一定的行为,获得一定的物质回报来体现。

目前我国保护劳动法律关系的法律有1994年颁布的《劳动法》和2008年开始实施的《劳动合同法》,两者现行有效,并行实施,并且后者对劳动者权利的保护更细致,另外,如果两者有冲突,以《劳动合同法》为准。

三、事实劳动关系

(一)事实劳动关系的概念

事实劳动关系就是用人单位与劳动者虽然没有订立书面劳动合同,但双方实际享有了劳动法所规定的劳动权利与履行了义务而形成的劳动关系。

事实上的劳动关系与其他劳动关系相比,仅仅是欠缺了书面合同这一形式要件,但并不影响劳动关系的成立。主要表现为双方未签订劳动合同、劳动合同无效,以及双重劳动关系而形成的事实劳动关系。事实劳动关系的提出源于劳动关系的特殊性。从法理上讲,劳动者的劳动一经付出,就不能收回。即使劳动关系无效,也不能像一般合同无效那样以双方相互返还、恢复到劳动合同订立前的状态来处理,否则有失公平。因此,只能适用事实劳动关系的理论来处理当前大量存在的事实劳动关系问题。

1.关于双方未签订劳动合同而形成的事实劳动关系。在司法实践中有两种情形:一是自始未订立书面合同;二是原劳动合同期满未以书面形式续订劳动合同,劳动者仍在原用人单位工作。对于自始未订立书面合同而形成的事实劳动关系,国家相关法律法规并未否定其效力,而是作为受法律保护的劳动关系对待。对于原劳动合同期满未以书面形式续订劳动合同,劳动者仍在原用人单位工作的情形,最高人民法院《关于审理劳动争议案件适用法律若干问题的解释》第十六条已有明确规定:劳动合同期满后,劳动者仍在原用人单位工作,原用人单位未表示异议的,视为双方同意以原条件继续履行劳动合同。一方提出终止劳动关系的,人民法院应当支持。根据《劳动法》第二十条之规定,用人单位应当与劳动者签订无固定期限劳动合同而未签订的,人民法院可以视为双方之间存在无固定期限劳动合同关系,并以原劳动合同确定双方的权利义务关系。另外,《劳动合同法》第十四条规定,用人单位自用工之日起满一年不与劳动者订立书面劳动合同的,视为用人单位与劳动者已订立无固定期限劳动合同。

2.关于劳动合同无效而形成事实劳动关系。无效劳动合同是指所订立的劳动合同不符合法定条件,不能发生当事人预期法律后果的合同。《劳动法》第18条对劳动合同无效作出明确规定,主体不合格、内容违法、采取欺诈、威胁等手段订立合同均可以导致劳动合同无效。按《劳动法》的规定,无效的劳动合同自始无效,但是,劳动合同无效不能适用《合同法》的原理,劳动力一经付出则无法恢复到合同订立前的状态。所以,对因劳动合同无效而发生的劳动关系,应当视为一种事实劳动关系。

3.关于双重劳动关系所形成的事实劳动关系。简而言之,双重劳动关系是劳动者与两个或两个以上用人单位形成的劳动关系。如下岗、待工或停薪留职等保持虚化劳动关系的同时,又到另一单位工作等。另外,对于劳动者被一个单位派往另一单位工作所形成的劳动派遣问题,也应当从双重特殊劳动关系角度来认识,将要派和派遣单位视为同一主体处理。在双重劳动关系中,一般都有一个正式挂靠单位,哪怕不提供相关劳动,但可以领取最低工资、享受社会保险待遇。而对于双重劳动关系来说,如果第二个劳动关系纠纷诉至法院,一般会被认定为劳务关系而不作为劳动关系来处理,也就是说,劳动者只能要求劳动报酬的给付而不能要求其他按照《劳动法》所能享有的权益。

通常来说,不承认双重劳动关系的理由主要基于以下几点:一是根据传统劳动法理论,一般认为每个职工只能与一个单位建立劳动法律关系,而不能同时建立多个劳动法律关系;二是根据《劳动法》第九十九条关于"用人单位招用尚未解除劳动合同的劳动者,对原用人单位造成经济损失的,该用人单位应当依法承担连带赔偿责任"的规定,推导出法律禁止劳动者与多个用人单位建立劳动关系;三是认为如果承认双重劳动关系,必然导致社会保险关系的混乱,从而引起不利的后果。

如何认定双重劳动关系的性质,本书认为,不能简单地将第二种劳动关系归为劳务关系。因为从性质上看,它是一种劳动关系,一方面,它具备了劳动关系的基本要素,即是劳动者与用人单位之间的劳动力使用关系;另一方面,符合劳动关系的基本特点,即是一种从属性的劳动,用人单位与劳动者存在管理与被管理的关系,而且往往还订立了书面的劳动合同。至于上面的三点理由并不足以成立:首先,上述传统劳动法的理论是在计划经济体制下建立的,是对劳动力有计划管理的需要。市场经济条件下,劳动力管理的市场化和劳动用工制度的多样化,必然要求劳动者以一种灵活的方式就业,一个劳动者多种劳动关系的并存是不可避免的,只要法律没有禁止,或劳动关系的当事人没有特别约定都应当是允许的;其次,《劳动法》第九十九条对法律责任的一种规定,用人单位招用尚未解除劳动合同的劳动者需承担法律责任,除了劳动者未解除与上一个单位的劳动合同外,还需对原用人单位造成经济损失,而如果单位同意劳动者再到另一个单位工作或者兼职,或者劳动者并未对用人单位的利益造成影响,都应当认为是允许的;最后,双重劳动关系所引起的社会保险费的缴纳问题,可通过社会保险的技术手段来解决,如果是几个用人单位共同支付劳动者的社会保险费,既减轻了用人单位的负担,又有利于保护劳动者。简单地将第二种劳动关系归为劳务关系,不作为劳动关系对待,显然对于劳动者的保护是不利的,尤其当出现工伤事故时,受伤害的劳动者就不能获得《劳动法》的保护。因此,在目前尚无法律规定之前,至少将其视为事实劳动关系更为妥当。

根据以上分析,司法实践对于事实劳动关系的原则就是按照劳动关系对待,因此对于事实劳动关系的规范主要从加强劳动者的自我保护意识,使劳动者能够最大限度地维护自己的权利来考虑。

(二)事实劳动关系的认定

鉴于事实劳动关系情况较为复杂,一般具备下列情形的,即使劳动者与用人单位没有签订劳动合同,劳动关系成立。

1.用人单位和劳动者符合法律、法规规定的主体资格。

2.用人单位依法制订的各项劳动规章制度适用于劳动者,劳动者受用人单位的劳动管理,从事用人单位安排的有报酬的劳动。

3.劳动者提供的劳动是用人单位业务的组成部分。当用人单位未与劳动者签订劳动合同,出于保护自身劳动权利的需要,劳动者在劳动过程要注意以下几点:

(1)要能够证明事实劳动关系的存在。比如发生争议之前劳动者就要注意搜集原先的劳动合同、工资单、考勤卡、工作证、出入证、开会通知、报销单据等,以证明劳动者确实跟用人单位之间存在劳动关系。

(2)取得用人单位故意拖延不续订劳动合同的证据。比如劳动者要求单位尽快签订劳动合同的谈话记录、证人证言、单位要劳动者填的有关表格、单位借口拖延续订的证明等。

(3)取得用人单位单方面终止劳动关系的证据。比如单位的书面解除劳动关系通知、谈话记录、证人证言、公司发文等。

(4)劳动者应运用手中的权利,对用人单位的上述行为向劳动监察部门提起举报、投诉,并要求劳动监察部门责令用人单位改正,或处以罚款。这个程序的好处在于劳动者不直接跟用人单位发生冲突,避免了用人单位的报复;行政执法时间较短,效率较快;如果劳动监察部门不去查处,劳动者则可以就其行政不作为提起行政诉讼,这样,劳动监察部门为避免败诉,就会全力以赴查处违法的用人单位的违法行为。

四、劳动关系管理的意义

劳动关系在企业管理中具有关键的作用,是人力资源管理的一项重要职能。管理者深刻地理解劳动关系并能够正确地处理这方面的问题,可以获得以下几个好处。

第一,企业只有处理好劳动关系,才能够实现其基本的使命、目标,完成其社会责任中必不可少的一部分。

第二,能提高企业的赢利能力。罢工、劳动生产率低、关键员工离职、员工破坏或拿走企业的财物等都是对企业赢利优势的明显破坏;而这些问题的避免有赖于良好地处理劳动关系。

第三,能够帮助避免纠纷。建立并保持良好的劳动关系,可以使员工在一个心情愉快的环境中工作,即使出现一些问题也能够较好地解决,避免事态扩大。

第四,有助于处理日常管理中的很多问题。在很多发达国家,法律要求企业对员工的工作成绩必须有客观的考察和记录;否则,在处理劳动纠纷时企业一定处在不利的地位。了解了这一点,管理者就可以在日常工作中养成记录员工细节、客观标准等习惯。这样不仅促进了劳动关系的管理,也有助于绩效评价和反馈工作。

第二节　劳动合同管理

一、劳动合同的概念及特征

劳动合同也称劳动契约或劳动协议。我国《劳动法》第十六条对劳动合同概念作了表述，即劳动合同是"用人单位与劳动者确定劳动关系，明确双方权利义务的协议"。

《中华人民共和国劳动合同法》规定：劳动者与用人单位建立劳动关系应当签订劳动合同。根据《中华人民共和国劳动法》《中华人民共和国私营企业暂行条例》《城乡个体工商户管理暂行条例》《中华人民共和国乡村集体所有制企业条例》等有关法律、法规规定，实行劳动合同制的范围包括全民所有制单位；县、区以上集体所有制单位；私营企业和请帮手带学徒的个体工商户；乡（镇）、村集体企业。

劳动合同是劳动关系建立、变更和终止的一种法律形式。劳动合同的特征主要体现在以下几个方面。

1. 劳动合同的主体是特定的。劳动合同是在特定的两个主体之间订立的，一方是劳动力的所有者、让渡者；另一方是劳动力的使用者。在我国《劳动法》中，前者称为"劳动者"，后者称为"用人单位"。而在民事合同中，只要是两个平等的民事主体均可成为合同的当事人。

2. 劳动合同主体之间的关系具有从属性。虽然在建立劳动关系时，劳动合同主体之间的关系是平等的，但当双方订立了劳动合同并建立劳动关系之后，劳动者成为用人单位成员，双方即形成隶属关系，主体之间的关系具有从属性的特点。

3. 劳动合同的目的在于劳动过程的完成，而不是劳动成果的实现。建立劳动合同，是为了确立劳动关系，实现一定的劳动过程，劳动过程相当复杂，并不是所有的劳动都能直接创造出劳动成果。劳动合同作为确立劳动关系的凭证，它只要求劳动过程的实现，只要求劳动者按照用人单位的要求从事劳动，即有权获得并享有相应的权利。

4. 劳动合同具有双务、有偿、诺成的特性。双务性表现为：劳动合同主体双方都负有义务，即劳动者有完成工作任务，并遵守所在单位的内部劳动规则和其他规章制度的义务；用人单位有支付劳动报酬、提供安全卫生的劳动条件和社会保险、福利待遇及其他保护性条件等义务。

有偿性表现为：劳动合同主体双方履行义务都有特定的物质性回报，即劳动者以提供劳动为条件获得工资收入和其他待遇；用人单位则以支付工资报酬等为条件获取对劳动力资源的利用，从而获得相应的劳动成果。

诺成性表现为：劳动合同只需主体双方意思表示一致即可成立，除法律对某些劳动合同有特殊要求外，不需要有实际的行为要件。

5. 劳动合同往往涉及第二人的物质利益关系。由于劳动力本身再生产的特点，劳动者因享有社会保险和福利待遇的权利而附带产生了劳动者的直系亲属依法享有一定的物质帮助权。如若劳动者因生育、年老、患病、工伤、残废、死亡等原因，部分或全部、暂时或永久地丧失劳动能力时，用人单位不仅要对劳动者本人给予一定的物质帮助，而且对劳动者所供养的直系亲属也要给予一定的物质帮助。

二、劳动合同的种类

按照不同的标准,劳动合同可以进行不同的分类。在我国的《劳动法》与《劳动合同法》中,按照劳动合同期限的不同,将劳动合同分为固定期限劳动合同、无固定期限劳动合同和以完成一定工作任务为期限的劳动合同。

(一)固定期限的劳动合同

固定期限的劳动合同是指企业等用人单位与劳动者订立的有一定期限(双方约定了合同终止的时间)的劳动合同。合同期限届满,双方当事人的劳动法律关系即行终止。如果双方同意,还可以续订合同,延长期限。

(二)无固定期限的劳动合同

无固定期限的劳动合同是指企业等用人单位与劳动者订立的没有期限规定(双方约定无确定终止时间)的劳动合同。为了充分保护劳动者的合法权益,无固定期限劳动合同的签订,一方面,可以由双方当事人协商选择;另一方面,在一定条件下则成为用人单位的一项法定义务。我国《劳动合同法》规定,劳动者在该用人单位连续工作满十年的;用人单位初次实行劳动合同制度或者国有企业改制重新订立劳动合同时,劳动者在该用人单位连续工作满十年且距法定退休年龄不足十年的;连续订立二次固定期限劳动合同,且劳动者没有《劳动合同法》第三十九条和第四十条第一项、第二项规定的情形,续订劳动合同的;劳动者提出或者同意续订、订立劳动合同的,应当订立无固定期限劳动合同(除劳动者提出订立固定期限劳动合同外)。

另外,《劳动合同法》还规定,用人单位自用工之日起满一年不与劳动者订立书面劳动合同的,视为用人单位与劳动者已订立无固定期限劳动合同。

(三)以完成一定工作任务为期限的劳动合同

以一定工作任务为期限的劳动合同是指用人单位与劳动者约定以某项工作的完成为合同期限的劳动合同。当约定的工作或工程完成后,合同即自行终止。

相关链接

华为公司为什么出现"集体辞职"事件

万名华为员工被要求在 2008 年元旦前主动辞职。深圳华为技术有限公司对这些工作满8 年的员工提出以上要求,他们辞职后可再与华为公司签订 1—3 年的劳动合同。由于华为是著名的标杆企业,因此,这一事件经媒体报道后,在社会上马上引起轰动。对此,更多业内人士担心的是,华为的这种做法,将很可能让更多企业效仿。

据了解,华为的这一非常举动,主要是为了应对即将于 2008 年 1 月 1 日正式实施的《劳动合同法》。该法规定:劳动者在满足"已在用人单位连续工作满 10 年"的条件后,可以与用人单位订立"无固定期限劳动合同",成为永久员工。华为此举主要是为了避免与部分员工签订无固定期限的劳动合同。据介绍,《劳动合同法》对企业的用工制度从法律的高度加以规范,确实为中国企业未来的劳动用工与工资总额增加了不少"限制"。华为采取这种做法,不外乎就是因为《劳动合同法》规定在"劳动者在该用人单位初次实行劳动合同制度或者国有企业改制重新订立劳动合同时,劳动者在该用人单位连续工作满 10 年且距法定退休年龄不足 10 年的"这一情形下,"用人单位与劳动者协商一致,可以订立无固定期限劳动合同"。因此,华为这一做法,很可能是为了避免与工作了近 10 年的员工签订无固定期限劳动合同。

对于该法律,有很多企业担心,用工成本会因此提高,削弱产品的竞争力;也有一些地方政府担心,执行新《劳动合同法》会对地方招商引资造成打击,失去原有的"低成本"优势;还有人担心,我国劳动力严重供过于求,提高了用人成本可能减少就业,反倒不利于劳动者。

那么,新《劳动合同法》对于企业来说究竟是祸还是福呢? 请大家思考。

三、劳动合同的内容

劳动合同的内容是指在合同中需要明确规定的当事人双方权利和义务及合同必须明确的其他问题。劳动合同的内容是劳动关系的实质,也是劳动合同成立和发生法律效力的核心问题。根据《劳动合同法》第十七条规定,劳动合同的内容分为必备条款和约定条款两部分。

(一)必备条款

劳动合同的必备条款是指法律规定的劳动合同必须具备的内容。在法律规定了必备条款的情况下,如果劳动合同缺少此类条款,劳动合同就不能成立。《劳动合同法》第十七条对必备条款做了如下规定。

1.用人单位的名称、住所和法定代表人或者主要负责人。这是作为劳动关系主体之一的用人单位的基本情况,应当在劳动合同中明确。

2.劳动者的姓名、住址和居民身份证或者其他有效身份证件号码。这是作为劳动关系主体之一的劳动者的基本情况,应当在劳动合同中明确。

3.劳动合同期限。劳动合同期限是双方当事人相互享有权利、履行义务的时间界限,即劳动合同的有效期限。主要分为有固定期限、无固定期限和以完成一定工作任务为期限三种。

4.工作内容和工作地点。工作内容是劳动法律关系所指向的对象,即劳动者具体从事什么种类或什么内容的劳动。劳动合同中的工作内容条款是劳动合同的核心条款之一。劳动合同的工作内容条款应明确、具体,便于遵照执行。

工作地点,即劳动合同的履行地。它是劳动者从事劳动合同中所规定的工作内容的地点,它关系到劳动者的工作环境、生活环境,以及劳动者的就业选择,劳动者有权在与用人单位建立劳动关系时知悉自己的工作地点,因此这也是劳动合同中必不可少的内容。

5.工作时间和休息休假。工作时间又称劳动时间,是指劳动者在用人单位中,必须用来完成其所担负的工作任务的时间。工作时间一般包括工作时间的长短、工作时间方式的确定。

休息休假,是指劳动者按规定不需进行工作,而自行支配的时间。休息休假的权利是每个国家的公民都应享受的权利。我国相关法律法规对劳动者的休息休假都有明确的安排与规定。

6.劳动报酬。依法或按约定向劳动者支付报酬,是用人单位的一项基本义务。劳动者的劳动报酬主要以货币的形式实现,其中工资是劳动报酬的基本形式,奖金与津贴也是劳动报酬的组成部分。在劳动合同中要求明确规定工资标准或工资的计算办法,工资的支付方式,奖金、津贴的获得条件及标准。在确定工资条款时要特别注意,工资的约定标准不得低于当地最低工资标准,也不得低于本单位集体合同中规定的最低工资标准。

7.社会保险。社会保险包括养老保险、失业保险、医疗保险、工伤保险、生育保险五项。依法参加社会保险和缴纳社会保险费,是用人单位和劳动者的法定义务,无论用人单位与劳动者是否约定、如何约定,均应依法参加社会保险和缴纳社会保险费。

8.劳动保护、劳动条件和职业危害防护。劳动保护是指用人单位为了防止劳动过程中的安全事故,采取各种措施来保障劳动者的生命安全和健康。劳动条件,主要是指用人单位为使劳动者顺利完成劳动合同约定的工作任务,为劳动者提供必要的物质和技术条件。职业危害是指用人单位的劳动者在职业活动中,因接触职业性有害因素如粉尘、放射性物质和其他有毒、有害物质等而对生命健康所引起的危害。

9.法律、法规规定应当纳入劳动合同的其他事项。《劳动合同法》除了规定上述劳动合同内容的几项必备条款外,还规定双方可以协商约定其他内容。在这里,协商约定的其他内容就是劳动合同的协定条款,协定条款只要不违反法律和行政法规,具有同法定条款同样的约束力。

(二)约定条款

1.试用期条款。试用期是指劳动者与用人单位在订立劳动合同时,双方协商一致约定的考察期。《劳动合同法》规定,劳动合同期限三个月以上不满一年的,试用期不得超过一个月;劳动合同期限一年以上不满三年的,试用期不得超过两个月;三年以上固定期限和无固定期限的劳动合同,试用期不得超过六个月。同一用人单位与同一劳动者只能约定一次试用期。以完成一定工作任务为期限的劳动合同或者劳动合同期限不满三个月的,不得约定试用期。试用期包含在劳动合同期限内。劳动合同仅约定试用期的,试用期不成立,该期限为劳动合同期限。

2.保守商业秘密条款。《劳动合同法》第二十三条规定,用人单位与劳动者可以在劳动合同中约定保守用人单位的商业秘密和与知识产权相关的保密事项。对负有保密义务的劳动者,用人单位可以在劳动合同或者保密协议中与劳动者约定竞业限制条款,并约定在解除或者终止劳动合同后,在竞业限制期限内按月给予劳动者经济补偿。劳动者违反竞业限制约定的,应当按照约定向用人单位支付违约金。

3.培训条款。《劳动合同法》第二十二条规定,用人单位为劳动者提供专项培训费用,对其进行专业技术培训的,可以与该劳动者订立协议,约定服务期。劳动者违反服务期约定的,应当按照约定向用人单位支付违约金。违约金的数额不得超过用人单位提供的培训费用。用人单位要求劳动者支付的违约金不得超过服务期尚未履行部分所应分摊的培训费用。

此外,双方在签订合同中还可根据情况约定其他条款,如补充保险、福利待遇等。

四、劳动合同的订立、履行与变更

(一)劳动合同的订立

1.劳动合同订立的含义及原则。劳动合同的订立是指劳动者和用人单位之间依法就劳动合同条款进行协商,达成协议,从而确立劳动关系和明确相互权利义务的法律行为。《劳动合同法》第三条规定,订立劳动合同,应当遵循合法、公平、平等自愿、协商一致、诚实信用的原则。

2.劳动合同订立的程序。劳动合同的订立程序,是指劳动者和用人单位订立劳动合同时所遵循的步骤或环节。我国法律目前还没有对劳动合同的订立程序作出明确规定,但是根据实践经验和客观需要,订立劳动合同应经过要约与承诺两个基本阶段。

要约是指劳动合同的一方当事人向另一方当事人提出的订立劳动合同的意思表示。它是一种法律行为,对要约人产生一定的法律约束力。要约人在要约有效期内不得随意变更或撤回要约,也不得拒绝受要约人的有效承诺。

承诺是指受要约人对劳动合同的要约内容表示同意和接受，即受要约人对要约人提出的劳动合同的全部内容表示赞同，而不是提出修改，或者部分同意，或者有条件地接受。承诺也是一种法律行为，一般情况下，要约一经承诺，书写成书面合同，经双方当事人签名盖章，合同即告成立。

此外，有些国家行政法规或地方性法规要求备案、鉴证的劳动合同，应当按规定向劳动行政主管部门备案或鉴证，然后劳动合同才发生法律效力。

3.劳动合同订立的形式分为书面形式和口头形式两种。许多国家的法律规定劳动合同必须采取书面形式订立。也有一些市场经济国家劳动立法对劳动合同订立的形式无严格要求，即既承认书面劳动合同，又承认口头劳动合同。我国《劳动法》第十九条对劳动合同订立的形式做了规定："劳动合同应当以书面形式订立。"它意味着我国现行《劳动法》只承认书面劳动合同而排除口头劳动合同。

（二）劳动合同的履行

劳动合同的履行是指劳动合同的双方当事人按照合同约定完成各自义务的行为。当事人在履行劳动合同过程中必须坚持以下三项原则。

1.实际履行原则。劳动合同实际履行原则包括两层含义：一是双方当事人都必须亲自履行合同义务，而不能由第三人代替履行；二是要求劳动者按合同规定的工作岗位和工作任务完成劳动过程，从而使劳动力与生产资料的结合成为最佳状态。

2.全面履行原则。劳动合同全面履行原则是指劳动合同的当事人按照合同规定和要求全面履行合同义务。这一原则要求劳动者一方按照法律与合同规定的时间、地点和方式，保质保量地完成劳动任务；要求用人单位全面按照法律和合同规定，向劳动者提供劳动保护条件、劳动条件及劳动报酬和福利待遇等。

3.合作履行原则。劳动合同合作履行原则要求双方当事人在履行劳动合同过程中相互配合、友好合作，并在遇到困难时相互理解和帮助。集体劳动客观上要求劳动者遵守劳动纪律、服从管理和指挥；同时，用人单位的领导者、管理者也必须关心职工，考虑职工切身利益方面的要求。

（三）劳动合同的变更

劳动合同的变更是指劳动合同双方当事人就已经订立的合同条款进行修改或补充协议的法律行为。一般来讲，劳动合同签订以后，当事人均应信守合同，不得轻易更改，但由于一定的主、客观情况的变化，使原合同继续履行有一定困难时，则允许依法变更劳动合同。引起劳动合同变更的主、客观情况是多方面的：有用人单位方面的原因，如生产转产，生产、工作任务变动，劳动组合变动，劳动定额变动，生产设备及生产工艺更新，市场急剧变化引起严重亏损，或发生重大事故等，均可能引起劳动合同的变更。也有劳动者方面的原因，如因学习掌握了新技术、新技能或因病部分丧失劳动能力要求调整工作岗位或职务，因家庭困难要求变换工作地点等，也能引起劳动合同的变更。还有国家法律、法规修改方面的原因，如工时休假规定、劳动保护规定、最低工资标准规定、社会保险待遇标准规定等发生变化，也会引起劳动合同的变更。

劳动合同的变更同劳动合同的订立一样，是双方当事人的法律行为，提出变更要求的一方，应当提前通知对方，并须取得对方当事人的同意。根据《劳动法》第十七条的规定，当事人变更合同，必须遵循平等自愿、协商一致的原则，不得违反法律、行政法规的规定。

五、劳动合同的解除

劳动合同的解除是指劳动合同订立后,尚未全部履行以前,由于某种原因导致劳动合同一方或双方当事人提前中断劳动关系的法律行为。劳动合同的解除主要有以下几种情形。

(一)双方协商解除

我国《劳动合同法》第三十六条规定:"用人单位与劳动者协商一致,可以解除劳动合同。"劳动合同是双方当事人在自愿的基础上订立的,当然也允许自愿协商解除。只要一方提出解除的要求,另一方表示同意即可。但用人单位应注意按法律、法规的规定,给劳动者办理劳动合同的解除手续、社会保险的转移手续及给予经济补偿。

(二)用人单位单方解除

用人单位单方解除劳动合同分为以下几种情况。

1.过失性解除。根据《劳动合同法》第三十九条的规定,劳动者有下列情形之一的,用人单位可以解除劳动合同。

(1)在试用期间被证明不符合录用条件的;

(2)严重违反用人单位的规章制度的;

(3)严重失职,营私舞弊,给用人单位造成重大损害的;

(4)劳动者同时与其他用人单位建立劳动关系,对完成本单位的工作任务造成严重影响,或者经用人单位提出,拒不改正的;

(5)因本法第二十六条第一款第一项规定的情形致使劳动合同无效的;

(6)被依法追究刑事责任的。

以上六种情况是由于劳动者本身的原因造成的,劳动者主观上有严重过失,因而用人单位有权随时解除劳动合同。过失性解除不受提前通知期的限制,不受用人单位不得解除劳动合同的法律限制,且不给予经济补偿。

2.非过失性解除。根据《劳动合同法》第四十条的规定,有下列情形之一的,用人单位提前三十日以书面形式通知劳动者本人或者额外支付劳动者一个月工资后,可以解除劳动合同。

(1)劳动者患病或者非因工负伤,在规定的医疗期满后不能从事原工作,也不能从事由用人单位另行安排的工作的;

(2)劳动者不能胜任工作,经过培训或者调整工作岗位,仍不能胜任工作的;

(3)劳动合同订立时所依据的客观情况发生重大变化,致使劳动合同无法履行,经用人单位与劳动者协商,未能就变更劳动合同内容达成协议的。

以上三种情况,劳动者主观上并无重大过错,主要是客观情况发生重大变化,劳动者身体不好或能力较差,致使劳动合同无法履行。

3.经济性裁员。根据《劳动合同法》第四十一条的规定,有下列情形之一,需要裁减人员二十人以上或者裁减不足二十人但占企业职工总数百分之十以上的,用人单位提前三十日向工会或者全体职工说明情况,听取工会或者职工的意见后,裁减人员方案经向劳动行政部门报告,可以裁减人员。

(1)依照《企业破产法》规定进行重整的;

(2)生产经营发生严重困难的;

(3)企业转产、重大技术革新或者经营方式调整,经变更劳动合同后,仍需裁减人员的;

（4）其他因劳动合同订立时所依据的客观经济情况发生重大变化，致使劳动合同无法履行的。

4.用人单位不得解除劳动合同的情况。根据《劳动合同法》第四十二条的规定，劳动者有下列情形之一的，用人单位不得解除劳动合同。

（1）从事接触职业病危害作业的劳动者未进行离岗前职业健康检查，或者疑似职业病病人在诊断或者医学观察期间的；

（2）在本单位患职业病或者因工负伤并被确认丧失或者部分丧失劳动能力的；

（3）患病或者非因工负伤，在规定的医疗期内的；

（4）女职工在孕期、产期、哺乳期的；

（5）在本单位连续工作满十五年，且距法定退休年龄不足五年的；

（6）法律、行政法规规定的其他情形。

（三）劳动者单方解除

1.劳动者提前通知解除。根据《劳动合同法》第三十七条的规定："劳动者提前三十日以书面形式通知用人单位，可以解除劳动合同。劳动者在试用期内提前三日通知用人单位，可以解除劳动合同。"这里没有限定劳动者解除劳动合同的法定事由，也就是说，劳动者可以以任何理由向单位提出要求解除劳动合同。这样的规定符合社会发展需要和国际惯例，其宗旨在于维护劳动者的择业自主权，有利于劳动者根据自己的能力、特长、志趣和爱好，选择适合的职业。但是，劳动者单方解除合同时，必须遵守"提前期"的规定，不能任意解除或不辞而别；否则，要承担一定的法律责任。

2.劳动者随时通知解除。根据《劳动合同法》第三十八条的规定，用人单位有下列情形之一的，劳动者可以解除劳动合同：

（1）未按照劳动合同约定提供劳动保护或者劳动条件的；

（2）未及时足额支付劳动报酬的；

（3）未依法为劳动者缴纳社会保险费的；

（4）用人单位的规章制度违反法律、法规的规定，损害劳动者权益的；

（5）因本法第二十六条第一款规定的情形致使劳动合同无效的；

（6）法律、行政法规规定劳动者可以解除劳动合同的其他情形。

另外，用人单位以暴力、威胁或者非法限制人身自由的手段强迫劳动者劳动的，或者用人单位违章指挥、强令冒险作业危及劳动者人身安全的，劳动者可以立即解除劳动合同，不需事先告知用人单位。

六、劳动合同的终止

劳动合同的终止是指劳动合同期限届满或双方当事人约定的终止条件出现，合同规定的权利、义务即行消灭的制度。

根据《劳动合同法》第四十四条的规定，有下列情形之一的，劳动合同终止。

（1）劳动合同期满的；

（2）劳动者开始依法享受基本养老保险待遇的；

（3）劳动者死亡，或者被人民法院宣告死亡或者宣告失踪的；

（4）用人单位被依法宣告破产的；

（5）用人单位被吊销营业执照、责令关闭、撤销或者用人单位决定提前解散的；

（6）法律、行政法规规定的其他情形。

第三节　集体合同管理

一、集体合同的概念和法律特征

集体合同,又称为集体协议、团体协约、协约或劳资合约等,根据国际劳工建议书《集体协议建议书》第二条第一款规定,是指由一个或几个雇主或其组织为一方与一个或几个工人的代表组织为另一方所达成的、涉及工作条件和就业条件的任何书面协议。

其中雇主组织(或称雇主团体)一般为同业公会、雇主联合会等。工人代表组织一般为工会,不存在这种组织的,应由通过按照国家法律或法规由工人正常选举产生并认可的工人代表担任之。集体合同具有如下两个法律特征。

1.签约主体的确定性。与劳动合同(个别合同)不同,集体合同的一方是企业、雇主或雇主团体,另一方是企业职工,由工会组织或工人团体作为代表。企业或雇主一方的主体资格认定通常并不困难,但劳动者一方代表资格的认定却较为复杂。一些国家允许各种工人组织自由结合,工会具有多元性,故哪个工人团体才能代表全体雇员取得签约权,一般须经国家法律的认可并经雇主方面的承认。我国的工会组织具有统一性,依据《工会法》第十八条规定,工会应自动取得签约主体的资格,所以这一问题在我国并不存在。如企业尚未建立工会,则根据《劳动法》第三十三条第二款的规定,可由职工推举的代表与企业签订。

应予指出的是,由于工会在一国的设置从组织结构上看大都是多层次的,所以国际劳工立法允许各级工会在各种层次上与同级雇主或雇主团体签订集体合同,这样就出现了全国性、行业性、地区性、企业性集体合同等分类。它们的效力各有不同,如企业集体合同规定的劳动条件就不能与所属行业集体合同的有关规定相抵触。我国工会当前开展集体协商和订立集体合同的工作主要是在企业一级建立,行业或产业协商的尚很少见。企业一级中,当前主要是选择产权关系明晰、管理体制规范、工会组织健全的企业进行试点,如外商投资企业、私营企业等非国有企业以及已推行现代企业制度的国有企业等。

2.合同内容的整体性。集体合同所要确定的内容,主要包括三个方面:一是有关劳动者的就业、劳动、工作条件的条款(通称劳动者的集体劳动条件)。二是有关合同双方各自权利和义务的条款。三是其他应具备的条款,如合同的变更和解除、合同实施的监督检查、违约责任、合同争议的处理、文本、期限和续延等。

上述三方面条款中,集体劳动条件的规定是最重要的,它反映了集体合同的特质,其范围包括:职工招聘,工资,工时和休息休假,延长工时,劳动安全与卫生,职业培训,保险福利,违纪处理,辞退等事项,其中一般又以工资为最主要的劳动条件。集体合同内容的这种整体性特点是它和劳动合同的重大区别之一。要说明的是,劳动者的劳动条件在各国劳动法规中通常已有相应的规定,如一国的最低工资、最长工时、法定休假、加班时间限制、基本社会保险待遇标准,等等,在集体合同中再予以规定是否还有必要?答案是肯定的,理由有二:其一,国家劳动标准立法所确立的是在本国范围内的最低保护标准,它并不排斥在此基础上通过集体谈判确立在本地区、本行业、本企业适用的,更有利于劳动者的劳动条件,如本企业的最低工资标准、延长工时的最高限额,等等。当然,集体合同的约定不得和法律、法规相抵触或低于法定的劳动标准。其二,国家劳动标准不可能穷尽各种企业的所有劳动条件,在立法存在"空白"或粗疏之处,集体合同的约定可以弥补立法的欠缺。譬如企业需延长工时时与工会和劳动者协商的程序,企业为劳动者建立补充社会保险及集体福利的问题,我国《劳动法》只有原则规定,其实施办法和操作细则就可通过集体合同予以明确。例如在"集体福利"条款中就可以具体规定职工的住房、疗养、食堂、工作餐、洗理室、车棚、生日及婚丧补贴等问题。因此,国家劳动标准与集体合同确立的企业劳动标准这两种标准并存,是并不矛盾的。

二、集体合同与劳动合同的联系和区别

集体合同和劳动合同都是调整劳动关系的重要形式,就立法指导思想而言,都是为了积极稳妥地形成劳动关系双方自主调节、政府依法调控的劳动关系协调机制,建立和保持和谐的劳动关系,并使职工和企业的合法权益得到保障。但同时两者又有着明显的区别,不能相互代替。这种区别主要表现在:

1.各自的主体不同。劳动合同的双方当事人是劳动者个人和用人单位。集体合同的双方当事人则是企业全体职工和企业,职工一方由工会或职工推举的代表负责签订集体合同等具体事宜。所以,比较而言,实行集体合同制度可以从整体上维护劳动者的合法权益,发挥工会在稳定劳动关系中的作用,同时也为在市场经济条件下协调劳动关系建立了一种新的机制,有助于更好地处理国家、企业和个人三者之间的关系。

2.内容不同。劳动合同所规定的内容主要是职工个人的个别劳动条件。集体合同所规定的是劳动者的集体劳动条件或雇用条件,带有整体性,涉及面广,内容更为全面和具体。

3.签订程序不同。劳动合同经劳动者与用人单位双方依法就合同的主要条款协商一致,即告成立。集体合同的订立须经工会组织与企业的集体谈判,合同草案应当提交职工代表大会或者全体职工讨论通过,签订后并应报送劳动行政部门审查,程序比较复杂。

4.适用范围不同。劳动合同适用于企业、个体经济组织、国家机关、事业组织和社会团体。集体合同一般只适用于企业和个别实行企业化管理的事业单位,不如劳动合同适用面广泛。

5.法律效力不同。集体合同具有比劳动合同更高的法律效力,它具有指导劳动合同的作用,是签订劳动合同的依据。首先,当劳动合同对某一具体劳动条件未加规定,而集体合同则有相应规定时,则集体合同的相应条文自然地成为劳动合同的相关内容,此即集体合同的"补充性"。其次,劳动合同所规定的劳动条件与集体合同的规定不得相抵触,如有抵触时,不问当事人是否自愿,抵触部分一概无效,由集体合同的规定取代之。不过仅说"不得抵触"事实上是不完整的,由于集体合同确定的劳动条件在通常情况下只能是本企业集体劳动条件的最低限而不是不可突破的最高限,因此当劳动合同规定的个别劳动条件更有利于劳动者而又不在集体合同禁止之列时,劳动合同的规定与集体合同的"维权"宗旨不相违背,应属有效。故我国《劳动法》第三十五条明确规定:"依法签订的集体合同对企业和企业全体职工具有约束力。职工个人与企业订立的劳动合同中劳动条件和劳动报酬等标准不得低于集体合同的规定。"此即集体合同的"不可变更性"或曰"确定性"。可以看出,劳动合同、集体合同、劳动法律法规是保护劳动关系双方当事人的三个层次,但它们的效力各有不同,即集体合同的法律效力高于劳动合同,劳动法律、法规的法律效力高于集体合同。

三、集体合同的签订和审查程序

集体合同的订立原则及内容

1.集体合同的订立原则。根据 2004 年 5 月 1 日起施行的《集体合同规定》,订立集体合同

应当遵循以下原则：

(1)合法的原则。协商的内容、劳动标准、协商程序以及合同的条款必须符合《劳动法》和其他有关法律、法规的规定。

(2)自愿协商的原则。集体协商签订集体合同应当在自愿的基础上进行。工会或企业任何一方提出集体协商签订集体合同的要求，另一方应当给予答复，劳动行政部门应当支持，并提供指导和咨询服务。

(3)平等协商的原则。参与协商的工会组织与企业不存在隶属关系，法律地位平等，应本着合作的精神和协商一致原则解决有关问题。在集体协商签订集体合同过程中，无论是工会还是企业方面都不能强迫对方接受自己的要求或条件，更不能采取威胁、引诱等不正当手段。平等协商要体现协商双方相互尊重，一方要认真听取对方的意见和要求，认真研究对方的意见和建议。在协商过程中防止任何歧视行为。经过平等协商签订的集体合同中，双方当事人既享有权利又承担义务。

(4)保持和谐稳定的原则。集体协商的目的是促进劳动关系的和谐稳定。双方通过集体协商在保护劳动者的合法权益上达成共识，使之成为合作伙伴。因此在集体协商过程中双方应当求大同，存小异；集体协商的合同条款既能够有利于维护双方的合法权益，又有利于企业生产的发展。所有企业的工会都要把"两个维护"统一起来，从企业实际出发，把企业发展与改善职工劳动和生活条件结合起来。公有制企业要在兼顾国家、企业、职工三者利益的基础上，非公有制企业中要在劳资两利的基础上，建立协调稳定的劳动关系。在协商过程中要注意方式方法，切忌采取过激行为。在协商出现分歧时，双方都要保持冷静和克制，都有义务保证生产经营的正常秩序，必要时可要求劳动行政部门进行协调处理。

2.集体合同的内容。根据 2004 年 5 月 1 日起实施的《集体合同规定》第八条规定，集体合同应当包括以下内容：

(1)劳动报酬；

(2)工作时间；

(3)休息休假；

(4)保险福利；

(5)劳动安全与卫生；

(6)合同期限；

(7)变更、解除、终止集体合同的协商程序；

(8)双方履行集体合同的权利和义务；

(9)履行集体合同发生争议时协商处理的约定；

(10)违反集体合同的责任；

(11)双方认为应当协商约定的其他内容。

上述 11 项条款，概括起来看，主要包括三个方面的内容：一是关于劳动者集体劳动条件和劳动标准的条款；二是双方的权利和义务条款；三是其他应具备的条款。此外，公有制企业的集体合同中可以包括双方确认的企业经济发展指标和社会发展要求等共同目标。合同的各项内容应尽可能详尽具体，以利规范双方行为，便于操作检查。

具体到上述其中第二方面的内容，目前实践中常见的企业一方的义务一般包括：

(1)努力改善企业经营管理，实行各种形式的经济责任制；

(2)提高职工的生活福利待遇，增设职工业余文化、娱乐设施；

（3）对职工进行培训；

（4）保证工会在企业中的合法地位，在讨论决定有关职工切身利益的重大事项时，应通知工会派员参加，听取工会的意见，等等。

工会一方的义务通常有：

（1）支持企业行政依法行使经营决策和管理权；

（2）组织动员职工努力完成生产工作任务，积极参加企业劳动竞赛、合理化建议和技术革新活动；

（3）指导职工签订劳动合同；

（4）对职工进行质量、安全、岗位技能教育；

（5）教育职工遵守劳动纪律和企业的规章制度；

（6）参与劳动争议的调解工作，等等。

四、集体合同的签订、审查程序

根据《集体合同规定》第二、三章的有关规定，我国的集体合同从谈判至签字、生效，应经过如下几个阶段：

（一）谈判准备阶段

1.谈判双方代表的确定。集体协商代表每方为 3 至 10 名，双方人数对等，并各确定 1 名首席代表。工会一方首席代表不是工会主席的，应由工会主席书面委托。双方应另行指定一名记录员。

企业代表，由其法定代表人担任或指派。职工一方由工会代表；未建立工会的企业由职工民主推举代表，并须得到半数以上职工的同意。协商代表一经产生，无特殊情况，必须履行其义务。遇不可抗力造成空缺的，应按照规定指派或推举新的协商代表。

为了保障职工代表行使谈判权利，防止被企业恶意辞退，《集体合同规定》指出，职工一方代表在劳动合同期内自担任代表之日起 5 年以内除个人严重过失外，企业不得与其解除劳动合同。这里个人严重过失包括严重违反劳动纪律或用人单位规章制度和严重失职、营私舞弊、对用人单位利益造成重大损害以及被依法追究刑事责任等。

2.谈判所需资料的互相提供。在不违反有关保密法律、法规的规定和不涉及企业商业秘密的前提下，协商双方有义务向对方提供与集体协商有关的情况或资料。如企业应向工会提供企业财务、效益情况的有关资料。

3.商定集体协商的内容、时间和地点。集体协商的内容、时间、地点应由双方共同商定。由于集体合同主要反映的是劳动者对集体劳动条件的要求，所以谈判建议和方案一般宜由工会准备。草案应广泛听取职工的意见和要求。草案拟出后，应在正式谈判前一定期限内预先提交给企业或雇主，以便对方准备方案和考虑对策。

（二）正式商谈阶段

这是谈判双方面对面的协商和交锋阶段。实践中谈判的方式可以灵活多样，内容简单的可以一揽子解决，内容繁多的可以逐项谈判。谈判确定的内容不得违背法律、法规的强制性规定，也不得低于国家最低劳动标准。谈判双方应遵守平等、合作的原则，秉着积极、明智、坦诚和建设性的态度，任何一方不得有过激行为。作为企业应充分理解和尽可能满足劳动者的合理要求，作为工会则应考虑企业的总体和长远利益，教育职工树立厂荣我荣的思想，切忌一味提出不现实的要求。在双方谈判陷入僵局、出现争议时，应及时提交劳动行政部门协调处理。

协商未达成一致或出现事先未预料的问题时,经双方同意,也可以暂时中止协商。协商中止期限最长不超过 60 日。具体中止期限及下次协商的具体时间、地点、内容由双方共同商定。

双方谈判达成一致意见的,应把集体合同草案及时提交给职工代表大会或者全体职工讨论通过。

(三)签字阶段

谈判结束后,应由双方的首席代表在集体合同正式文本上签字。实践中,大都由工会主席(或职工代表)代表全体职工,厂长、经理或董事长代表企业在合同上共同签字盖章。

(四)审查和生效阶段

集体合同签订后,应当在 7 日内由企业一方将集体合同一式三份及说明报送劳动行政部门。县级以上人民政府劳动行政部门的劳动合同管理机构负责集体合同的审查。

1. 集体合同审查包括以下内容:

(1)合同双方的主体是否符合法律、法规的规定;

(2)集体协商是否按照法律、法规规定的原则和程序进行;

(3)集体合同中的各项具体劳动标准是否符合法律、法规规定的最低标准。

2. 集体合同的审查按以下程序进行:

(1)登记、编号;

(2)审查;

(3)制作《集体合同审查意见书》;

(4)备案、存档。

3. 劳动行政部门在收到集体合同书后 15 日内应将《集体合同审查意见书》送达集体合同双方代表。《集体合同审查意见书》包括以下内容:

(1)集体合同双方的名称、地址、代表人姓名与身份证号码;

(2)集体合同的收到时间;

(3)审查意见;

(4)通知时间;

(5)劳动行政部门印章。

签订集体合同双方在收到劳动行政部门的审查意见书后,对其中无效或部分无效的条款应进行修改,并于 15 日内报送劳动行政部门重新审查。经劳动行政部门审查的集体合同,双方应及时以适当的形式向各自代表的全体成员公布。

劳动行政部门自收到集体合同文本之日起 15 日内未提出异议的,集体合同即行生效。

五、集体合同的期限、变更、解除和终止

集体合同期限为 1 至 3 年。在集体合同规定的期限内,双方代表可对集体合同履行情况进行检查。经双方协商一致,也可对集体合同进行修订。

在集体合同期限内,由于签订集体合同的环境和条件发生变化,致使集体合同难以履行时,集体合同任何一方均可提出变更或解除集体合同的要求。签订集体合同的一方就集体合同的执行情况和变更提出商谈时,另一方应给予答复,并在 7 日内双方进行协商。

集体合同双方协商一致,对原集体合同进行变更或修订后,应在 7 日内报送劳动行政部门审查。

经集体合同双方协商一致,可以解除集体合同。但应在 7 日内向审查该集体合同的劳动

行政部门提出书面说明。

集体合同期满或双方约定的终止条件出现,集体合同即行终止。

第四节　劳动争议处理

一、劳动争议的概念与特征

劳动争议又称劳动纠纷,是指劳动关系双方当事人因实现劳动权利和履行劳动义务而发生的纠纷。

具体而言,在我国,劳动争议是指劳动者和用人单位之间,在《劳动法》调整范围内,因适应国家法律、法规和订立、履行、变更、终止和解除劳动合同以及其他与劳动关系直接相联系的问题而引起的纠纷。劳动争议的特征主要体现在以下几个方面。

第一,劳动争议主体是特定的,一方为用人单位,一方为劳动者。

第二,劳动争议主体之间必须存在劳动关系,而且劳动争议是在这种劳动关系存续期间发生的。

第三,劳动争议主体之间存在单向隶属关系,即用人单位和劳动者在劳动过程中存在管理与被管理的关系。

第四,劳动争议的内容必须是与劳动权利义务有关,即因劳动就业、劳动合同、劳动报酬、工作时间与休息休假、劳动安全卫生、社会保险与福利、职业培训等问题而引起的争议。

根据上述内容可知,用人单位之间、劳动者之间、用人单位与没有建立劳动关系的劳动者之间、用人单位与劳动者之间不是因劳动权利与义务而产生的其他纠纷,都不属于劳动争议。

二、劳动争议的范围与种类

(一)劳动争议的范围

劳动争议的范围,在不同的国家有不同的规定。根据《劳动争议调解仲裁法》第二条的规定,劳动争议的范围主要包括以下几个方面。

(1)因确认劳动关系发生的争议;

(2)因订立、履行、变更、解除和终止劳动合同发生的争议;

(3)因除名、辞退和辞职、离职发生的争议;

(4)因工作时间、休息休假、社会保险、福利、培训以及劳动保护发生的争议;

(5)因劳动报酬、工伤医疗费、经济补偿或者赔偿金等发生的争议;

(6)法律、法规规定的其他劳动争议。

(二)劳动争议的种类

劳动争议按照不同的标准,可以有不同的分类。

1.按照劳动争议涉及的人数划分。按照劳动争议涉及的人数划分,可分为个别争议和集体争议。

个别争议的主体通常是指劳动者个人与用人单位,争议的内容仅涉及个人的权利与义务,并由劳动者个人提请处理。

集体争议则发生于多个劳动者或工会与用人单位之间,争议的内容涉及多个劳动者或工会。集体争议一般包括两类：一类是多个劳动者因同样原因而引起的争议,如同一企业中的多名职工因工资问题与企业发生的纠纷。我国将这种集体争议的人数标准确定为三人以上。另一类是因签订或因履行集体合同发生的争议。第一类争议通常由劳动者推选代表参与处理,第二类争议则由工会出面解决,两类争议的解决程序、依据和影响都有所不同。

2.按照劳动争议的性质划分。按照劳动争议的性质划分,可分为权利争议和利益争议。

权利争议是指当事人的权利义务已由劳动法律、法规,或劳动合同、集体合同予以确定,当事人就执行法律、法规,或履行劳动合同、集体合同而发生的争议。因此,权利争议也称实现既定权利争议,有的国家称之为法律争议。

利益争议则是指当事人主张的权利义务没有通过法律、法规,或劳动合同、集体合同事先确定,而是当事人(通常是劳动者一方)在协商谈判中,就新的权利提出要求却难以达成一致时而发生的争议。可见,利益争议也可称为因实现将来权利发生的争议,有的国家也称事实争议或经济争议。

3.按劳动争议是否有涉外因素划分。按劳动争议是否有涉外因素划分,可分为国内劳动争议与涉外劳动争议。

国内劳动争议是具有中国国籍的劳动者与用人单位之间的劳动争议,其中包括我国在国(境)外设立的机构与我国派往该机构工作人员之间、外商投资企业与中国职工之间发生的劳动争议。

涉外劳动争议是指当事人一方或双方具有外国国籍或无国籍的劳动争议,它包括中国用人单位与外籍职工之间、外籍雇主与中国职工之间、在华外籍雇主与外籍员工之间的劳动争议。

三、劳动争议处理的原则与体制

(一)劳动争议处理的原则

根据《劳动法》《劳动争议调解仲裁法》以及《中华人民共和国企业劳动争议处理条例》的相关规定,结合劳动争议处理实践,在处理劳动争议时应遵循下述原则。

1.合法性原则。所谓合法性原则,是指劳动争议处理机构在处理劳动争议过程中坚持以事实为根据,以法律为准绳,依法处理劳动争议案件。需要注意的是,这里"合法"一词所指的"法"是一个广义的概念,既包括劳动实体法,也包括处理劳动争议的程序法,还包括相关的行政法规和政府规章。

2.公正性原则。所谓公正性原则,是指在处理劳动争议的过程中,劳动争议处理机构应坚持公平正义、不偏不倚,保证争议当事人处于平等的法律地位,具有平等的权利和义务,并对人们之间权利或利益关系进行合理的分配。由于劳动者相对于用人单位往往处于弱势地位,因此劳动争议处理机构一定要坚持公正原则,防止把这种不对等关系带到劳动争议处理程序中,确保劳动者和用人单位在劳动争议解决程序中处于平等地位。

3.及时性原则。所谓及时性原则,是指处理劳动争议时,各方要遵循劳动争议处理法律法规规定的期限,尽可能快速、高效率地处理和解决劳动争议。劳动争议与其他争议的两个重要区别就是,劳动争议与劳动者的生活、企业生产密切相关,一旦发生争议,不仅影响生产、工作的正常进行,而且直接影响劳动者及其家人的生活,甚至影响社会的稳定。因此对劳动争议必须及时处理,及时保护权利受侵害方的合法权益,以协调劳动关系,维护社会和生产的正常秩序。

4.着重调解的原则。调解是指在第三人的主持下,依法劝说争议双方进行协商,在互谅互让的基础上达成协议,从而消除矛盾的一种方法。调解具有自愿、省时、省力、成本低、方式温和、易于被双方接受等优点,因此各国都重视采用调解方法,使之成为解决劳动争议的重要手段。着重调解原则包含两个方面的内容:一是调解作为解决劳动争议的基本手段贯穿于劳动争议的全过程。即使进入仲裁和诉讼程序后,劳动争议仲裁委员会和人民法院在处理劳动争议时,仍必须先进行调解,调解不成的,才能作出裁决和判决。二是调解必须遵循自愿原则,在双方当事人自愿的基础上进行,不能勉强和强制,否则即使达成协议或者作出调解书也不能发生法律效力。

（二）劳动争议处理体制

2008 年 5 月 1 日《劳动争议调解仲裁法》实施前,我国处理劳动争议的体制主要体现在《劳动法》《企业劳动争议处理条例》以及《最高人民法院关于审理劳动争议案件适用法律若干问题的解释》等法律、法规和司法解释中,概括起来就是"一协、一调、一裁、两审,先裁后审",具体而言,即劳动争议发生后,当事人可以选择协商解决;不愿协商或者协商不成的,可以向本企业劳动争议调解委员会申请调解;不愿调解或调解不成的,可以向劳动争议仲裁委员会申请仲裁;对仲裁裁决不服的,可以向人民法院起诉。在这种体制下,形成的相关制度有劳动争议调解制度、劳动争议仲裁制度和劳动争议诉讼制度。

《劳动争议调解仲裁法》实施后,我国的劳动争议处理体制基本上遵循了原来的总体框架,但是也有一些重大突破,其中最主要的一点就是确立了"有限的一裁终局"。具体而言,根据《劳动争议调解仲裁法》第四十七条规定,对追索劳动报酬、工伤医疗费、经济补偿或者赔偿金,不超过当地月最低工资标准十二个月金额的争议以及因执行国家的劳动标准在工作时间、休息休假、社会保险等方面发生的争议,仲裁裁决为终局裁决,即一裁终局。但是,《劳动争议调解仲裁法》第四十八条又规定,劳动者对上述第四十七条规定的仲裁裁决不服的,可以自收到仲裁裁决书之日起十五日内向人民法院提起诉讼,也就是对劳动者而言,上述裁决并不是终局裁决。用人单位不服的,不能直接提起诉讼,必须先向法院申请撤销裁决,只有裁决撤销后,才能提起诉讼。另外,除了第四十七条规定的情况外,当事人不服裁决的,都可以向法院提起诉讼。

目前的"一裁终局"尽管是有限的,但这种制度安排可以让大量的劳动争议案件在仲裁阶段就得到解决,不用再拖延到诉讼阶段,能够有效地缩短劳动争议案件的处理时间,提高劳动争议仲裁效率,保护当事人双方的合法权益。

四、劳动争议调解

（一）劳动争议调解的概念与特点

劳动争议调解有广义和狭义之分。广义的劳动争议调解,是指调解贯穿于劳动争议处理的全过程,包括:(1)企业劳动争议调解委员会的调解;(2)依法设立的基层人民调解组织的调解;(3)在乡镇、街道设立的具有劳动争议调解职能的组织的调解;(4)劳动争议仲裁委员会的调解和人民法院的调解。狭义的劳动争议调解仅指上述前三类调解机构的调解。本部分所论述的是狭义的劳动争议调解。

劳动争议调解的主要特点是与劳动争议仲裁和劳动诉讼相比,劳动争议调解具有自愿、省时、省力、灵活、低成本、方式温和,易于被双方接受等优点。其主要的缺点是执行力不强,权威性不足。

（二）劳动争议调解机构

《劳动争议调解仲裁法》第十条第一款规定,发生劳动争议,当事人可以到企业劳动争议调解委员会、依法设立的基层人民调解组织或在乡镇、街道设立的具有劳动争议调解职能的组织申请调解。

企业劳动争议调解委员会是企业内部解决劳动争议的机构。《劳动争议调解仲裁法》第十条第二款规定,企业劳动争议调解委员会由职工代表和企业代表组成。职工代表由工会成员担任或者由全体职工推举产生,企业代表由企业负责人指定。企业劳动争议调解委员会主任由工会成员或者双方推举的人员担任。

基层人民调解组织是指基层人民调解委员会,它是我国解决民间纠纷的基层群众组织。将劳动争议纳入人民调解组织的职能范围,发挥人民调解组织在调解劳动争议中的作用,有利于解决劳资双方的矛盾。

在乡镇、街道设立劳动争议调解组织,是一些经济发达地区为了解决劳动争议的实际需要而设立的区域性的调解组织。区域性的劳动争议调解组织一般由地方政府部门或者地方工会参与,与企业调解委员会相比较,地位超脱,调解员与企业没有利害关系,调解更有权威性。从实践看,区域性、行业性劳动争议调解组织作用发挥较好,成效明显。

(三)劳动争议调解程序

劳动争议调解程序,是劳动争议调解组织调解处理劳动争议的步骤和程式。

1.劳动争议调解的申请和受理。《劳动争议调解仲裁法》第十二条规定:"当事人申请劳动争议调解可以书面申请,也可以口头申请。口头申请的,调解组织应当当场记录申请人基本情况、申请调解的争议事项、理由和时间。"申请调解是启动调解程序的第一步。申请调解是自愿的。收到当事人的申请后,经过审查,决定接受申请,启动调解的行为。

2.调解前的准备工作。为保障调解工作的顺利进行还要做一系列的准备工作,主要包括告知双方当事人在调解中的权利和义务以及调解委员会的组成人员,对争议案件进行调查分析。《劳动争议调解仲裁法》第十一条规定:"劳动争议调解组织的调解员应当由公道正派、联系群众、热心调解工作,并具有一定法律知识、政策水平和文化水平的成年公民担任。"

3.实施调解。《劳动争议调解仲裁法》第十三条规定:"调解劳动争议,应当充分听取双方当事人对事实和理由的陈述,耐心疏导,帮助其达成协议。"调解工作实际上是一种说服教育工作,需要在事实基础上根据法律、法规和政策,摆事实,讲道理,耐心疏导,做到以理服人,而不能以势压人。实践中当事人不履行调解协议,多数原因是违反自愿原则,没有让当事人心服口服。

4.调解结果。劳动争议调解组织调解劳动争议,无非有两种结果:一是达成调解协议。《劳动争议调解仲裁法》第十四条第一、二款规定:"经调解达成协议的,应当制作调解协议书。调解协议书由双方当事人签名或者盖章,经调解员签名并加盖调解组织印章后生效,对双方当事人具有约束力,当事人应当履行。"二是未达成调解协议书。《劳动争议调解仲裁法》第十四条第三款规定:"自劳动争议调解组织收到调解申请之日起十五日内未达成调解协议的,当事人可以依法申请仲裁。"

(四)劳动争议调解效力

劳动争议调解属于任意性调解,是建立在双方当事人自愿基础上的。《劳动争议调解仲裁法》第十五规定:"达成调解协议后,一方当事人在协议约定期限内不履行调解协议的,另一方当事人可以依法申请仲裁。"尽管劳动争议调解书没有直接申请强制执行的效力,但根据《劳动争议调解仲裁法》第十六条规定:"因支付拖欠劳动报酬、工伤医疗费、经济补偿或者赔偿金事项达成调解协议,用人单位在协议约定期限内不履行的,劳动者可以持调解协议书依法向人民法院申请支付令。人民法院应当依法发出支付令。"支付令是人民法院根据债权人的申请,督促债务人履行债务的程序,是民事诉讼法规定的一种法律制度。

五、劳动争议仲裁

（一）劳动争议仲裁的概念与特点

发生劳动争议,当事人不愿调解、调解不成或者达成调解协议后不履行的,可以向劳动仲裁委员会申请仲裁。仲裁,也称作"公断",是指争议双方在同一问题上无法取得一致时,由无利害关系的第三者居中作出裁决的活动。仲裁主要分为对经济纠纷的经济仲裁和对劳动争议的劳动仲裁。

劳动仲裁是指劳动仲裁机构对劳动争议当事人争议的事项,根据劳动方面的法律、法规、规章和政策的规定,依法作出裁决,从而解决劳动争议的一项劳动法律制度。

劳动争议仲裁的主要特点是它是一种准司法的仲裁制度。其特点有:一是快捷,《劳动争议调解仲裁法》第四十三条规定:"仲裁庭裁决劳动争议案件,应当自劳动争议仲裁委员会受理仲裁申请之日起四十五日内结束。案情复杂需要延期的,经劳动争议仲裁委员会主任批准,可以延期并书面通知当事人,但是延长期限不得超过十五日。"这意味着劳动争议仲裁在受理后最多在60天内完成,这比诉讼要快捷得多。二是专业性强、执行力及权威性较高。《劳动争议调解仲裁法》第二十条规定仲裁员应当公道正派并符合下列条件之一:曾任审判员的;从事法律研究、教学工作并具有中级以上职称的;具有法律知识、从事人力资源管理或者工会等专业工作满五年的;律师执业满三年的。这就大大提高了其专业性、执行力及权威性。

（二）劳动争议仲裁委员会

劳动争议仲裁委员会是指依法设立,由法律授权依法独立对劳动争议案件进行仲裁的专门机构。

1.劳动争议仲裁委员会的设立。《劳动争议调解仲裁法》第十七条规定:"劳动争议仲裁委员会按照统筹规划、合理布局和适应实际需要的原则设立。省、自治区人民政府可以决定在市、县设立;直辖市人民政府可以决定在区、县设立。直辖市、设区的市也可以设立一个或者若干个劳动争议仲裁委员会。劳动争议仲裁委员会不按行政区划层层设立。"

2.劳动争议仲裁委员会的组成。《劳动争议调解仲裁法》第十九条第一款规定:"劳动争议仲裁委员会由劳动行政部门代表、工会代表和企业方面代表组成。劳动争议仲裁委员会组成人员应当是单数。"《劳动争议调解仲裁法》第十九条第三款规定:"劳动争议仲裁委员会下设办事机构,负责办理劳动争议仲裁委员会的日常工作。"

劳动争议仲裁委员会人员构成中最重要的就是仲裁员。仲裁员是指由劳动争议仲裁委员会依法聘任后,专门从事劳动争议裁决工作的人员,包括兼职仲裁员和专职仲裁员。兼职仲裁员和专职仲裁员在执行仲裁事务时享有同等的权力。兼职仲裁员在进行仲裁活动时,应征得其所在单位同意,所在单位应当给予支持。

3.劳动争议仲裁委员会的职责。劳动争议仲裁委员会的基本职责就是处理本辖区内的劳动争议案件,其裁决劳动争议案件实行仲裁庭制,由仲裁员独立仲裁。《劳动争议调解仲裁法》第十九条第一款规定,劳动争议仲裁委员会依法履行下列职责:(1)聘任、解聘专职或者兼职仲裁员;(2)受理劳动争议案件;(3)讨论重大或者疑难的劳动争议案件;(4)对仲裁活动进行监督。

（三）劳动争议仲裁管辖原则

1.地域管辖。又称地区管辖,以行政区域作为确定劳动仲裁管辖范围的标准。地域管辖又分为三种：

(1)一般地域管辖。指按照发生劳动争议的行政区域确定案件的管辖,这是最常见的方式。

(2)特殊地域管辖。指法律法规特别规定当事人之间的劳动争议由某地的劳动争议仲裁委员会管辖,如发生劳动争议的用工企业与职工工作履行地不在同一个仲裁委员会管辖地区的,双方当事人分别向劳动合同履行地和用人单位所在地的劳动争议仲裁委员会申请仲裁的,由劳动合同履行地的劳动争议仲裁委员会管辖。

(3)专属管辖。指法律法规规定某类劳动争议只能由特定的劳动仲裁委员会管辖,如在我国境内履行的国外劳动合同发生的劳动争议,只能由合同履行地仲裁委员会管辖;又如,一些地方规定外商投资企业由设区的市一级劳动仲裁委员会管辖。

2.级别管辖。指各级劳动仲裁委员会受理劳动争议的分工和权限。一般分为:区(县)一级劳动仲裁委员会管辖本区内普通劳动争议;市一级劳动仲裁委员会管辖外商投资企业或本市重大劳动争议。

3.移送管辖。指劳动仲裁委员会受理的自己无管辖权的或不便于管辖的劳动争议案件,移送有权或便于审理此案的劳动委员会。如《劳动争议仲裁委员会办案规则》规定,区(县)级劳动仲裁委员会认为有必要的,可以将集体劳动争议案件报送上一级劳动仲裁委员会处理。

4.指定管辖。指两个劳动仲裁委员会对案件的管辖发生争议,由双方协商,协商不成报送共同的上级劳动行政主管部门,由上级部门指定管辖。

(四)劳动争议仲裁程序

根据相关的法律规定,劳动争议仲裁程序可按下列步骤进行。

1.仲裁申请。仲裁申请,是指发生争议的一方当事人根据有关规定将所发生的争议提请仲裁机构解决的一种意思表示,是仲裁程序的第一个必需的步骤,也是劳动争议仲裁的启动程序,没有当事人的仲裁申请,劳动争议仲裁机构是无权干预和处理劳动争议的。根据《劳动争议调解仲裁法》第二十八条的规定,申请人申请仲裁应当提交书面仲裁申请,并按照被申请人人数提交副本。根据《劳动争议调解仲裁法》第二十七条第一款规定,"劳动争议申请仲裁的时效期间为一年。仲裁时效期间从当事人知道或者应当知道其权利被侵害之日起计算"。

2.仲裁受理。根据《劳动争议调解仲裁法》第二十九条的规定,劳动争议仲裁委员会收到仲裁申请之日起5日内,认为符合受理条件的,应当受理,并通知申请人;认为不符合受理条件的,应当书面通知申请人不予受理,并说明理由。对劳动争议仲裁委员会不予受理或者逾期未作出决定的,申请人可以就该劳动争议事项向人民法院提起诉讼。仲裁申请是否符合受理条件,主要在于劳动争议仲裁委员会对一些重要事项的审查。

3.开庭裁决前的准备。

(1)劳动争议仲裁委员会受理仲裁申请后,应当在五日内将仲裁申请书副本送达被申请人。被申请人收到仲裁申请书副本后,应当在十日内向劳动争议仲裁委员会提交答辩书。劳动争议仲裁委员会收到答辩书后,应当在五日内将答辩书副本送达申请人。被申请人未提交答辩书的,不影响仲裁程序的进行。

(2)组成仲裁庭。劳动争议仲裁委员会裁决劳动争议案件实行仲裁庭制。仲裁庭由三名仲裁员组成,设首席仲裁员。简单劳动争议案件可以由一名仲裁员独任仲裁。

(3)劳动争议仲裁委员会应当在受理仲裁申请之日起五日内将仲裁庭的组成情况书面通知当事人。

(4)仲裁员需要回避的应当回避,当事人也有权以口头或者书面方式提出回避申请。

（5）开庭通知与延期开庭。仲裁庭应当在开庭五日前，将开庭日期、地点书面通知双方当事人。当事人有正当理由的，可以在开庭三日前请求延期开庭。

（6）仲裁庭对专门性问题认为需要鉴定的，可以交由当事人约定的鉴定机构鉴定；当事人没有约定或者无法达成约定的，由仲裁庭指定的鉴定机构鉴定。

（7）仲裁庭成员应认真审阅申诉、答辩材料，调查、搜集证据，查明争议事实。

4.先行调解。仲裁庭在作出裁决前，应当先行调解。调解达成协议的，仲裁庭应当制作调解书。调解书应当写明仲裁请求和当事人协议的结果。调解书由仲裁员签名，加盖劳动争议仲裁委员会印章，送达双方当事人。调解书经双方当事人签收后，发生法律效力。调解不成或者调解书送达前，一方当事人反悔的，仲裁庭应当及时作出裁决。

5.开庭裁决。仲裁庭开庭裁决，可以根据案情适用以下程序。

（1）由书记员查明双方当事人、代理人及有关人员是否到庭，宣布仲裁庭纪律。

（2）首席仲裁员宣布开庭，宣布仲裁员、书记员名单，告知当事人的申诉、申辩权利和义务，询问当事人是否申请回避并宣布案由。

（3）听取申诉人的申诉及被诉人的答辩。

（4）仲裁员以询问方式，对需要进一步了解的问题进行当庭调查，并征询双方当事人的最后意见。

（5）当事人在仲裁过程中有权进行质证和辩论。质证和辩论终结时，首席仲裁员或者独任仲裁员应当征询当事人的最后意见。

（6）根据当事人的意见，当庭再行调解；不宜进行调解或调解达不成协议时，应及时休庭合议并作出裁决。

（7）仲裁庭复庭，宣布仲裁裁决。对仲裁庭难做结论或需提交仲裁委员会决定的疑难案件，仲裁庭可以宣布延期裁决。仲裁庭裁决劳动争议案件时，其中，一部分事实已经清楚，可以就该部分先行裁决。裁决应当按照多数仲裁员的意见作出，少数仲裁员的不同意见应当记入笔录。仲裁庭不能形成多数意见时，裁决应当按照首席仲裁员的意见作出。

6.执行。《劳动争议调解仲裁法》第五十一条规定："当事人对发生法律效力的调解书、裁决书，应当依照规定的期限履行。一方当事人逾期不履行的，另一方当事人可以依照民事诉讼法的有关规定向人民法院申请执行。受理申请的人民法院应当依法执行。"

六、劳动争议诉讼

（一）劳动争议诉讼的概念及作用

劳动争议诉讼是指劳动争议当事人不服劳动争议仲裁委员会的裁决，在规定的期限内向人民法院起诉，人民法院依照民事诉讼程序，依法对劳动争议案件进行审理的活动。

劳动争议诉讼，是处理劳动争议的最终程序，它通过司法程序保证了劳动争议的最终彻底解决。由人民法院参与处理劳动争议，从根本上将劳动争议处理工作纳入了法制轨道，有利于保障当事人的诉讼权，有助于监督仲裁委员会的裁决，有利于生效的调解协议、仲裁裁决和法院判决的执行。《劳动争议调解仲裁法》中明确规定了几种可以提起诉讼的情况。

最高人民法院于2001年4月30日公布了《关于审理劳动争议案件适用法律若干问题的解释》（以下简称《解释》），对劳动争议案件的受理、举证责任、仲裁效力等方面作出明确规定。《解释》主要体现了《劳动法》保护劳动关系中的弱势群体——劳动者的立法精神，同时也能有效地保障用人单位的正当权益。

(二)劳动争议诉讼的主要环节

人民法院对劳动争议案件,依照《民事诉讼法》规定的诉讼程序进行审理。首先,由一审人民法院审理、判决。当事人不服的,可以向上一级人民法院上诉,上一级法院的判决是终审判决,当事人不得再上诉。

1.起诉和受理。起诉和受理即当事人向法院提出起诉和人民法院受理起诉。这一阶段的中心任务是审查起诉是否符合条件和能否立案审理。如果决定受理,诉讼便由此开始。

2.案件审理前的准备。这一环节主要是人民法院为案件的正式审理做好各方面的准备,包括调查搜集证据、准备有关材料。该环节是案件正式审理的基础。

3.开庭审理。开庭审理即审判组织集合诉讼参加人和其他诉讼参与人正式开庭审理案件。这是全部诉讼的核心环节,是诉讼活动的集中体现和典型形态。

4.裁判。裁判即对案件的事实作出认定,并依据所选择适用的法律,对案件的争议作出实体判决和程序上的裁定。

5.上诉。上诉是指当事人一方或双方不服一审法院的裁判而向上级人民法院上诉,上级人民法院由此对该案进行审查的过程。上诉环节的任务在于通过对案件,尤其是对一审法院的裁判进行审查,保证案件最终处理的正确性。

6.强制执行。强制执行这一环节的主要任务是对当事人不履行法院判决或其生效法律文书所确定的义务,而通过法定手段和形式强制义务人履行。

这六个环节是一个完整的劳动争议诉讼经历的全部阶段,而各阶段必须依次进行,不能逾越。需要说明的是,虽然上述六个阶段共同构成劳动争议诉讼的整体,但并不是每一具体的诉讼都要经历这六个阶段。有些案件在一审终结后,不再上诉,案件便由此而终结,不需再经过上诉环节;有些案件,当事人在起诉后,开庭审理前便撤诉,案件便不必再经历以下环节。

劳动争议诉讼是一种完全的司法活动。它的优点是执行力强、权威性高;主要缺点是费时、费力。

复习思考题

1.劳动关系的概念及特征是什么?
2.劳动法律关系的三个构成要素是什么?
3.简述劳动法律关系与劳务法律关系的联系及区别。
4.集体合同与个体劳动合同的联系和区别有哪些?
5.简述我国劳动争议的处理机制。
6.简述劳动争议仲裁的程序。
7.简述劳动合同的解除及终止的几种情况。

开放式讨论案例

变更和解除劳动合同的争议

由于当地经济文化的发展,地处某市繁华地区的祯隆制鞋厂决定到远离市区15千米的郊区另建新厂。该厂因此召开全厂大会,动员员工到新厂上班,并提前60天向员工发放了变更劳动合同通知书,分别与员工办理变更劳动合同的手续。

王平是一位在该厂工作了15年的工人,与企业有无固定期限劳动合同。在接到变更劳动合同的书面通知后,王平向人力资源部负责人提出,新厂离家太远,自己家里上有老人需要照顾,下有刚刚5岁的幼儿需要接送,确实有困难,因此要求到该厂在市区的销售部门工作。企业经过慎重研究,书面通知王平:销售部的编制已满,无法安排。王平是制造工人,文化水平仅为初中,没有任何销售经验;而且企业为解决员工的上下班问题,已经安排开通班车等,因此厂部无法满足王平的要求。

经几次协商,双方均不能达成变更劳动合同的协议。最后企业书面提出:再给王平1个月的时间考虑,如果还不能同意变更劳动合同,企业将解除劳动合同,支付王平10个月的工资作为经济补偿金。王平在接到通知后仍表示不能到新厂上班。

一个月后,鞋厂作出决定:因变更劳动合同达不成协议,王平不服从企业的工作安排,企业解除与王平的劳动合同,支付王平10个月的工资作为经济补偿金。王平对企业解除劳动合同的决定不服,申诉到当地劳动争议仲裁委员会,请求维持原劳动关系,并要求企业安排其到销售部门工作。

分析讨论:

1.祯隆制鞋厂变更和解除劳动合同符合法定条件吗?

2.祯隆制鞋厂应如何支付王平的经济补偿金?

实训

劳动合同的订立实训

(一)实训目的

通过实训,了解劳动合同的内容、劳动合同订立的程序以及劳动合同订立过程中应注意的问题,学习在劳动合同订立过程中根据具体事实制订劳动合同条款,全面分析劳动合同内容,避免劳动纠纷的发生。

(二)实训条件

1.实训时间

本实训周期为1周,课堂展示时间为2个学时。

2.实训地点

一般教室。

3.实训所需材料

(1)某企业背景资料,最好是当地中型或大型企业。

(2)教师或学生课前初步准备《劳动合同书》(可以分小组准备)。

(三)实训内容与要求

1.实训内容

模拟某公司与新招聘员工签订劳动合同的过程,包括新招聘员工提出利益要求、公司提出对员工的要求,以及双方进行协商。

2.实训要求

(1)学习《劳动法》以及《劳动合同法》,研究有关劳动合同订立的法律规定。

(2)学习当地的劳动法规,研究当地政府有关劳动合同订立的法律规定。

(3)了解劳动合同的主要内容并且能够制订《劳动合同书》。

(4)了解劳动合同订立的程序以及在此过程中应注意的事项,避免在劳动合同订立过程中产生可能导致劳动纠纷的因素。

(5)能够为企业制订有关劳动合同签订的管理制度,或者为已经制订的管理制度提供建设性的意见。

(四)实训组织方法与步骤

第一步,教师首先说明实训内容、要求以及评分标准。

第二步,教师组织学生进行分组,以5—6名学生为一组,并设组长1名,对组员进行组织管理。

第三步,教师以抽签或自愿选择的方式为每个小组分配角色,即企业方和新招聘员工方。

第四步,组织组员模拟企业与新招聘员工签订合同的过程。

第五步,模拟之后,各组对模拟过程中出现的问题进行讨论分析,集思广益,提出解决问题的办法以及避免类似问题再次发生的制度修改建议,并形成PowerPoint文件和文字报告,包括课前准备的《劳动合同书》、管理制度和修改之后的《劳动合同书》、管理制度。

第六步,教师组织各小组通过抽签按顺序在课堂上公示报告结果。每组PowerPoint文件的展示时间为15分钟。

第七步,教师讲评。

(五)实训考核方法

1.成绩划分

实训成绩按优秀、良好、中等、及格和不及格五个等级评定。

2.评定标准

(1)实训前的准备工作是否充分。

(2)模拟是否真实,是否突出主题。

(3)小组成员分工是否合理,合作是否融洽。

(4)小组是否开展了正式的讨论,是否得出了一致的方案。

(5)报告的结构是否完整,内容是否条理清晰。

(6)小组是否提出了建设性的观点。

(7)小组得出的结论与理论知识点的结合情况如何。

(8)PowerPoint文件和报告的制作水平如何。

(9)小组在公开展示中的表现如何。

测试题

案例面对面

参考文献

[1] 张维迎.企业的企业家——契约理论[M].上海:上海三联书店,上海人民出版社,1995.

[2] 陈清泰,等.股票期权实证研究[M].北京:中国财政经济出版社,2001.

[3] 迈克尔·波特.竞争优势[M].陈小悦,译.北京:华夏出版社,2005.

[4] 张岩松,李健,等.人力资源管理案例[M].北京:经济管理出版社,2005.

[5] 西奥多·W.舒尔茨.人力资本投资:教育和研究的作用[M].北京:商务印书馆,1990.

[6] 李玲.人力资本运动与中国经济增长[M].北京:中国计划出版社,2003.

[7] 刘纯阳.西方人力资本理论的发展脉络[J].山东农业大学学报:社会科学版,2004(6).

[8] 余传贵.西方人力资本理论评析[J].财经理论与实践,2001(5).

[9] 李振铎,井春尧.人力资本理论的形成与发展[J].税收与经济,2004(6).

[10] 黄少安.制度经济学研究[M].北京:经济科学出版社,2004.

[11] 廖泉文.人力资源管理[M].北京:高等教育出版社,2011.

[12] 赵曙明.跨国公司人力资源管理[M].北京:中国人民大学出版社,2001.

[13] 亚瑟·W.小舍曼.人力资源管理[M].张文贤,主译.大连:东北财经大学出版社,2001.

[14] 加里·德勒斯.人力资源管理[M].北京:中国人民大学出版社,2005.

[15] R.韦恩·蒙迪.人力资源管理[M].刘昕,吴雯芳,等,译.北京:经济科学出版社,2003.

[16] 罗纳德·G.伊兰伯格,罗伯特·S.史密斯.现代劳动经济学:理论与公共政策[M].北京:中国人民大学出版社,1999.

[17] 余凯成.人力资源开发与管理[M].北京:企业管理出版社,1997.

[18] 孟昭宇.中外企业人力资源管理案例精选[M].北京:经济管理出版社,2003.

[19] 董克用,李超平.人力资源管理概论[M].北京:中国人民大学出版社,2011.

[20] 张佩云.人力资源管理[M].北京:清华大学出版社,2004.

[21] 王先玉,王建业,邓少华.现代企业人力资源学[M].北京:经济科学出版社,2003.

[22] 张一弛.人力资源管理教程[M].北京:北京大学出版社,2009.

[23] 刘伟,刘国宁.人力资源[M].北京:中国言实出版社,2005.

[24] 加里·德斯勒.人力资源管理:第六版[M].刘昕,吴雯芳,译.北京:中国人民大学出版社,1999.

[25] 巴国布衣.餐饮人力资源管理[M].北京:企业管理出版社,2002.

[26] 陈天祥.人力资源管理[M].广州:中山大学出版社,2011.

[27] 中国就业培训技术指导中心.企业人力资源管理师[M].北京:中国劳动保障出版社,2002.

[28] 韩淑娟,赵凤敏.现代企业人力资源管理[M].合肥:安徽人民出版社,2012.

[29] 谢晋宇.人力资源开发概论[M].北京:清华大学出版社,2005.

[30] 约翰·M.伊万切维奇.人力资源管理[M].赵曙明,译.北京:机械工业出版社,2005.

［31］李琦.人力资源管理基础技能实训［M］.北京:北京大学出版社,2007.

［32］全国经济专业技术资格考试用书编写委员会.人力资源管理专业知识与实务:初级［M］.北京:中国人事出版社,2006.

［33］全国经济专业技术资格考试用书编写委员会.人力资源管理专业知识与实务:中级［M］.北京:中国人事出版社,2006.

［34］康士勇.工资理论与工资管理:第二版［M］.北京:中国劳动社会保障出版社,2006.

［35］王丽静.人力资源管理实务［M］.北京:中国轻工业出版社,2009.

［36］陈葆华.现代人力资源管理［M］.北京:北京理工大学出版社,2017.

［37］史翠萍,周华庭,易东.现代人力资源管理［M］.杭州:浙江工商大学出版社,2016.

［38］刘娜欣.人力资源管理［M］.北京:北京理工大学出版社,2018.

［39］钟凯.人力资源管理实务［M］.北京:北京理工大学出版社,2017.